什麼樣的
輪迴，
造就現在的你

解開金錢、健康、人際關係、工作、共業的迷津

Karma and Reincarnation

Unlocking Your 800 Lives to Enlightenment

芭芭拉・馬丁（Barbara Y. Martin）& 狄米崔・莫瑞提斯（Dimitri Moraitis）——著
林資香——譯

獻給神聖之光的聖靈，祂們在提升人性上努力不懈

目次

【推薦序】

愛的設計，只爲了讓你從容的體驗，然後完成

當我收到邀請，爲這本《什麼樣的業力輪迴，造就現在的你》寫推薦序時，我正在深圳，帶領一班回溯前世的催眠證照班。中國深圳，是一個充滿生生不息、力爭上游氛圍的城市，它不像天子腳下的北京充塞著尊貴人文背景的優越，也不像上海那般十里洋場的風華。有的，只是一如數十年前，孜孜不倦勤懇上進的台灣一般，允許著願意努力、把握機會的新貴們一一的冒出頭來。

而這樣的環境裡，在「唯物論」的引導下成長，在「無神論」的信奉下滋養的學員們，卻在觸及到自己的前世時，展現了令人驚艷的了然，於是「前世輪迴」以及「因果業力」在這個年輕城市裡的這一群人裡面，開始有了不同於以往的詮釋。

「靈性成長」之所以成爲一種抽象狀態的形容詞，人們賦予的神祕色彩要肩負絕大部分的責任。在台灣的社會裡，「業力」和「輪迴」這些字眼的出現，帶給人們的往往是「因果循環」的「債權人VS債務人」的聯想，而讓人們感受到滯悶的，大抵是離不開宗教用著警世的角度來詮釋的關係。

於是在前世回溯的領域裡浸淫超過萬小時的我，漸漸捨棄了「業力」這樣的名詞，轉而用其他的形容來替代。也讓我漸漸淡用「輪迴」這樣的字眼，只擔心被宗教帶來的刻板印象給制約了。

但是翻開書稿，一邊看一邊畫著些讓我深有同感的字句和觀點時，我發現自己畫出的重點愈來愈多，讀的愈來愈投入，最後，幾乎每一篇、每一段落，都有那種深得我心、擊掌嘆息的地方。

這樣的發現讓我驚訝且不解。

誰可以把「業力」，形容成它是基於「愛」的一種設計？只因爲它的目的是爲了讓你成爲更好的人。「業力始終是設計來幫助你茁壯」，這是一句多麼有力又明亮的形容！沒有自責，沒有暗喻你要用自我懲罰來了結前世的負債，只有明亮的、有力的、充滿希望而理直氣壯的「幫助你茁壯」這樣的角度。我愛這樣的形容，既貼切又充滿力量！

至於「輪迴」，自從兩千多年來，宗教帶給我們因果輪迴的觀念之後，這兩個字就充滿了神祕的色彩，似乎代表了希望與補償、恐懼與受苦的一種生命型態——這輩子你犯了錯，下輩子就會受苦；這輩子你爲善了，下輩子就會富足。儘管在道德觀點上，這雖然是極有效率的自我約束之教育方式，但無形中也給人們帶來了戒愼恐懼、步步爲營的緊繃，給人們帶來如累積紅利點數般行善可以積德的期待。

但是，書裡是這麼形容輪迴的：「倘若上帝給了我們如此珍貴的禮物，卻給我們少得可憐的時間去運用它，那麼就毫無意義了。輪迴給予我們足夠的時間。」這樣的形容，讓我們從容了。沒有急迫，沒有戒愼恐懼，沒有有目的性的釋出善意只爲了累積來世福德，而只有從容與享用。彷彿，有一個慈愛的聲音在提醒著我們：「不要急，不要怕，這不是競賽，也沒有輸贏譴責，只有學習與體驗，你永遠有時間可以完成你未完成的……」呼，讓人鬆了好大的一口氣啊。

全書以深入淺出的方式，引領讀者進入前世今生以及業力輪迴的運作模式。鮮明的場景描繪搭配著作者親身經歷的娓娓道來，整個閱讀充滿著美好與溫暖，清晰與了然。

除了自己的生命經驗之外，關係的課題也是許多人們倍感困擾的一環。針對這部分，作者也做了極詳細的分類說明，不僅從個人靈性成長擴展到關係處理，進而延伸到前世肉體的細胞記憶以及大自然的往來與互動，甚至擴大到國家以及全球。

人生，是一段美妙的旅程，充滿了許多我們無法預期的驚險，同時也給予我們意想不到的美好。透過這本書，我相信會讓你對整個綿長的生命經驗有著更清晰的觀點，讓你的靈性成長學習歷程更豐盈。祝福各位朋友們都能在自己的生命之流中，活得更開心、更豐盛。

張淑瑤

心語身心靈推廣中心主持人

序言

得以參與這項不凡的工作，我滿懷喜悅地向芭芭拉及至高無上者表達感激之情。我不斷地爲芭芭拉的理解與覺察之深、以及神聖者藉由她所運作的支持系統之不可思議，感到無比的驚異。參與這項神聖工作的收穫，委實無法以筆墨來形容；我生命中被觸及的每個部分都變得更好，更以一種遠超乎自己所能想像的更美好的方式生活。

這本書在我的生命中標示出一個轉捩點，爲此，我將永遠心存感激。與芭芭拉共事多年，讓人不免會觸及那個地方——那個讓這些法則都變成活生生眞理的所在；而那層隔開物質世界與精神世界的面紗，也開始一點一點地掉落。

對於業力與輪迴的研究，提供了理解生命奧祕的重要關鍵。藉由本書的撰寫，我不斷地被提醒，我們的生命是如何掌控在上天的手中。我們每天忙著生活中的例行事務，卻渾然不知這項活動之中，有著一套不可思議的靈界支持系統。我們全都是一項精細而神聖設計的一部分，隨著這項設計的運作，我們完成自己來到塵世獨一無二的課題；倘若違背了原來的計畫，上天也會一直與我們同在，直到我們重回正軌。

若說我有個關於業力與輪迴的訊息想跟大家分享，那就是：要竭盡全力消除你的業力。輪迴確有其事，無論你生命中可能出現的情況是多麼地瘋狂、荒謬或令人不快，當你了解那是業力使然時，祝福它；直接面對你的業力，是加速靈性成長最快的方法。同樣的，抗拒或逃避業力的挑戰，只會阻礙你的成長；而不論你多麼努力去嘗試其他的方法，都沒有用。更重要的是，假使你很幸運地擁有好業力，建基於好業力之上繼續努力，將會帶你達到自己所無法想像的更崇高的靈性境界。

花些時間消化本書中充滿智慧與洞見的珍貴結晶，我希望當你讀到這些書頁時，能夠融入你本身的靈性經驗，從而領悟自己是這偉大命運的一部分。

狄米崔・莫瑞提斯（DIMITRI MORAITIS）

引言

身為靈性導師，我自然熟諳於業力與輪迴的法則，在指引學生們走上他們的靈性旅程時，這些法則是必要的協助工具。每個來到塵世的靈魂，都受到業力法則的約束，因此，清楚地理解輪迴和業力如何運作，是讓你的靈性顯現及發展的重要關鍵。

坊間有許多關於輪迴與業力的書籍，但教授這些主題多年來，我深深地感受到，對於這些至關緊要主題的了解，仍存在著相當的落差和誤解，同時，對於重點的強調並不足夠。我的目的，是清楚地告訴你輪迴與業力的詳細過程，以及它們在你的生命及靈性的發展中，扮演多麼重要的角色。

這本書的目標，是幫助你做出與你的靈性目的一致的更好選擇。我希望能幫助你更加了解，是什麼原因會讓你面對某些情況、試驗及磨練；讓你領悟自己是這不可思議神聖計畫中的一部分；讓你明白為什麼某些人會出現在你的生命之中，以及面對和解決業力的重要性為何。

在專業上，我主要是因為對於氣場的研究而為人所知。從三歲起我就能看見能量場，從此，我畢生都在研究並教授這個令人著迷的主題。氣場扮演著消除業力的重要角色，因為業力能量會非常清楚地呈現在氣場上。

身為一個成熟的靈視者，除了看見氣場之外，我也樂於接受其他的經驗。為了解輪迴與業力的內部運作，我得召喚其他的靈性天賦，其中之一，就是與另一邊的神聖靈體溝通的能力。

我們接下來會陸續探討，輪迴的過程與業力的法則並非自行運作，而是在上天的指示下，由神聖靈體組成的一個極爲完善的網絡，小心地管理著。倘無這些神聖靈體的聯繫與合作，就不會有對於輪迴與業力眞正深奧的、完整的理解。在本書中所分享的許多知識，都是來自這些發光的靈體直接給我的內在訓練。我提到他們的時候會用各種不同的名稱，像是神聖者、神聖靈體、至高無上者、靈性導師，然而這些用語雖有不同，他們都是上天神聖計畫的管理者。

我在很小的時候就察覺到這些奇妙的存在體，他們會在我面前展現，所以我對他們愈來愈熟悉。我對他們的經驗與日俱增的同時，也認識到神聖靈體有許多種不同的類型，各自有著獨特的天賦與才能。

早期與神聖靈體接觸的經驗之一，是在我八歲的時候。我家住在俄亥俄州的馬丁斯·費里，當時我正參加學校舉辦的百年紀念慶祝活動，打扮成一位荷蘭小女孩去參加一場遊行。我的家人無法一起參加，因爲我父親剛好得參加隔壁斯維爾鎭的一場宗教活動；我的活動預計會在他們返家前結束，因此他們在前門的門墊下留了一把鑰匙，讓我可以自己先進門。因爲遊行的地點離我家很近，而且學校老師也跟我們在一起，我覺得很安全。

遊行結束後，到我換回便服、走回家時，天色已經變黑了；當我走到前門，查看門墊下頭，卻沒有鑰匙！門是鎖著的，我沒有其他方法可以進得了門，只好坐在前門門廊，等待家人回來。

夜色逐漸逼近，我也愈來愈擔心。在轉角處，我聽到有個喝醉的人在大街上唱著歌，朝我這邊走過來，我嚇壞了，跑到隔壁的教堂，躲進灌木叢中。我看著他走過去，突然想到廚房的窗戶可能是開著的，我可以從那裡進到屋內。我走到屋後，果然看到窗子是開的，於是我迅速攀上窗前那一堵牆，爬進了屋內。

我一爬進屋內，就在廚房桌邊的一張椅子上坐了下來，害怕得直發抖。我也不知道爲什麼自己這麼害怕，事實上，那個男人並不危險，他甚至沒看到我；我把他想像得過度誇張地可怕了。當我坐在那兒試著平靜下來時，突然看見廚房裡充滿了白色的光芒，我的精神爲之一振。接著，在房間的正中央、就在我身旁，出現了一個美麗的天使般形體，我可以看得出它的外形，但很難分辨出樣貌，因爲它散發出來的光芒太過耀眼。它並沒有任何翅膀或像是翅膀的東西，但它的出現讓我激動不已，雖然我不知道那是什麼，想當然耳，它一定是個天使。之後我才知道，它就是我的守護天使。

這個美麗的形體以光爲我祝福，我很快地平靜了下來。它透過心靈傳送訊息給我：「別怕，你安全了。」我雀躍不已，竟然有天使來幫忙！這讓我領悟，我必須相信上天而無須懼怕。

當我年紀再大一些，這些奇妙的靈體開始訓練我，讓我更加了解自己的天賦；而靈性訓練的一部分，就是按部就班地學習輪迴與業力的法則。這項訓練在我十五歲之後開始，而在我二十歲之前，已經如火如荼地進行。

他們讓我看前世的若干景象，我看到自己曾經是英國的孤兒、中國的士兵、古希臘神祕儀式的新加入者。這是個驚人的經驗。他們也讓我看到我和家人的業力關係：我在前世是如何認識我的父親、母親及兄弟姐妹。他們幫助我釐清所有懸而未決的問題。我被帶往另一邊的若干壯麗宏偉之處，親眼目睹不可思議的輪迴過程是如何運作的。這項訓練持續了數年之久。

這些經驗甚至延續進入我每天的生活。有次，我在洛杉磯地區參加一個愛德加．凱西（Edgar Cayce）的週末研討會，由他的兒子休林．凱西（Hugh Lynn Cayce）所教授。在某次的中場休息時間，我返回房間去小憩，沒由來的感覺異常困倦，於是躺了下來。就在半睡半醒的狀態下，看到一幅美妙的景象：我看到自己身處王權時代的法國宮廷，在一個充滿假髮與華麗禮服的宴會廳，一座美麗的宮殿，耳邊可以聽到正在演奏的樂音。那是一場非常歡樂的活動，我玩得很開心；大廳擠滿了人，我很自在地周旋談笑於人群之中。幾分鐘後，幻象逐漸消失了，我發現自己在洛杉磯西爾馬的房間裡。

這項教育訓練的第二個階段，在我二十五歲之後開始。至高無上者特別訓練我對於輪迴與業力的理解，為我即將成為一名導師做好準備。身為靈性導師需背負相當大的責任，不能誤導任何學生；不管你是有意還是無意地誤導，都負有業力上的責任。我極為認真地看待這項責任，因此我一開始並不確定自己想當一位靈性導師。然而，至高無上者指引我一步步地往這條路走。當我決定收某個學生時，至高無上者會讓我看到他們的業力表中，我所需要知道的必要事項，讓我更加了解他們的課題是什麼，以及如何在我個人不涉入的情況下，幫助他們消除自己的業力。

當我在撰寫這本書時，深受好友及靈性導師伊內茲．赫德（Inez Hurd）的啓發，書中亦包含了許多她的故事。伊內茲總是鼓勵我將她的所知與他人分享。就是伊內茲告訴我，有一天我會教授氣場；但是這在當時看來，像是一件幾乎不可能的事。無論是對我自己的能力，或是對他人展現我的才能，她都灌輸給我相當的信心。毫無疑問，沒有她的指引，今日的我也不可能成爲一位導師。能成爲一位宇宙哲學的導師，是恩典也是殊榮。這是一個驚人的過程，我也還在學習中。教授課程多年以來，我仍然不斷地爲伴隨而來的新啓發及新知識感到驚異和欣喜。

我所有教學中所分享的教材，都是基於直接親眼所見的洞悉、觀察和經驗。誠然，這些教導和經驗是經由我個人意識的篩選過濾，因此不可避免會有詮釋的成份存在；然而，沒有兩個人能以完全相同的方式來解釋一個共同分享的經驗，因此，我極爲鼓勵你將書中所呈現的資訊，帶入你自己的檢測以及正確和眞實的最高標準之中，加以驗證。業力的法則錯綜複雜又精巧無比，沒有一本書能夠涵蓋其全貌；然而，這是未來進一步研究與探討的起點。

在此，我想對共同執筆者狄米崔．莫瑞提斯的絕佳配合，表達最深沉的感謝之意。這是一本特別需要加以仔細整理的複雜書籍，狄米崔又一次地完成了傑出的工作，條理分明地吸收、組織並結合這些材料，不但貢獻良多，更提出許多建議，爲這項工作增添了極高的價値。這本書不但是我的書，也是他的書。

在個人的生活中，我盡力與業力及輪迴法則和平共處。這並不總是一個簡單的選擇，然而它的回報之豐厚，卻是無法計量的。

在神聖的愛及光中

芭芭拉．馬丁（BARBARA Y. MARTIN）

生命之梯

每一個來到塵世的凡人，
在出生時，上帝便給他一座生命之梯，
每個靈魂都必須走在這座梯子上，
一步步從下方的深谷往上爬，
一步步來到中間，
循著這生命之梯走向起點。

從我們起程後時光荏苒，
我塑造了我的梯子，你塑造了你的。
不論它們長得怎樣，都是我們創造的：
光明之梯或陰暗之梯，
眞愛之梯或仇恨之梯，
堅固的力量之梯或隨風搖擺的細繩之梯，
黃金之梯或稻草之梯，
每一座都是公義的律法之梯。

死亡召喚時，我們甩脫掉它們，
來世再次呼吸時，我們重拾起它們，
因爲在偉大的誕生之門旁站著守門人，

當每個靈魂經過時，生命之梯已經在等候。
雖然我的梯子窄、你的梯子寬，
在我的梯子上，我可以通往上帝，
在你的梯子上，你的腳可以往上攀升，
沒有人可以向你借用這梯子，也沒有人可以出借給你。

倘若其中有著困境、憂慮和痛苦，
纏繞綑綁形成每一個輪迴，
倘若朽木和鏽鐵，
就是你必須修補的脆弱框架，
你必須重建它，把它牢牢地綁好。
儘管這項任務艱鉅，漫長如你的生命，
但在這座梯子之上，那條道路將會引導你
走向天堂般的歡愉以及心靈所需。
這些事物也可能以另一種方式呈現，
但都是無法留駐的幻象與錯覺。

所以，就別浪費時間在徒勞無功的嘗試上了吧，
快重建你的生命之梯，努力往上爬。

可敬的紫蘿蘭．波瓦斯東（VIOLET BROOSTOM）

第一部

這一切如何運作

1

你的智慧之幣

我們每個人都擁有一枚珍貴的智慧之幣。這不是你可以用來購買東西或服務的貨幣，你也不能拿來跟別人交易或交換，然而在每天的生活中，你都會使用到它。這枚獨一無二的智慧之幣，是當你還是神的孩子時所承繼而來的部分靈性。智慧之幣的一面是自由抉擇的權利，另一面則是將抉擇付諸行動的意志。你使用這枚智慧之幣的方式，將決定你是否可與生命的神聖法則和諧共處。

智慧之幣是上天賜予你的靈魂之禮，讓你得以成爲一個個體，表現你的神性，也給你學習和成長的機會，以事奉上天及生命極富創造性的過程。身爲一位靈性導師及靈視者，當靈魂學習到如何有效地使用這枚靈性之幣時，我能看見他們的氣場變得明亮、進化成長；而當靈魂濫用這枚靈性之幣給予的珍貴機會時，我看見的則是風暴與黑暗。

當你表達自由抉擇時，就產生了業力——因果的偉大法則。你每天使用這枚智慧之幣時，不是爲不當行爲付出代價，就是獲取靈性成果的回報。與業力法則緊密相連的，就是輪迴的過程。藉由不斷化身爲肉體的方式，輪迴給予你消除業力以及充分表達自由抉擇和意志的時間。

雖然關於業力與輪迴已有許多著作，然而我教授這些主題多年以來，發現許多人對於這些法則到底是如何運作的，仍然缺乏明確而實際的認識。不論你是否相信輪迴和業力，它們是你生命中不可或缺且積極活躍的部分，你無法逃離或躲避它們的影響。你愈快與這些自然法則和諧共處，你的人生就會走得愈平順，能完成的事情也愈多。

自由抉擇與意志力

身爲人類靈魂，上天最先賦予我們的禮物之一，就是我們的靈性自由。倘若沒有自由抉擇以及將抉擇付諸行動的意志，我們就只剩機械化的動作，無法盡情揮灑生命富有創造性的本質。雖然我們每個人都逃離不了自己的命運，亦需受靈性法則及肉體法則的規範，但是在如何實現生命偉大的創意規劃上，我們仍然保有自由抉擇的權利。

抉擇是選擇的特權。你可以選擇努力工作或是怠惰度日，誠實或不誠實，快樂或悲傷，慈愛或殘酷，渴望成就大事或是沉湎於過去的苦難之中，諸如此類。除非你允許，沒有人可以拿走這項選擇的權利；不管你發現自己身處何種情境或形勢之下，選擇如何去行動，始終取決於你自己。

伴隨選擇而來的，則是後果。當你做出抉擇，就必須面對那些抉擇的結果——不論好壞。這是你培養品德、學習明辨是非的方式。做出正確的抉擇並不簡單，你不會一直認知到最佳的行動方針，因此有時會做出對自己不利的選擇。然而逐漸藉由經驗、試驗及錯誤，你會變得成熟，也學會如何區分。

要了解你的智慧之幣，必須牢記下列選擇之間的差異：是作爲個人成長工具的選擇，還是作爲個人自我滿足的特許。渴望（desire）——對某些事物眞正的渴望——和對於某些事物的慾望（appetite）之間，有著天壤之別。宇宙哲學將「渴望」定義爲上天擴展的作爲，藉由渴望，表現的形式得以持續地受到供養、更臻完美、更形擴大。請花些時間好好思考一下這個定義，因爲它表達的是生命的基本運作原則。渴望是一種作用，一種驅使生命的創意過程得以充分展現的原動力。

「慾望」只是一種習慣，建立在不斷滿足的感覺本質上，藉由生命外部作用的意念，限制並聚焦其能量所在。顯然，上天給我們的靈性之幣，並不是要讓我們浪費在自我滿足與自我膨脹的無盡循環中。雖然我們在某些意志薄弱的時刻都走過這條路，但總有那不可避免的一天來到時，得結算我們的總帳。

這就引導我們來到本書的一個重點。我們都會做出選擇，但是自由意志這項禮物本身並不是我們的目的。我們的自由抉擇權利，最終的目的是選擇上天——選擇與生命永恆的法則全然地和諧共處。

智慧之幣的用意，在於讓你得以表達自己事奉上天的自由意志。一旦你學會了走這條神的道路是出於自己的選擇，是出於你自己靈魂的渴望而選擇上天，你的生命就有了新的意義；你會活在生命的恩典中，並邁向靈性開悟的道路。這並不代表你的生命會自動地變得輕鬆容易，但你會以遠超乎自己所能想像的更好方式，展現出你的創意本質。對你自己和身邊的人來說，你的生命會眞正地成爲一項恩賜。

自由抉擇的權利象徵眞理的運作，代表你選擇去捍衛你的靈性權利，宣告你的神性，並信心十足地在生命的各個面向展現出你的神性。你被賦予這份自由選擇的禮物，爲的就是這項特別的目的，但你必須經由智慧之幣的另一面——意志力，來行使這項權利。

許多人誤解了意志力，認爲意志力是強迫別人或是將一個人的意圖強加諸於另一個人身上。意志可說是思維的穩定劑。

意志讓你的思維保持穩定，直到完全地具體化爲止，就像是動力車床可以把木頭保持在正確的位置，讓它得以成形。意志不是思維，兩者並非同一件事；然而缺乏意志的思維，會顯得軟弱無力。

在自由選擇的表達上，是意志力讓你得以實現你的選擇。倘若你沒有能力將選擇付諸行動的話，自由選擇有什麼用呢？然而，這就是確實發生的事。我們都有想要實現的目標，只有在遇到阻礙或必須繞遠路時，才會阻止我們去完成。爲什麼我們不能完成原來想做的事？我們的念頭和渴望雖然到位了，但是意志很薄弱，所以我們無法在腦海中支撐住這個目標，直到實現它。

有時候當你面對業力時，做出的選擇是正確的，但不知爲何，你無法完全遵循原來的選擇貫徹到底，就是因爲意志薄弱，所以你允許其他事情介入干擾這個選擇。這情形很正常，也是成長過程的一部分，因爲意志力雖是你與生俱來的靈性權利，卻也是你必須培養、加以運用才會成長茁壯的一部分。

當你表現自由意志時，你得逐步養成強而有力的意志。眞正強而有力的意志，是你對於上天的神授意志之展現。什麼是神授意志呢？神授意志指的是，上天用以維持神授思想模式來呈現創造力特性的方式。倘無神授意志，上天的旨意便無法成形。眞正的意志與強行將想法或意圖加諸於他人身上完全無關。當你具備了強而有力的意志時，你絕不會專橫霸道或盛氣凌人，而是忠於自己的心和眞正的渴望。

表現神授意志，指的是加入維持創造力本身的那股力量，代表著不論在何種情況下，所尋求的都是以最好、最崇高的做法爲方針，將個人的情感置之度外。要成功克服任何業力的挑戰，你必須採取一種宏觀的角度來看待生命，否則終究會陷入業力無盡的循環當中，一次又一次地回到人世，不斷地重蹈覆轍。

將生命的整體大利置於個人的人性私慾之前，是需要勇氣的。你每天所見的許多事物，都是你的人類本性像磁鐵般地將你吸引過去——讓你偏移原來的靈性道路。倘若你希望能達到靈性的巔峰，這些都是你必須拒絕的誘惑。

所以，你的智慧之幣有這兩面：一面是你選擇上天、走向光明道路的權利；另一面是神授意志，給予你將選擇付諸行動的能力。一旦你與這兩股靈性力量的步調一致時，便已完全準備好走出這世界，運用這枚智慧之幣了。

業力永恆不變的法則

「業力」這個字眼逐漸變得極爲常見，以至於這個最神聖、生命最基本法則之一的字眼，已有被平凡化、被輕忽的風險。令人感到驚異的是，才沒多久以前，這個字眼在西方世界還幾乎不爲人知，現在卻連咖啡店都用來當作店名！

「業力」（karma）這個字是源自於梵文的字根kr，意思是「去做」，也被定義爲「行爲或行動」或是「意志」。因此，業力與行動以各種形式產生關聯：身體、心理或情感。隨著業力而來的就是果報（Vipaka or phalam），也就是過去行爲的結果。而隨著業力這個用語愈來愈普及，因果的整個法則也就都涵蓋在這個單一用語之中了。

因果法則僅是在說明我們所採取的每一個行動，都會產生一個最終的、無可避免的結果。在《聖經》中，這條法則是這麼陳述的：「你播下什麼種，就收成什麼果。」換言之，如果你種的是洋蔥，就不會長出番茄，而只會長出洋蔥。在物理學上的相似之處，即爲牛頓第三運動定律所述：每一道作用力都會產生另一道大小相等、方向相反的反作用力。

業力就是生命的平衡器，或可說是協調器。生命的自然狀態就是和諧，上天就是和諧。當你以一種破壞性的方式行事時，將使得自然狀態失去平衡；這種負面的表現，將經由人生織錦獨特的綿密網絡產生迴響，留下它的影響和作用，再反彈回來給發送者。將一顆石頭丟進一個池塘是個相當好的比喻。當你把一顆石頭丟進一個平靜的小池塘中，激起的漣漪會延伸到池塘邊緣，然後再反彈回來。你的行爲也是如此。當你付諸行動時，你的行爲就會在你自己這幅人生織錦中產生一種漣漪效應，然後反彈回來給你。因此，一旦有不和諧的能量開始運作，痛苦的調整過程亦隨之開始起作用，直到一切又恢復和諧爲止。

當你開始一項有創造力、富建設性的行動，同樣適用於業力法則，但所得到的結果卻完全不同。當你做了某些與生命自然定律步調一致的事，這項行爲也會經由人生織錦的綿密網絡產生迴響，但這項「好」的能量會擴展並加強不斷在擴大、深具創造性的宇宙過程，而非偏離自然的和諧。你不但加入了神聖的生命，這項賜福還會加倍地反彈回來給你！

換個方式來看待生命。如果說正義，不過是生命自然法則的重新排列組合呢？正義有眞正的尺度，無關獎懲，而是有關和不和諧。這是爲什麼我們毋須爲生命中顯而易見的不公義而憂慮，生命會「要求」進行必然的重新排列組合，以回復自然的狀態。巧妙之處在於，我們不知道這項重新校正何時會發生。

業力隨著你的每一個念頭、每一句話、每一種情感及行爲舉止而產生，它能觸及你生活的每一個層面，你擁有與家庭、金錢、健康及人際關係相關的業力。業力有許多種不同的類型，有個人的業力、靈魂的業力、心理的業力、情感的業力、國家的業力、種族的業力，以及全世界的業力。有那麼多的因果在進行著！幸運的是，你有始終如一的可靠援手可以幫助你消除業力。雖然沒有人能代你消除你自己的業力，但強大的靈性支援，將會導引你走過生命這個錯綜複雜的部分。

業力對你的幸福、健康等福祉來說，是不可或缺的。當你打破了一項靈性法則，不論是有意或無意，都得面對自然的結果。不斷地打破這些法則，你就會從親身經驗中，逐漸開始了解它們是如何運作的。業力法則是基於「愛」的一種設計，目的是爲了讓你成爲更好的人，了解你擁有的偉大目標；業力始終是設計來幫助你茁壯，而不是用以毀掉你或是處罰你。倘若沒有業力法則，你將無法成長，也將無法到達你所渴望的天堂世界。

輪迴的法則

當我二十幾歲時，度過了一段靈性開展與成熟的非凡時期。雖然從很小的時候，我就已擁有相當成熟的靈視天賦，但一直到二十多歲時，因爲我自己的靈性發展，這些天賦才充分而迅速地展開，並讓我準備好面對成爲靈性導師的嚴峻考驗。也是在那段時間，我發現輪迴如何運作的全面影響。我還清楚地記得最初的一個經驗。

當時我前往拜訪一位名叫約翰的朋友，他住在加州的卡梅爾，一個太平洋岸的美麗小鎮。約翰在鎮上從事髮型設計，他是因爲健康因素而搬到卡梅爾。

有天，約翰工作得較晚，叫我四處走走等他結束，我們再一起出去吃晚餐。天色逐漸變暗，大部分的商店也都打烊了，周遭走動的人已經不多。我感到極爲快樂又悠閒，因爲我很喜愛待在卡梅爾的時光。

走著走著，我偶然看到一間販售中國物品的商店，櫥窗中有著雕像、傢俱，以及一件美麗的翠綠色禮服。我注意到店裡有個女人，心想這家店可能還沒打烊；我走到門口，門是鎖著的，我敲門但無人回應。於是我回到櫥窗那兒，又看見那個女人，而她也正在看著我！我滿懷疑惑地想：「她爲什麼不開門？」

於是我又走回門口用力敲門，生怕她聽不見。我大聲請她開門，但還是沒有回應。我感到迷惑不解，這件事感覺好怪。我又回到櫥窗那兒往裡看，她還是在那兒看著我，動也不動！我心想：「我猜她不想讓我進去吧。」於是我打算離開了。

突然間，我比之前更加清楚地看見了她。她大約是我的年紀，頭髮烏黑，裝扮迷人。當我更加仔細地觀察她的相貌時，她的面容變得愈來愈熟悉，我開始明白了，她看起來就像是我——假如我是中國人的話。在那當下，我領悟到自己正在經歷的是靈性的幻象。這位年輕的中國女子並非眞實存在，而是至高無上者展現給我看、是我前世化身的幻象！於是一幅幅景象閃過我的眼前：我前世曾經是位中國的公主，擁有權勢與財富，最後在年紀輕輕的時候就死了。

女子的幻象逐漸消失。現在天色已經變暗了，我去找我的朋友共進晚餐，並且告訴他我剛才經歷了這個不尋常的經驗。這次的經歷讓我留下十分深刻的印象，更毫無疑問地確認了前世的眞實性。

然而，輪迴的存在並非我想要證明的重點。我們每個人都必須爲自己尋找答案，但是以我個人的經驗，其中有許多在本書中亦提及，我認爲輪迴是極爲眞實且有確實的根據。在《舊約聖經》中，約伯（Job）問：「人若死了，豈能再生？」答案是毫無疑問的「是的」！我們都活過一連串特別的前世，爲了當下這一生的經驗作好準備；而我們現在所經歷的今生，則是爲了未來將要度過的來生而預作準備。

輪迴是必要的循環，也被稱爲是誕生與重生之輪。輪迴（reincarnation）這個字，源自於拉丁語的「incarnate」，意思是「造出肉體」。輪迴是宇宙哲學的原則，指人類靈魂經由多次的肉身轉世，逐漸臻於完美之境。梵文的「samsara」被翻譯爲輪迴或重生。而轉生（transmigration）、再現（reemergence）、重生（regeneration）、更新（renewal），都是與輪迴有關所使用的字眼。

從智慧之幣的觀點來看輪迴，會發現，不斷重生的過程給予我們時間，以便充分展現我們的自由意志並消除我們的業力。倘若上天給了我們如此珍貴的禮物，卻給我們少得可憐的時間去運用它，那麼就毫無意義了。輪迴給予我們足夠的時間，因此，我們只會在人世待上短暫數年、從此永遠消失無蹤的這個想法，我們得把它從腦海中驅逐出去。如同亨利．福特（Henry Ford）所說：

我在二十六歲時接受了輪迴的理論。當我發現輪迴時，就好像我發現了一項宇宙的計畫，讓我有足夠的時間去規劃、創造。假如你保留了這次對話的紀錄，把它寫下來讓人們可以安心；我想傳達給大家的就是這份平靜：長遠宏觀的生命，會給予我們每一個人。

輪迴的概念是一個源起於何時已不可考的傳統，全世界有許多文化都相信輪迴以某種形式存在。輪迴是遠東國家信仰及宗教思想的基礎，神祕學校及古老的神祕學習中心都教導輪迴的基本原理。今日，輪迴更跨越了文化的疆界及信仰體系，更受到全世界矚目，並有著超越以往的成長。然而，這僅是對於這個基本原則更廣泛、更深入理解的開始而已。

我們爲何要輪迴？一句話可以說明——進化。我們來到這一世，是爲了學習與成長；倘若沒有輪迴的過程，我們的靈魂便沒有時間可以完全地發展內在潛藏的靈性力量。這是每個靈魂爲了贏得生命的冠冕，必然要走過一次的朝聖之路。

輪迴的目的，幾乎可以說是爲了完美我們的靈性。我們在人世間學習完所有的課題、消除完所有的業債之後，終於贏得脫離輪迴這必要之輪的權利，成爲塵世生命的大師，然後可以繼續我們更好的神聖生命。有些人達到靈性上的融會貫通比其他人快，然而，誰先到達那裡並不是那麼重要，因爲每一個靈魂欲臻完美，都有上天給它的計畫。

我知道對我們來說，很難去理解我們在塵世的經驗，比起僅侷限於單單一輩子來說，要來得廣泛太多了。然而，如同哲學家曼利．賀爾（Manly P. Hall）所說：

就前世生命的思想、感覺及作爲來說，我們每個人都是他或她自己性格特質的證人。我們每個人也都是自己的建築師，建築我們自己的明天。

我們的前世對於今生的經驗，有著非常強大的影響力，因爲我們把未盡之事，從前世帶到今生來解決。倘若我們在某個前世非常地被動、消極，在今生就得展現出強有力的意志；倘若在前世的婚姻中殘酷無情，現在就得展現寬容與同情；倘若以前急躁又不耐煩，現在就得學會有耐心，諸如此類。你會發現，你現在所表現的性格特質，即是前世經驗累積的結果。

輪迴的美妙之處在於，你所學到的事物不止用在這一輩子，而是永遠適用。你所掌握、精通的每一項技能或技藝，去蕪存菁的每一項性格特質，都會成爲你永恆自我的一部分。這就是偉大的小祕密：天才及非凡的人類成就，並不是某些生物學上僥倖成功的結果；這些天賦是古往今來的偉大靈魂從前世帶過來，慢慢地將能力與能量建立起來，然後在這一世展現出來的。

一旦我們理解自己的存在，是比這一世要涵蓋得更加寬廣的某種存在，我們就能打破對於肉體生命的執著與迷思，學著去認同我們的永恆自我。我們看待這個化身不過是我們「生命之書」中的一章，開始學著成長、捨去這個物質生命——我們始終肆意而頑固地關愛著它——的附屬品。

輪迴讓我們得以洞悉苦難之謎。舉例來說，在全能慈愛的上天之下，爲什麼會有如此明顯的不公不義之事存在？正如我們所知，在這一世濫用我們的自由意志，將會爲我們自己和他人帶來不幸與苦難，這是生命的自然法則經驗，而我們都無法避免地成爲其中的一部分。然而，不論你如何看待它，沒有任何建立在「單一的一生」這個理論上的學說，可以針對苦難與其意義之謎提出完全令人滿意的解釋。爲什麼有些人生來便處於弱勢，而有些人則含著金湯匙出生？往往，這些苦難是一個進化的靈魂成長所必經之痛苦，倘若我們要爲生命的無常找出任何道德意義，那麼就是，冥冥中有個大局正在進行。如同佛陀所言：「如果神允許這樣的苦難存在，祂就不是神；如果祂無力阻止這樣的苦難發生，祂也不是神。」

輪迴教導我們的是，生命不是去逃避，而是去經歷。當我們愈了解如何好好地活過這一生，我們的生命就會變得更令人興奮、更爲充實而滿足，因爲我們是從整體、而非部分的角度來看待生命。輪迴是一個更大的故事，說明我們是誰，以及我們是什麼；它更教導了我們，生命永遠有第二次機會，沒有任何靈魂是完全的輸家，我們總是被給予所需要的、儘可能多次的機會，讓我們得以成功地達成掌握靈性發展的目標。

前世的記憶

毫無疑問，懷疑論者及無信仰者心中最大的一個問題，就是記憶。倘若我們經歷過那麼多世的生命，爲什麼我們不記得？

在回答這個問題時，我想先說明的是，我們都有關於前世的記憶，只是深鎖在我們的潛意識中。潛意識是記憶的來源，也是我們的意識中最爲複雜精細的部分之一。正如我們所有的靈性本質，潛意識並不受肉體的限制，它隨著我們走遍朝聖之行，它的工作是將靈魂的所有經驗，包括前世的化身，逐一記錄下來。所以，眞正的問題並不是「這樣的記憶是否存在我們的意識之中？」而是「我們爲什麼不能毫無困難地回想起這些經驗？」

甘地說得最好，他說我們沒有前世的記憶是「大自然的仁慈」。很簡單，把我們進化過程中發生的所有記憶都帶回來，委實太過累贅。我們的盤子上已經有夠多今生要處理的課題了，對我們來說已經太多，以至於無法再承載更多。因此，上天設計讓我們不帶著那樣的記憶來到今生。你可以這麼說，前世的經驗被隔開存放在潛意識中，是爲了保護我們自己。在我們成長過程的某個時間點，當我們到達靈性的顚峰時，我們的確得經歷回溯自己塵世足跡的一個過程；在那個點，我們可以重新喚醒自己經歷過的前世記憶，然而這必須在至高無上者強而有力的指引下進行，而且唯有當我們的心理和情感都已經準備好的時候，才能夠開始進行這樣一趟旅程。

雖然如此，許多人確實擁有若干前世的記憶。在我教導輪迴這個主題多年以來，許多人曾與我分享他們前世的經驗或感受。在無數的證言和個案中，人們敘述自己的經驗，其中若干甚至有著不可思議的清晰度和洞察力。

前世經驗的記憶會以其他方式呈現，尤其是在與業力有關的情況下，記憶的火花會重新被點燃。舉例來說，當我們遇到前世認識的某人，基於前世的經驗，潛意識會促使我們對這個人作出反應，即使我們並未回想起確實發生過什麼事。我們都有過這樣的經驗，譬如遇到某人，沒有任何合理的理由卻馬上就喜歡他或討厭他；或是第一次去到某個地方，卻產生似曾相識的感覺。通常我們會有這些經驗，是因爲我們與過去的能量仍有所連結，即使對這些經驗有意識的記憶並未眞正地浮現出來。

結果就是，倘若你想了解你的前世，只需要仔細觀察你這一生，以及你當下所表現出來的個性特質，包括你的才能、優點、弱點和缺點，在你生命中所出現的重要人事物，都是你業力道路的一部分。你藉由過去的許多經驗，創造了現在的你。

2

輪迴的過程

如果有輪迴這回事，它是如何運作的？我們是如何確實地輪迴，最後被帶到以另一個身體再度出生於人世間？圍繞著這個主題的，是如此不可解的一個奧祕。

對於我們的智慧之幣有所理解之後，我們就會明白，我們的選擇不僅會影響今生，也會影響來世化身的形成；而我們現在所處的這一世，有很大程度也是形塑於前世我們所做的選擇。以一個新的肉體形態返回人世間的能力，看來似乎很不可思議，但我希望在這一章結束時，你會覺得輪迴雖然令人驚異，然而這的確是生命的自然過程。

了解輪迴的第一步是先問這個問題：輪迴以及我們業力紀錄的平衡是自己發生的呢，還是有更大的智慧體在指引、管理這個過程？正確的答案是，輪迴和業力都不是盲目的自然力量，它們是靈性生命有意識、充滿智慧、複雜而精細作為的一部分。

這又帶我們來到問題的另一面，或是「死後的世界」。我們無法只看輪迴過程以及它與業力的關聯，而忽略靈性的世界以及我們與它的關聯。

每個信仰都有其對於死後世界的概念，其中有許多會把它描繪成一種對我們塵世生活方式的獎賞或是處罰；有些則相信彼岸較像是一種主觀的經驗，端視我們對它的了解為何，是一種自我創造出來的世界；還有些則認為，我們只是回歸於宇宙的意識或能量——也是我們的起源。當然，也有人一點也不相信有死後的世界，對那些人來說，超越生命以外的存在是不可能的，意味著輪迴的想法也是不可能的。在這一章中，我不會試圖說服你彼岸是真實的存在，也不會附和任何特定宗教信仰去渲染。我會講述自己靈視的經驗，讓你自己得出你的結論。

事實是，的確有著超越塵世以外的存在。當我們死後，並不會被遺忘，我們的靈魂邁向下一個階段的存在；這裡被認爲的死亡，其實是在彼岸的重生。關於靈界的著作多不勝數，這個雄偉壯麗之地的包羅萬象，遠超乎塵世所能及。

諷刺的是，儘管死後的世界可能令人感覺像是個謎，事實上，我們全都對彼岸再熟悉不過了。彼岸是我們眞正的家，我們在化身轉世之前，全都來自那裡，那裡也是我們結束在塵世的旅程之後要返回的地方。

在我們研究輪迴時，或許最大的安慰之一，就是得以明瞭生命不但會延續下去，而且還是以我們都極爲熟悉的形式存在。在彼岸，我們看起來就像我們自己，周遭事物看起來也都很熟悉，就我們所知的是，生命以類似它在塵世運行的方式繼續下去。這並非巧合，因爲靈界既是一切的起源，我們在塵世所見的肉體生命，全都是先在靈界創造出來的。所以，若說靈界亦有美景、湖泊、樹林、花卉、住家等，應不至於太奇怪，因爲它擁有的不只這些事物而已，甚至還要更多。而爲了讓我們的靈魂可以自在地從一個階段的存在轉移到另一個階段，一個熟悉的彼岸世界是必要的。

我第一次有意識地被帶到彼岸的經驗很簡單，是在我大約十歲的時候。當時我跟父母及五個兄弟姐妹住在賓州新堡一棟三層樓的大房子裡。那是一段快樂的時光，我們剛搬去這個城鎮，也才剛脫離經濟大蕭條時期艱困的生活方式。我讀四年級，正準備要上一間希臘學校。當時我已經學會絕口不提自己的靈性經驗，免得老是給自己惹麻煩；我的家人和朋友無法了解我所經歷的一切。

那是個下午，我正在客廳打瞌睡。每個人都在家，只是分散在家中各處。我什麼也沒做，卻發現自己躺在另一個家中的另一張床上；這是個簡單又美麗的房子，似乎是木製的，有種溫暖的感覺。雖然我馬上就知道自己不在原來的家中，卻並不害怕。

我不知道自己身在何處。剛開始時，我以爲自己在做夢，但是當我從床上起身，就很清楚這不是在做夢，感覺極爲眞實。我自問：「我在哪裡？我在這裡做什麼？」床邊就是一扇窗戶，當我望向窗外時，看到的是一幅花樹扶疏的美麗鄉間景致。

我開始在屋子裡遊盪，卻沒見到半個人。我納悶父母到哪兒去了，但我還是一點兒也不覺得危險，相反地，這地方讓我感覺極爲舒服自在。我走到外面的花園，再次有種安寧的感受。接下來，就像我突然發現自己置身於這個陌生的地方一樣，下一秒間，我發現自己又回到了新堡家中的客廳。現在，這一切再清楚不過：我不是在做夢，而是被帶到了別的地方。

從那時起，我開始會定期去到彼岸的世界，也有過更爲驚人的奇特經歷，但這一切，皆始於這次簡單經驗的溝通，讓我得以了解，死後的世界其實是極爲自然存在的常態。

彼岸何在？

死後的世界並不是一個地方，而是多個地方，包括許多的境界和次元，全來自上天的創造。如同耶穌基督所說：「在我天父的家中有許多華廈。」所謂的「許多」華廈或是靈性的境界，都是眞實的所在；有些較爲精細微妙者位在靈性之梯的高處，有些則否。然而，它們全由上天所造，亦爲雅各的天梯（Jacob's ladder）上一級級的梯階。在我們的靈性成長過程中，每一個所在都各司其職。

在塵世，意識是混雜的大熔爐，但在彼岸並非如此。你會依照自己所累積的靈性之光，贏得進入某一個意識層級所在之處的權利。你無法帶著金錢、名聲、塵世的財物來到彼岸，只能帶來你所掙得的靈性之光——那是你經由每一個良善的念頭、每一句好話、每一件善行和功業所累積的。這也是為什麼你必須盡可能多掙得這種神聖之光，因為唯有它，才是你通往永生的通行證。

我們最先關注的靈性境界，就是所謂的靈魂世界。靈魂世界是接續肉體世界的下一個存在階段，也是每個靈魂要過渡到彼岸時的必經之處。靈魂世界中有七個境界，根據我們在塵世所掙得的靈光多寡，會決定我們在跨越到彼岸時，將置身於七個境界中的哪一個。

當你死的時候會發生什麼事

讓我們從我們稱之為肉體死亡的經驗開始，來循序了解輪迴的過程。我們總是將死亡的經驗或是「過渡到彼岸」視為一件令人懼怕的事情。事實上，這不過是從此生畢業，走向下一個更為美好的生命。根據我的經驗，不管我們是否認知到這一點，我們全都得走上這相同的基本旅程。在某些時候，根據我們的神聖目的及業力，每個靈魂的經驗會有若干差異，但是就輪迴的基本過程來說，每個人都是一樣的。

我即將要向你敘述的內容，結合了我個人的經驗以及多年來的觀察，我知道這是個大膽的論述。死後的世界，不是如同哈姆雷特所宣稱的「從來沒有任何旅人回來過的神祕國度」嗎？雖則滿懷對哈姆雷特的敬意，但事實上，我們不僅藉由輪迴的過程從死後世界重返人間，更是那遠遠超越今生的靈性世界的一部分。我們一直接受來自那個世界的支持，有時在我們沉睡時，甚至真的被帶到內在的世界，這是我們靈性成長的一部分。大部分時候，我們不會記得這些經驗，但是我們仍然從中獲益匪淺。

在肉體死亡的那一刻，靈魂從肉體形態中抽離出來，移入靈體之中；當我們脫離了肉體的階段，我們的靈體就是殘留下來讓我們得以棲息的形體，看起來就像我們肉體的模樣；當我們在彼岸時，靈體就是我們能夠運作的形體。死亡之時，連結肉體和靈體的銀弦斷裂，將兩者分開，這是死亡的眞正標記，區別瀕死經驗與最終的離開人世。在此過程中，神奇的天使會在旁提供協助，當祂們出現時，會讓人感受到安詳與平靜。而往往那些已經過渡到彼岸的我們所愛之人，也會幫助我們。

一旦你展開了這項過渡的旅程，大概還有一週時間會待在塵世階段。死亡之後的頭七十二個小時特別重要，因爲這時肉體還在進行若干靈性上的分離。雖然靈魂已經離去，肉體還有許多來自靈性支持系統的聯繫必須要切斷。這就是爲什麼我不建議在七十二小時內火化或是埋葬遺體，而應該等到七十二小時之後，以確保所有與肉體的靈性聯繫已完全地脫離。①

編按：註號●為中譯註；○為原註。

①因此，我強烈建議火化比土葬好。土葬的話，若干能量可能會緩慢地持續、逗留，使得靈魂仍然依戀著自己的肉體。我看過已經脫離肉體的靈魂在墓地徘徊不去，因為他們不了解自己已非肉體的一部分了。

當你第一次過渡到死後的世界時，會有什麼感覺？會想著什麼？這會因人而異，也跟你如何過渡有關。大部分人是處於一種中間的狀態——半醒半睡，並未眞正意識到發生了什麼事；但有些人則是相當地警覺，馬上就知道他們死了，甚至可能會覺得如釋重負，特別是在他們因患病而受苦時。

事實上，當你過渡到彼岸時，並沒有變成一個不一樣的人。最好是把整個過渡及輪迴過程想成是一個連續的生命——不同的地方，相同的靈魂。過渡就像是從一個國家去到另一個國家，假設你從芝加哥搬到巴黎，雖然身在不同的地方，你還是同一個人。

最重要的是，要記住你不會因爲過渡到彼岸而變成一個聖人，你的罪業也不會因此就被洗刷乾淨。如果你在世時難以寬恕他人，來到彼岸時也不會自動變得更加容易。誠然，彼岸是個美妙的不凡之處，但最要緊的是你的意識成長到哪一個層級。這就是爲什麼在你的肉體生命時，建立靈性的力量與覺知極爲重要，因爲你會帶著這時建立起來的開悟意識，走向更爲美好的生命。

在展開過渡的頭七天當中，你通常都會留在所愛之人身旁以及你最熟悉的地方，你會做像是參加自己的葬禮之類的事情。我所參加的每個葬禮上，幾乎都可以看到亡者的靈魂在場，而我經常會與他們溝通，催促他們跟著天使們回家，不要再徘徊於肉體階段了。我這麼說是因爲一旦七天的期限到了，你必須心甘情願地想去彼岸。大部分的靈魂都會這麼做，但有些靈魂會拒絕，這些靈魂就是我們所稱「爲塵世所束縛的靈魂」，這並不是什麼好現象。

當你離開塵世的階段後，會被帶往靈魂世界中一個特別的集會地點。我看過這個地方，像是一座美麗的殿堂。你在流瀉著美麗光線的優美環境中醒來，數位散發著閃耀光環的天使般形體會前來向你致意。

他們會向你解釋，你已經去世了，接下來你要做的事情是什麼。這通常會是一個令人極爲震驚的經驗，因爲許多人並未完全明瞭他們已經死亡；發現自己實際上是以這樣的形態活著，令他們感到極爲驚訝。有時候，當他們不想接受自己的肉體已經死亡的事實時，會很痛苦；然而對於有些人來說，這個消息很令人欣喜。

此時，大部分的人對於他們在塵世的日子已不復記憶，這確實是項恩賜，使得過渡更容易些。慢慢地，他們或許會記起一些事情，但事實是，就像我們在塵世時會忘記在彼岸的經歷，我們來到彼岸時，也會忘記許多在塵世的經歷。隨著時光荏苒，某些特定的回憶會被激發、重新記起，但這仍然是選擇性的記憶。當你結束這一世的輪迴時，著實沒有必要將如此詳盡的記憶帶著走。

一旦了解這是怎麼回事，就眞的展開了與彼岸的互動。會有其他類型的靈性形體來到你身邊，祂們是你的導師，也都是開悟的人類靈魂，因爲靈性上的大幅成長，已結束塵世的課題，來到天堂的世界。

你會被帶到一個美妙的所在，叫做薔薇廳。薔薇廳就是東印度人稱之爲「迪梵奇」（devachan）的靈性境界，是天堂世界的一種。薔薇廳位在一棟美麗的樓房建築中，看起來有點兒像是間醫院；他們稱之爲薔薇廳，是因爲牆壁上攀爬著薔薇藤蔓的美麗設計。薔薇廳沒有窗戶，但室內充滿著柔和的光線，還有天使般的形體穿梭其間，照料著新來乍到的靈魂們。

薔薇廳是個非常特別的地方，你可以在這裡好好休息——我指的是一種深沉的、靈性上的休息。當你的靈魂放鬆、不再與塵世生命有所連結時，你可能會睡上好幾週。大部分人在過渡時都會感到惶恐困惑，需要花些時間來調適。記住，你有很長時間是處於塵世的物質形態中，因此不論你的靈性如何成長，一段調適的時間還是必要的。

你從薔薇廳一出來，就會感覺到神清氣爽、元氣十足，然後你可以選擇重返塵世一段時間，以四十四天爲期。雖然這並不是絕對必要，但大多數人還是會選擇回去一趟，利用這次機會，看看所愛的人過得如何，並告別他們的塵世生命。這時，你開始會重新記起對於上一次的輪迴較爲清晰的回憶。

這段期間通常是悲傷的，因爲你無法與所愛的人溝通；如果你有未竟之事，你會深感後悔。你的導師會一路引導、陪伴著你，你會重訪你的家、工作的地方，探望朋友和舊識；當然，這必然會激發許多的情感起伏：你會懊悔曾經犯下的錯誤、遺留下來的未竟之事，但也會爲自己曾經做過的好事感到高興。然而，看著所愛的人悲慟不已，會使你感到相當地困擾；你設法告訴他們你沒事，但他們聽不見你，因爲你已經無法與處於物質境界的人們進行溝通了。

我記得我母親在她的四十四天之旅中，曾經來探望我。她在八十六歲時死於胰臟癌。她看起來還是一樣的歲數，只是更爲健康、更加地生氣勃勃。我很幸運能以靈視能力與她溝通，她跟我說她很想念我，也很期待在我過渡到彼岸之時與我重逢。她看起來很快樂，她的導師們也都環繞在她身旁。在她過世前，疾病讓她受了不少苦，因此知道她現在很好，我也如釋重負。

四十四天之後，你不得不返回靈魂的境界了（這並不是說你就不能再回去幫助你所愛的人，事實上這也常常發生；只是這意味著道別的正式期限已經到了）。然後，你會被帶往一處宏偉而壯麗的所在進行療癒，這個所在看起來像是一座巨大的古希臘神殿，中央有個富麗堂皇的圓頂，整座建築散發出白色與藍色光芒，建築的前方則有著美麗的花園。你隨著導師們進入這座建築，馬上會感覺受到一道神聖之光的祝福，空氣中充滿著異乎尋常的芬芳香氣。這裡有許多其他的人，但是每件事都非常有條不紊地進行，感覺不到任何的騷動不安。

你到這裡來，是爲了接受深沉的靈性療癒——療癒你各個層級的意識。一般來說，你大概會在這裡待上兩週，在這段期間，神殿中的神聖形體會不斷地對你進行療癒。如果你在塵世生了病，那麼你的靈體也會受到影響，這裡就是讓所有的負面能量陸續散去的地方，因此在這裡的時間也會因人而異，端視你在過渡時的狀況而定。

當你離開療癒神殿時，會覺得自己煥然一新。你已經脫離塵世的污濁，提升了靈性的品質；你也已經適應了新環境，明白自己是置身於一個多麼宏偉壯麗的所在。這時，你已經準備好要走向下一步了——讓你的人生被攤開來檢視。

你在這裡看到自己在上一個人生中做過了什麼、沒做到什麼。讓我告訴你，這眞是個無與倫比的經驗。你會被帶往另一座位於極高意識境界的雄偉殿堂，在一個特別的房間中坐下，室內點燃著巨大的蠟燭，神聖的光之形體就站在這些蠟燭前方，祂們的工作就是跟你一起檢視你的人生。這些巨大的形體，被稱爲「業力之主」。

業力之主是神聖的因果法則管理者。梵文「利皮卡斯」（*lipikas*）一詞即指神的記錄者或抄寫者，亦被用以意指與業力之主有關，因爲祂們是業力的執法者，負責記錄並管理人類的「生命之書」。

正如你所預料的，這些神的形體已極爲進化，有著閃閃發光的壯麗光環，通常會有六到十位。祂們站立著向你致意，然而有趣的是，你看不見祂們的臉！祂們看起來就像是剪影，身上發出不可思議的光芒。事實上，你看不到祂們的臉，反而有種安定的效果，讓你更爲安心。當然，你可以聽見祂們響亮又清晰的話語。

在祂們前面，是一張裝飾得極爲華麗的桌子，桌上有一本巨大的書，這就是生命之書，正翻到關於你的這一頁，上面記錄著你在剛結束的這一生以及所有的前世當中，所做過的、說過的、想過的、感受到的一切；它將每件事逐字記錄下來，所以不會有任何混淆不清之處。

業力之主向你致意，並說明你來此的目的，是爲了要再次檢視你的人生。祂們開始述說你在塵世的所做所爲，然後讓你開始觀看你的人生，好像在看一部電影一樣；其中有一面牆就是螢幕，然後電影開演。你剛剛才活過的這個生命，其中的重要時刻再清楚不過地被放映出來：你看到你的成就，也看到你的失敗；你看到你行爲後頭「眞正」的動機，你的想法和感覺。祂們也將你的生命之於其他人的影響，正面及負面的，都放映給你看。你會看到每件事情眞正的本質。以這種方式來檢視你的人生，著實是一種前所未有的經驗。

你可以想像，當人們看到他們的人生被重新播放時，產生的反應並不相同。有些人充滿敬畏地看著整個過程，有些人則發現自己難以面對，會試圖抗拒他們所看到的，或甚至認爲他們必須爲自己的行爲加以辯護。

在這之後，業力之主會告訴你，根據你在塵世的目的和任務，你完成了什麼，以及還有什麼是尚未完成的。祂們會特別關注在你遺留下來尚未完成的事，並堅持有哪些事仍然必須被完成。祂們的目的是幫助你消除你的業力、完成你的使命。接下來，你的下一步該做什麼就會被決定了。祂們開始讓你看你的下一個來世主要的組成部分，以及爲什麼你必須回到塵世，而爲了消除這樣的業力，你必須完成什麼事情。

一旦你與業力之主結束了這個部分，你就會被帶出這座殿堂。通常還有更多的療癒工作必須進行，因爲許多人經歷過這次的震撼經驗，會深感身心交瘁。以如此清晰又客觀的觀點來看待你的人生，並不容易；但是爲了你的靈性成長，這樣的經驗是必要的。

此時，你還會被給予一個言語所無法形容的經驗，不論是塵世的還是死後世界的任何其他經驗都無法與之匹敵——你將得以窺見你神聖的源頭。我不打算把這個經驗形之於言語，因爲這是神聖而不可侵犯的一刻，以至於不能以人類的描述來輕貶。可以說的是，我們都有過這樣的經驗，其目的是爲了飲永生之泉、爲了提醒我們生命所爲何來、也爲了重振我們的神聖目標；它給予我們鼓勵和愛，使我們重新提振精神以迎接未來的旅程。

經過這樣的示現經驗後，我們對於過渡的憂慮和恐懼，絕大部分已經煙消雲散，接下來就是快樂時光了，你將與彼岸的家人、朋友、甚至寵物重聚一堂！這是多麼的美好，而你會發現愛是永遠不會消逝的。你會被帶去一個特別的地方，並且在那裡待上幾天。你在那裡會很快樂，想不到自己還會再度見到某些人，你會記起那些你認識的人——不僅是來自前一世，還包括之前其他的轉世。你會感受到滿滿的愛，你還會想起在靈魂世界中有哪些你認得的地方，這裡的事物也變得更加熟悉了。

這時，正式的過渡過程已經完成，現在的你已經適應了彼岸。每個人的經驗會有些不同，端視你的業力紀錄表，決定你可以在靈魂境界中待上一段時間，還是必須很快就展開輪迴的過程。就在此時，你會發現自己被吸引到某個靈魂的境界，那是你經由在塵世的靈性累積所掙得可以進入的權利；同時，你也會發現自己處於一個最感舒適的環境。舉例來說，如果你曾經過著印度人的生活，也很喜愛印度的經驗，那麼你就會發現自己身處於類似的環境當中。

在這段期間，你吸收理解並建立塵世所汲取的知識基礎，好讓自己重返塵世的時候，會比以前擁有更多的知識。在靈魂的階段，你可能發現自己會從事在塵世時所擅長的事，或是有一股強烈的渴望想去做某些事。舉例來說，偉大的藝術家像是貝多芬及莫札特，都繼續在彼岸創作絕妙的音樂。

在我父親過渡到彼岸後，我曾與他有過一次奇妙的經驗。父親在世時是一位優秀的希臘正教神父，他突然去世，我非常想念他。某次在我被帶往彼岸時，去到一座教堂，我看到他正對著一大群會眾主持一場希臘正教的儀式！我很驚訝地發現，他仍然繼續著他在塵世時所擔任的工作。他看起來非常快樂而強健。儀式結束後，他把我帶到一旁，指給我看我兩個已經來到這兒的嬸嬸，她們手牽著手，看起來很快樂。父親是要讓我知道，他們都過得很好。

你的人生織錦以及重返人世

你會在彼岸停留多久，完全要看你的業力紀錄表以及你該完成的事情而定。如果你在塵世的時間因故中斷，你可能會很快地進入輪迴。一般來說，你會待上一陣子，但不會太久，因爲你得收集更多的經驗，再重返塵世。

一旦你在彼岸預定停留的時間接近尾聲時，你的導師會爲你做好重返塵世的準備，你則向彼岸及陪伴著你的人們告別。這會有些悲傷，因爲你並不想離開，但你知道自己別無選擇。當然，你也知道你不過是去塵世待上一段時間，終究還是會回到這個世界。

你會被帶到一個奇妙的所在，被稱爲「教學之殿」。這座金色的殿堂就像是你在如詩如畫的大學校園中看到的建築物。這棟巨大的建築總是擠滿了人，在這裡，你的導師會讓你爲來世作好準備，他們會對你解釋輪迴的過程，以及你在來世需要去做的事情。你在這裡會接受私人的指導，也會在一個宏偉的講堂中，與其他的靈魂一起接受偉大天國靈體的教導。這項訓練會持續好幾天。

然後，就來到了無可比擬的這一刻。你會被帶到一個特別的房間，讓你看你的「人生織錦」。這幅「人生織錦」會將你即將到來的這一世的若干影像，展示給你看；在這幅織錦上，你會看到某些關於你的人生大事的影像，以及你下一世打算要實現的主要目標。這些影像會展示於某種面板上，通常會有十幅左右，你的導師則會在旁說明它們代表的意義爲何。在你的這幅人生織錦上，你將會看到你下一世的生命中，重要的人是誰，以及他們跟你有什麼業力關係。所以在你轉世之前，你已經知道這些來龍去脈了。我還記得這次驚人的經驗，我看到我未來的孩子們，他們看起來的模樣以及會長成什麼模樣，也看到了其他重要的人以及我人生中的大事。

所以在你開始經歷來世的人生之前，你就會先看到這個人生的組成要素，請將這些影像深深地烙印在你的心中。當你重返塵世時，這個經驗會不復記憶，但這段影像的記憶將被植入你的潛意識中，在適當時機給你提示。慢慢地，你必定會重燃記憶的火花。對有些人來說，下一個轉世一開始時，他們幾乎馬上就記起來了；但對其他人來說，這得花上好些時間。

最棒的是，當對的人、對的機會、渴望的事物出現在這一個新的轉世時，有關你曾看過的人生織錦上的那段記憶，就會被重新記起，指引你沿著正確的道路前進。這意謂著，如果你感到迷失、不確定人生中該做些什麼，要知道，有關你人生目標的知識，早已深鎖於你的腦海中，只待你重新與它產生連結，一切就會變得再明白不過了。

那麼，自由意志是在何處融入你的人生織錦呢？對於你即將要經歷的這個人生，你可以有意見嗎？這又帶出最關鍵的重點之一，即有關輪迴以及我們與神聖造物主的關係。如果你未來的人生已經先展示給你看過了，那麼自由意志是怎麼一回事？好比你賴以維生的方式、你要結婚的人、你生命中重要的人，這些事情你都不必加以選擇嗎？

無庸置疑地，在每個層級的存在中，皆有自由意志的運作。然而，在我們藉由自由意志的表達所交織而成無可避免的業力宿命，與這宿命所表現出的真正形式之間，還是有相當大的不同。從我們的角度來看，我們不可能了解自己所產生的業力債權和債務間所有錯綜複雜的關係，也不可能了解爲了我們的靈性成長好，什麼是必須做的。因此，由一隻比我們更爲進化的、充滿關愛的手來掌管這一切是必要的。最好是把我們的轉世想成是一種任務或使命，專門設計來發展我們最崇高、最高貴的渴望與素質。

事實上，說到未來的轉世，與至高無上者是沒得商量的。但是請了解，這並不表示你這方面就失去了自由選擇的權利。雖然你生命中的要件——你的宇宙計畫的一部分業已被決定，但這個命運不會自己發生，而你的工作就是「讓」它眞實發生。你的人生織錦上展示出來的要件，在物質生命中，必須由你來把它們交織在一起。你必須去尋找到夢想中的職業，以及注定要成爲你生命一部分的那些人，如同你注定要成爲他們生命的一部分。你該完成的事或許已經先讓你看過了，但是你得利用技巧、渴望、創造力及天份，才能讓它們一一實現。

話雖如此，人生織錦也並非完全定案或不可更動。生命不是固定不變的，當有需要時，總是會有可加以修改與調整的空間。此外，你所看到的影像只是被挑選出來的、關於你該成就之事的某些時刻，然而有些業力和經驗並未被透露，因此還有相當大的空間可以自由發揮，有許多細節完全可由你來決定。你也可以提出請求，改變你人生織錦上的某些事物；如果這個請求亦符合你的靈性目標，便可以被准許，否則就不行。

當然，你也可以全然拒絕呈現給你的這個機會。的確有些人會這麼做，不幸的是，這麼做只會阻礙你的靈性成長。神聖的創造者會根據你其他的業力，爲你設計另一個轉世，但是你遲早還是得面對所有的業力，而你拖得愈久，要消除它就愈發困難。因此大部分的人都會接受呈現給他們的轉世機會，因爲他們知道這會爲他們帶來極大的助益，同時，他們也熱切希望自己能在靈性上有所成長。

一旦你同意這項新的轉世，就會被帶到靈性的境界，在那裡開始進行眞正的、具體化的轉世過程。你在這裡會看到未來的父母是誰，你與他們的業力關聯也會被清楚地呈現出來，然後你們會以靈魂的方式見面；儘管他們尙在塵世，也會被帶上來靈魂世界與你會面。你必須完全同意這樣的結合。之後很快的，身體受孕發生，最後你就會變成一個小寶寶，開始在塵世的另一段旅程！

總結

這篇概述自然無法涵蓋輪迴過程中的種種細節及錯綜複雜之處。每個人的輪迴過程或許會有些差異，但基本上，其中的關鍵要點幾乎都是一樣的。

那麼，某些不凡的靈魂像是德蕾莎修女或是聖雄甘地，他們是如何過渡的呢？事實上，他們經歷的過程跟我們一樣。對高度發展的靈魂來說，他們的過渡是光榮的；他們會看到自己在塵世所完成的不凡事蹟及偉大服務，並且會見到他們曾給予極大幫助的某些人。理所當然地，他們也會發現自己置身於靈界高層，與偉大的靈體共處。

至於暴君以及曾犯下暴行的靈魂，他們經歷的過渡，過程也跟我們一樣，但是會更爲艱難。他們會看到自己在塵世所犯下的罪孽，並且會見到他們所傷害的人。他們必然會發現自己置身於較低層的悲慘世界，周圍環繞的都是想法與感應相類似的靈魂。他們的靈性成長會更困難，因爲他們會受到自己所犯罪行的極端影響。然而，從宇宙哲學的觀點來看，沒有任何靈魂是無法救贖的，因此即便是這類的情況，神聖的管理者仍會設法幫助、提升這些靈魂。直到脫離這些地獄般的所在，他們才能夠進入輪迴，開始償還他們的業債。

在輪迴的旅程中，上天在哪兒呢？當然，上天是我們所有作爲的指引力量，不論是在這裡還是在彼岸。在較高層級及其上的靈魂世界，到處都可以感受到上天的存在。如同在物質生命的世界一樣，上天存不存在，在這裡是不成問題的。彼岸的好處是，你會知道有一個充滿關愛、比自己更偉大的存在，在引導著你的生命。

每個靈魂的目的，都是返回上天之家。上天創造了我們每個人，我們終將回歸到祂的懷抱。上天指引著我們各方面的靈性成長。前面有提到，在死後世界的經驗中，我們得以一窺神聖的源頭；但是要到達我們想與上天同在的永恆之境，我們得通過許多的靈性階段，才得以觸及天堂世界中的最高層級。以現階段的成長來說，我們還沒準備好。如同宇宙哲學所教導的：「我們不是『去』（go）到天堂，我們是『長』（grow）到天堂。」當我們成長到靈性進化的巔峰時，就會逐漸發展到天堂般的境地，再次與上天同在，來到我們靈性朝聖之旅的頂點。那將是多麼榮耀的時刻啊！

3

你開悟前的八百世

每當我在做有關輪迴與業力的講座時，總會有人發表這樣的意見，像是：「我不想再回來了！我希望這是我在塵世最後一次轉世！」這樣的意見總是伴隨著因生命中的挑戰而帶來的挫敗感，或者是覺得他們沒有完成自己想做到的事，又或者是事情並未如他們所希望的方式發展。

當我說到脫離輪迴的必要之輪是項最大的挑戰之一時，我希望沒有太煞風景地打破任何人的幻想。物質生命的課題，不會突然就能夠駕輕就熟，甚至花上一生的時間都很難做到。事實上，返回塵世沒有什麼不對，也沒有什麼好害怕的，生命有一部分就是要參與這種塵世的轉世循環，重點在於你要盡力去完成你在這一世中該做到的事，那麼你的下一世就不會要重複去學習以前沒學到的東西。

我們在塵世要經歷多少次的轉世？讓我這麼說吧，這是有計畫的。塵世的生命並不是隨意的或是無止盡的一個數目。就像學校有分年級，輪迴的過程也有從這一端到另一端的一個弧形。如果我們很勤奮地汲汲於靈性發展，就可以加速這個過程到一定程度；如果我們很不用心，就會延遲這個過程。然而，爲每個人所作的基本計畫都是一樣的。

宇宙哲學教導我們，目前大約有六百億的靈魂經歷過人類的經驗，包括在各個不同靈性進化層級的靈魂。在這個數目中，只有一定比例的靈魂正在經歷輪迴的過程；而在這一定比例的數目裡，又只有一個很小比例的靈魂身處物質生命中。這些數目清楚地告訴我們，絕大多數的靈魂尙處於靈性境界，在任何時候都僅有一小部分的靈魂得以來到塵世。

經歷了人類經驗，我們的靈魂會以物質形態轉世約八百次，以追求靈性上的圓滿通達。八百次並不是一個固定不變的數字，因為有些靈魂會進展得快些，有些則慢些，所以這是一個平均值。古時候的哲學家則運用一個神祕的計算方式，計算出七百七十七次的轉世可組成人類靈魂的完整輪迴。在這八百世中，靈魂會經歷三個截然不同的階段：約有兩百世會處於本能階段，五百世會處於知性階段，最後的一百世則會處於開悟階段。

我們的靈魂在塵世人類發展的第一個階段，即最開始的大約兩百世當中，物質生命經歷的是世事的變化無常——痛苦、愉悅、出生、死亡、性。這個階段的生命，或多或少是適者生存的，而「本能」即為人性的構成要素。雖然這個階段的人類生命也有著心智能力，但是仍然相當原始，尚未具備心智覺醒的靈性恩賜。因此，這個階段的生命尚沉淪於物質意識中。有些靈性學校把這種沉淪與「失去天恩的墮落」聯想在一起，因為在這個時刻，靈魂遺忘了它對上天的覺察，而只認同它所意識到的物質環境。這個階段被稱作「退化」期，因為靈魂在開始往上爬升至靈性歸宿的旅程之前，會先退化至物質的墮落中。

生命在這個階段的成長，跟我們對於史前石器時代穴居人的看法是一樣的。我們不會活得很久，事情也進展得很緩慢。當我們過渡到彼岸時，我們會在重返塵世前吸收、理解過去的經驗，但過程仍然是相當的緩慢。然而，即便生命在這個初期階段相當艱難，還是有著驚奇、喜悅和愛存在。

當人類靈魂結束了這個循環，就開始了下一個階段的成長——知性階段。我們的進化中最棒的時刻之一，就發生在這個時期。我們接收到心智的珍貴恩賜，在這個循環，全新的世界在我們面前展開，過程雖然緩慢，但我們現在已經有了自我意識，因此，我們意識的知性層次已經產生，成熟的情感本質潛能也伴隨而來。我們失去了若干原始的純眞，但是接受到更加完整的心靈力量，宛如大夢初醒般，是個著實令人興奮的經驗。

隨著知性恩賜而來的，就是「承擔責任」的代價。現在，自由選擇和意志力開始有了關聯，我們接收到了珍貴的智慧之幣。在這個新的輪迴循環開始時，我們多少還是繼續循著靈性道路前進；然而隨著時間的推移，我們逐漸了解自己被賦予的知性恩賜之力量。我們所有人遲早都不免會走上岔路，或是從爲我們鋪設好的靈性道路上改道而行，這就開始了業力的產生，也是不可避免會發生的事，使我們得以從親身經驗中學會明辨是非。我們學會什麼是從好的業力中獲益、什麼是爲罪行付出代價，我們的進展開始不同。到目前爲止，我們成長的速度大致相同，但是自由意志啓動之後，我們開始可以隨心所欲了。

在轉世的第二個階段中，我們開始參與並建立文化及文明。雖然建立一個社會的過程是由擁有較高開悟意識的人們所引導的，但就我們所知，藝術、科學、宗教的表現能力，要到靈魂達到意識的知性層次時才會產生。花在這個階段的平均時間是五百個轉世，其中還包括了所有靈魂會犯下的錯誤及罪行，以作爲部分學習過程的轉世時間。

隨著我們在知性上的成熟，靈魂來到一個關鍵時期，開始會問這樣的問題：「這就是所有的一切嗎？生命的範疇是否比肉眼所能見到的更大？」靈魂開始思考生命的意義並嚮往更偉大的存在。現在，靈魂開始感受到了它神聖來源的一絲微光，開始尋找上天的存在，不只是因爲靈魂是從神而生的，更因為它是出於自己的自由意志而渴望上帝。這樣的靈性覺醒，是知性發展五百世中的巔峰時刻。這時，靈魂已經準備好要開始在靈性道路上「有意識的」提升了。

經過努力和訓練，進化的靈魂已經準備好要進入轉世的最後階段——開悟層次。在最後的一百個轉世，靈魂學習如何有意識地駕馭自己潛藏已久的靈性力量。在生命的第三個階段中，靈魂開始眞正享受其所尋求的靈性成果。經由這些轉世，靈魂建立起驚人的靈性力量，很快地在靈性之梯上攀升。

在人類活動的所有階段中，你會在這個階段發現不凡的才華與偉大的成就。進化至開悟階段的靈魂，可能高居公職並領導多人，或是默默地於幕後出力；而不論是哪一種方式，靈魂都有驚人的進展，並且對人類做出偉大的貢獻。在這個階段，儘管免不了會有痛苦和磨難，但靈魂在這一點上有相當不同的看法。這是這些開悟生命的最終階段，靈魂已學會穿透物質世界的面紗，從意識的神祕層次來運作。

在觀察這八百世所分布的弧形時，我們必須牢記的是，並不是所有人的靈性成長都如出一轍。部分的事實是因為，有些靈魂的確比其他靈魂更勤奮地遵循著靈性的道路前進；另一個理由，則是因為有許多波的靈魂生命潮來到塵世，還有更多要來。上天創造的並非單一組的靈魂，就是這樣。然而這並不代表一個人強過另一個，只是代表有些人在他們的轉世循環中，的確是比其他人領先了一步。

人類來到了一個十字路口。許多靈魂已準備要躍進轉世循環的開悟階段，有些則已經成功地躍入了。蓬勃發展的靈性復興絕非偶然，人類已經準備好迎接進化過程中嶄新的榮耀之日，並與神聖造物主以前所未有的緊密聯繫，共創新頁。

脫離輪迴

當你結束了八百個轉世後，會發生什麼事？當你償還了業債，學習到了你的課題，掌握了靈性技巧時，你不但贏得了生命的冠冕，也得以脫離輪迴。這是我們都想達成的目標。一旦你脫離了輪迴，就得以成為偉大生命的一部分，即西方密教傳統中的「靈天」（*Spiritual Etheria*）。

在「靈天」的天堂世界中，你已達到靈性進化的下一個穩定成長期，你能做到最重要的事，也是你在靈性追尋中必須一直牢記在心的目標，就是竭盡全力進入「靈天」。一旦置身於靈天之後，你可以繼續提升靈性，同時也可以繼續以更加優美及崇高的方式服侍上天。如此堅定的服務及靈性成長，終將引領你回到天國的家，回歸神聖造物主的懷抱。

那麼，你如何得知自己是在這八百世中的哪一世呢？你距離解放的恩賜之日還有多遠？若說有一件事是我希望你從這一章中學習到的，那就是，生命的進化「非常緩慢」。我已經再三地強調過這一點。不論是靈性的或是物質的生命，都以一種美好的、「漸進的」方式展開，我們不能走捷徑，也不該想要這麼做。生命的每個階段，都有著美麗的、戲劇化的、令人興奮的事物，每個時刻都有重要的意義存在，邁在靈性道路上的每一步都深具挑戰性，而且以其獨特的方式實現目的。為了真正達到你所尋求的靈性成熟及開悟目標，你必須採取一種長遠的生命觀點，並且接受這樣的想法：如同生命是永恆的，你的靈魂也必須跨越綿延不斷的時間才能成長。

最佳的建議就是要有耐心。想知道你在這偉大的過程身處何處，並不容易；如果你明確地感受到靈性的脈動加速，顯然你已經到達進化的一個轉捩點了。如同神聖造物主一路指引你來到現在的意識層級，在適當的時間，亦將對你展現對於你自己的進化更爲充分而全面性的理解。關注你手邊的任務，不要強求任何事。你已經由一個令人驚異的生命過程進化至今，在你面前的，是一趟更加令人驚異的旅程。堅持不懈、跟緊著你的道路，但是要讓生命自然而然地展開；在你展開的生命中，每一個腳步都是必要而美好的。

實現你的人生目標

從某種程度上來說，輪迴和業力可追溯我們作爲人類的起源——我們來自何處、爲什麼在這裡，以及我們將何去何從。在開始第二章介紹有關自由意志的變化動力存在生命中的許多活動之前，我想先著眼於業力與輪迴如何成爲我們靈性成長及生命神聖計畫的一部分。

宇宙哲學很明確地教導我們，每個人都有個很棒的生命計畫。生命不是偶發的，宇宙萬物的各個層面都存在著驚人的設計，執行來達成擴大生命表現方式的目的。經由神聖計畫的實現，新的事物被創造出來，生命的創造力也持續以新的表現形態呈現出來；可以說，神聖計畫就是生命本身所有的潛能及表現。

生命中的每件事物，都是這偉大設計的參與者，從最簡單的原子到雄偉的行星、恆星及銀河，從最簡單的微生物生命形態到光芒萬丈的天使長。我們根據自我覺醒的程度參與這項計畫，然而，生命的每個方面都是生命整體「必要」的部分。儘管一隻阿米巴蟲無法像一位天使長般有自我意識地參與這神聖的計畫，然而兩者同為不可或缺的部分。

身為上天的兒女，人類在神聖計畫中扮演著核心的角色。我們可以反對或抗拒這樣的安排，但是每個靈魂最終都會向生命的自然流程投降，因為它會帶出我們最崇高、最高貴的特質。我們就像上天身體中的細胞。如同我們身體內的每個細胞都必須各司其職，才能有效地維持身體健康，我們也必須各盡本份，才能維繫這神聖計畫的健康。

要實現我們的目的，關鍵就在於我們的主動參與。我們的目的不會自己展現出來，我們必須藉由自己的努力實現那樣的命運。當我們看著自己的生命以及周遭世界的情況，看到的與其說是神聖計畫的展現，不如說是「我們」多麼切實地在展現這個計畫。我們太容易因為自己的錯誤而責怪上天，就像我們太容易忘記有一個更大的智慧始終慈愛地指引我們的生命。

梵文中的「達摩」（*Dharma*）是個很棒的字，原意是「命運」。我們每個人都有自己的命運，實現它是我們的任務；而在採取實現命運的步驟時，我們就啓動了業力。我們的業力可能會帶領我們更接近命運，也可能會阻礙我們實現它。

那麼，如果你不想成為神聖計畫的一部分呢？如果你想在你的生命中做些別的事呢？當然，你的自由意志可以讓你這麼做，然而要記住：你所命定要實現的事，終歸是你的渴望。你眞正渴望實現的事，或許短時間內可以被掩飾，但終究會一直存在而不會消失。

如果你覺得並沒有強烈的渴望想去實現你的目的，這一切只是意味著你必須藉由意志力去發展你的渴望。有時候你的渴望是需要被激發的，經由你的努力，靈性的渴望必然會成長茁壯。事實上，它一直在那兒，只是偶爾需要你關愛的鼓勵。

令人感到悲傷的事實是，我們往往無法實現爲我們所計畫好的命運。我們常常在結束轉世時還沒實現目標，但這目標其實完全是我們能力所能及的。再沒有比活著實現我們的目標更令人感到滿足的事了，也再沒有比錯失我們可以實現的事更令人感到巨大的渴望、失望及空虛了。

靈性的進化

爲了實現你的目的，你必須進化。如果你自己都還沒有展開，如何成爲生命更偉大的展開的一部分呢？

「進化」（evolution）這個字，來自拉丁文的「展開」（to unfold）或「攤開」（to unroll），在生命的每個面向，我們都可以看到展開的過程。一顆種子展開了，變成一株植物或一棵樹；一個小孩變成一個青少年，然後一位成人；一個想法成形、展開，變成一件美麗的藝術品或是一項發明。生命中沒有任何事物是停滯不動的，只是有些發展得快些，有些則得花上一大段時間。

諷刺的是，雖然我們周遭一直圍繞著不斷演進的生命，對西方世界來說，進化卻是個相當新穎的觀念。然而就東方的信仰來說，進化早已是宗教及哲學思想的一部分。好幾個世紀以來，西方世界一直遵循的信念是，上帝創造了世界，而這世界中所有的一切，包括人類，完完全全地在一次偉大的、極富創造性的突發活動中被創造出來。如同休斯頓・史密士（Huston Smith，宗教學巨擘）所言：

當西方還在思索，或許有（一個六千年的）宇宙——印度已經預見了宇宙有億萬年之久，銀河則如同恆河之沙般不可計數。

古往今來，許多聰明才智之士都支持西方對於上帝創造宇宙的傳統解釋，從聖奧古斯丁到德國數學家約翰尼斯・克卜勒，甚至包括艾薩克・牛頓，他們用《聖經》中的系譜，試圖去估算出上帝創造宇宙的確實時間。十七世紀中，愛爾蘭主教詹姆斯・阿瑟（James Ussher）撰寫了一本極具影響力的著作試圖平息這個議題，他的結論是：「上帝創造宇宙之初的時間……適逢西元前四〇〇四年十月二十三日前的夜晚入夜時分。」其後，這個日期竟普遍為西方世界所接受，並長達兩百年之久！

對於這個日期的質疑始於十九世紀，科學家了解到地球的自然地質演化過程緩慢得不可思議，要花上比以往所說地球形成的六千年時間來得更為長久；同時，當化石證據指出生命的開始更早於以前所確信的年分時，對於生命起源的理解就產生了革命性的轉變。之後，當英國博物學家查爾斯・達爾文提出他的想法，認為生物需經長時間發展才得以進化，進化的意識於焉誕生。

現在我們已經知道，地球和太陽系形成於將近四十五億年前，而宇宙本身則形成於更久遠之前。以前我們也以為生命始於其時的六千年前，現在我們知道，地球上的生命要回溯至古老的三十五億年前。

同樣的，我們現在也了解到不僅地球繞著太陽轉，而且我們的太陽系不過是許多太陽系之一，這許多太陽系更是整個銀河星系的一部分；而我們的銀河系，也不過是宇宙中億萬個銀河星系之一。就時間與空間而言，生命驚人的浩瀚無垠，讓我們以一個與以往截然不同的角度來看待地球上的生命，包括更成熟的理解我們的靈性自我以及上天的本質。

生命的範疇之廣，此一事實著實讓有些人感覺惶恐又困惑，不知何去何從，有些人甚至因為想像破滅而感覺心灰意冷。在廣大無垠的宇宙中，我們的價值何在？上天如何成為我們親密的一部分？首先，我們要先有所認知，每一個靈魂都極其珍貴，少了我們之中的任何一個靈魂，宇宙的創作就不完整。在生命的偉大計畫中，不論它是多麼的浩瀚，我們全都扮演著必要的角色。我們對於浩瀚生命的覺醒意識，正是上天以祂的方式為我們打開大門、通往新的篇章，認識我們自己和上天的宏偉之美。

靈魂演進的階段

對於人類的演進，宇宙哲學在許多方面的觀點是兼容並蓄的：同時包含有科學與宗教的看法，不但認同人類的神聖起源，也認同生命需經歷的演化過程。如同所有的靈性哲學觀，西方宇宙哲學亦認為上帝是我們理解一切事物的中心，也是一切的創造者，從過去、現在到未來皆是如此；我們是上帝設計的作品，更重要的是，上帝指引、支持著一切祂所創造的事物，代表祂也指引著我們。上帝是生命的源頭，也是生命的支柱。

要了解我們靈性的演化過程，必須先清楚地區分靈魂的演進與靈魂所棲息之物質形態的演進，這是兩種相關但截然不同的過程。我們要很清楚這一點：我們是棲息於肉體中的那個靈魂，而不是那個肉體。如果我們只是肉體，就不會有像是輪迴這樣的事發生，因爲沒有可以輪迴的事物；肉體一死亡，意識及生命也隨之滅亡，一切就此結束。

這又帶我們來到關於進化的一個中心論點。現代科學教導我們，生命來自於物質的競合。然而，宇宙哲學教導的是另一種方式：物質是從生命中誕生出來的。物質形態的任務，就是展現生命的多樣；當生命進化時，會以更新、更富於表現的形態來形塑物質，以反映生命更廣大的經驗和覺知。恆星和行星的誕生，並非來自大自然盲目的力量，而是來自生命爲尋求更廣大展現的驚人動力。同樣的，我們會進化是因爲我們體內的生命亦在尋求更廣大的展現。

在我們體內的生命火花，我們稱之爲靈魂。我們的靈魂是上帝的火花，被賦予其創造者擁有的所有神聖特質——不朽與永恆，不爲形式、空間、時間所束縛，這是我們眞正的本質。給予我們生命與意識的是我們的靈魂，然而若干潛藏的神聖特質，需藉由經驗才能被開發出來。而爲了體驗生命和成長，靈魂藉由形態的創造，開始了宏偉壯麗的旅程，並藉此發展出所有潛在的力量。

靈性成熟的過程好比一顆種在土裡的種子，這顆種子所有的潛能，不論是成爲一棵參天大樹或是一朵燦爛玫瑰，都已經存在於種子裡了，只需要正確的要素讓它成長；如果給予養分、不加以干擾，種子就會變成美妙的花朵或大樹。我們的靈魂就像一顆種子，上天把它種在萬物的花園中，而靈魂成長所需要的一切，都已經包含在它的核心中了。

在宇宙的全局中，地球上的生命是一座校舍，我們所有的經驗都是靈性成長的一部分。因爲靈魂不可能只在一世中就學習完所有的課題，所以必須多次返回重生，鍛鍊它的靈性勇氣與毅力。一世復一世，靈魂不斷地經歷實體的存在，體驗所有的驚奇、變化無常及截然不同的人事物。然而，在我們所有經驗背後的，有著更大的靈性目的。因此不論是快樂或痛苦，我們生命中所經歷的事物都是要學習的經驗。

愛，一直都是把我們與神聖造物主連結在一起的紐帶。沒有人是不可原諒、不可救贖、無法開悟的。既然我們被賦予自由選擇的恩賜，以及實現那些選擇的意志，就得對自己的所作所爲負責。然而，不論我們做過什麼、經歷了什麼，我們永遠都會被給予生命中的第二次機會。錯誤及失足只是成長過程的一部分，我們都有機會再步上通往上天的正途。

在這趟美好的朝聖之旅中，我們的靈魂體驗了生命的所有階段而逐漸成熟，從意識較簡單的層級提升至較高的層級。如同卡巴拉（Kabbalistic）的至理名言所述：「由石頭成爲植物，由植物成爲動物，由動物成爲人，由人成爲神。」❶或是如同魯米（Rumi）優美的描述：❷

我像礦物般死去，然後變成植物；
我像植物般死去，然後長成動物；

我像動物般死去，然後成爲人；
我爲何要恐懼？我何曾因死去而更加渺小過？

在研究氣場時，我看到了這個進化的過程。當我以靈視能力觀察礦物界時，十分肯定自己看見了其中的生命。我們所認爲的無機物質，事實上卻蘊藏著豐富的生命！地球上的岩石、水晶、金屬中，都埋藏著原始礦物靈魂的整個生命之流；此時，這些靈魂還沒有個別化的形態可以棲息，而藉由潛藏於實體物質中的特別過程來體驗生命。當這些初始的靈魂定期地退回到靈性境界、吸收消化其經驗，以便再度進入到物質形態中時，它們所經歷的是一種原始形態的輪迴。

一旦在礦物界的生命循環結束，靈魂便上升至植物界。這時，藉由它所棲息的形態，植物的靈魂開始有了展現內在智慧的機會，學會如何適應環境、展現它的形態及功能之美。有關於植物的適應性中所蘊藏的巧妙本質，我們已見過無數的例子。一棵植物爲了生存，會把自己由人行道上的裂縫中推擠出來；被大火肆虐過的森林，也會有重生的生命出現。

無庸置疑地，植物的靈魂會表現渴望，甚至可以感受到原始的喜悅與悲傷之情。植物的葉子有向光性，不止是因爲生物本能的驅使，更是因爲植物的靈魂「渴望」陽光的滋養；植物的根會尋找

❶卡巴拉是與拉比猶太教的神祕觀點有關的一種訓練課程，用以解釋永恆而神祕的造物主與短暫而有限的宇宙之間的關係。雖然為許多教派所引用，但卡巴拉本身並未形成一個宗派，僅是傳統猶太教經典中的一種類別。
❷魯米是十三世紀伊斯蘭神祕主義的重要詩人。

水源，也不止是因爲生物本能的驅使，更是因爲植物的靈魂渴望水分的滋潤。同樣的，樹的靈魂樂於爲人們及動物提供樹蔭遮蔽，果樹的靈魂想與其他生命分享自己的果實；地球上最絕美如仙的植物之一——玫瑰，則因自己所散發的美麗與芬芳而感到愉悅。當植物死去時，它的靈魂亦會返回靈性境界，以另一種植物形態進行輪迴。

靈魂從植物界移轉，上升至動物界。在動物界，靈魂棲息並運作於更爲精緻複雜的形態中，擁有更爲寬廣的展現自由；至於動物界的奇妙與多樣，可說的更多了。無庸置疑地，動物擁有智慧、靈魂及奇妙的氣場，可以顯示出牠們所擁有的內在意識；然而，動物尚未具備如同人類般的理解能力，所以牠們的智慧仍運作於本能的層次。

當動物界的生命循環結束，動物的靈魂逐漸發展至人類的國度。人類國度是地球上物質生命最高層級的表現。那些認爲人類只不過是更聰明動物的人，顯然並未意識到生命的靈性面向。我們可能與其他的有機生命一樣，有著類似的基本生理形態，但是在靈性上，我們已處於一個截然不同的進化等級。人類的意識遠比動物更爲成熟先進，因爲人類已涉及自我意識存在的課題；基於這項更偉大的進化及智慧，人類國度的靈魂對自己的行爲也必須承擔更多責任。

到了人類的國度，靈魂仍然繼續演進，因爲靈性的成長是永無止息的。我們最後甚至會進化到物質世界之上的靈性國度。在這些更爲崇高的國度中，我們會以更光榮、燦爛的方式，參與生命極具創造力的過程，繼續進化下去，直到我們的靈魂終於上升、返回天國的起源與上天的懷抱，參與上帝成爲宇宙萬物的創造者。

第二部

業力與自由意志間的變化動力

4

金錢的業力

當我們觀察世上的財富分配時，會問道：「這樣的情況是出了什麼問題？」如果明明有足夠的自然資源可以讓所有人都過好日子，卻有些人坐擁寶山、有些人卻幾乎一無所有，又是怎麼一回事呢？爲什麼有些人可以含著金湯匙出生，有些人卻只能生於貧困的家庭？在我們自己的親友圈中，也可以看到明顯的財富差距現象。我們雖不該垂涎於鄰人好友的錢財，然而我們還是不斷在比較自己與別人所擁有的多寡。

在這一篇中，我們將探討業力法則如何作用於我們生活的各方面。首先，我們從一直以來極爲重要的主題開始——財務金融。了解金錢及其如何運作，是我們要學習的最基本而必要的課題之一；錯誤地管理或處理金錢，是許多全球災難背後的主因，更是我們個人的挑戰。

所有的金錢，所有富足及供應不虞匱乏的資源，皆來自唯一而僅有的一個來源——上天。不論財富表現的方法爲何：股票、債券、薪資、投資、餽贈等等，最終的源頭還是回歸到上天。上帝的財富無窮無盡，身爲上天的兒女，我們亦有權分享這神聖的繼承。當我們看到大自然的慷慨恩賜時，即可窺見我們唾手可得的驚人豐饒與富足。上天並不省儉。雖然大自然與生命皆奉行儉約，但神聖造物主並不吝於分享永恆的豐饒恩賜。上天是慷慨寬厚的，而我們注定要成爲祂財富的一部分。

身爲一位靈視者，我看到富饒的靈性力量是一種明亮的藍綠色光芒，這種靈性的能量會帶入上帝神聖富饒的意識。當我在一個人的氣場中很明顯地看到這種光時，就知道這個人正處於繁榮的覺察中，並且以一種饒富成效的方式在運用它。當一個人具備眞正的財富意識時，氣場中就會有藍綠色的光，即便在那當下他的財富尚未眞正出現。另一方面，如果是以貪婪的、欺騙的、偷盜的手段獲取財富的人，氣場中就會有黑暗污濁的酪梨般深綠色，以及其他令人不快的能量，截然不同於與上天及財富和諧共處之人的氣場。

那麼，如果我們注定要分享上天的財富，爲何會有錢財不均等的現象存在呢？自由意志向來是最主要的原因。必須指出的是，誠然我們在上帝眼中都是平等的，但我們靈性展開所到達的程度並不相同，因此當涉及金錢議題時，有些人在表現財富的原則上就是會做得比其他人好，這並非全然是平等或不平等的問題，反而與努力、智慧及技巧更爲相關。如果你致力於從事財務金融，在這方面自然就會進步。當然，貪婪是另一個大問題；當今世上最大的一項罪惡，就是貪婪。我們都很清楚，貪婪廣泛存在於企業、金融機構及政府中；然而，令人感到悲哀的事實是，有太多的貪婪亦存在於個人的層面。如果我們能醒悟，眞正理解我們對自己、對彼此所做的事，世界將會快速地被改變。

爲了解決這個問題，在個人及集體層面都有大量金錢業力的形成。大多數我們置身於其中的經濟狀況，特別是我們出生的環境，就是我們所產生的好業力或壞業力之結果。我使用好業力或壞業力這樣的用語，只是想避免犯罪與懲罰的觀念。不論好的或壞的業力，都是要學習的課題，是設計來教導我們成爲更好的人，並幫助我們的靈性成長。所以，我們會發現自己置身的境遇，對於我們在靈性課題的學習是最有幫助的。

金錢業力的課題，是去學習它的價値，以及如何管理它！

你必須經由自己的努力及正確的行爲去掙得你的財富。聽起來很簡單，但是學習如何妥善處理金錢則相當具有挑戰性。對尚未擁有財富及已經擁有財富的人，各有不同的課題。爲追尋你生命的目標，獲取金錢是一項必要的元素，然而你可能爲了不同理由而追求金錢。爲了自己的生活以及（或者）照顧家人而追求金錢，這是基本需求；也有爲了權力或豪奢而追求金錢；還有人是爲了達到特定的目標而追求財富，像是創作藝術或是研發新發明。這些理由都會產生相對應的業力。

財富的業力

許多人因爲他們所認識的某人極爲富裕、不需要爲五斗米折腰，就不停地埋怨並自憐自艾。對於像這樣的富人，他們往往又妒忌又羨慕，也懷疑這些人是否以某種犧牲別人的方式而獲取財富。如同那句詼諧的格言：「每一筆偉大的財富背後，都是一件偉大的盜竊！」

爲什麼有人可以生爲皇親貴族或是生於百萬富翁、億萬富翁之家？答案很簡單，因爲這些人的靈魂，在業力上已贏得了誕生於富貴之家的如斯特權。想像獲取大量的財富就像是擁有一項天賦，得花上好幾世的時間才能發展培養出來。如果某人出生即大富大貴，在絕大多數的情況下，是因爲他的靈魂已經藉由好幾世優良的工作表現，證明自己擁有處理財富的能力。

大量的財富是經由多次轉世的努力工作累積而來，而且不僅是累積財富而已，更是以健全且具生產力的方式運用金錢的成果。在以前的轉世中，這樣的靈魂在涉及金錢方面時，展現的是慷慨與仁慈；而涉及財務金融方面時，展現的則是超乎尋常的敏銳。基於過去的功績，他們帶著豐足的財富來到這一世，再創造更多的財富。

這樣的靈魂，注定要將他們生來即有的大量財富，運用在更大、更好的用途上，這成了他們的服務行爲，也是他們最大的試煉：以這一世的作爲，證明他們已經確實地克服了較低層級的自我，學習到人類眞正的手足之情。而當這些靈魂通過財富的考驗，就會繼續累積好業力；他們已學習到不論自己手中有多少財富，仍會持續地服務上帝。這些靈魂了解，這些錢財並非一開始就是他們的，他們只是這些錢財的保管者，他們所獲取的這些金錢應該要與他人一起分享。

正如我們所知，並非每個出生於優渥環境的人都能夠明智地運用金錢。許多已達財富巔峰的人，都在他們的財富試煉中令人遺憾地失敗了。到頭來，財富打敗了他們。許多人在操縱萬貫家財時，變得嬌生慣養、自私、勢利、貪婪或徹底的邪惡。這些靈魂是如此地執迷於自己生來即有的財富，以至於遺忘了他們在前世是多麼努力地工作，才掙得這樣一個生於富裕家庭的機會。

那些花光他們的靈性儲蓄帳戶、不再累積好業力的靈魂，會發生什麼事呢？在他們的下一世，很不幸地又得重頭開始。他們可能得經歷貧困、疾病、甚至飢饉，端視他們濫用財富的程度而定；這些苦難是爲了再度喚醒這些靈魂，使他們能掙得足夠的業力存款，取回他們曾經擁有的財富。擁有金錢意味著你必須爲這些金錢負責，你擁有的愈多，應該去做的好事也更多。

圍繞著財富這個主題，有著許多不同的情節與發展。有些人只是出生於小康之家，之後在某個時間點上卻積攢出大量的財富，這些靈魂往往是剛好來到一個關鍵的臨界點：他們在以前的轉世中已經證明自己能夠妥善地管理金錢，這一世正好是以往所有的努力結出碩果之時。因此，沒有所謂的巧合或運氣，這些靈魂的財富仍然是他們自己掙來的。

那麼，從赤貧到暴富的情況又是怎麼一回事呢？對於生來貧困、然後經由努力工作而成爲巨富的那些人，他們的業力是什麼？這類的情況，往往發生於那些前世曾經擁有但濫用財富的靈魂，在這一世生於貧窮，是爲了讓他們能夠重新認知金錢的價値。每個案例的情況都不一樣，但或許這樣的靈魂在前世曾經是被過度寵溺、揮霍無度的，所以現在必須學習過著一無所有、爲生存而掙扎的生活。如果他們通過貧窮的考驗，有時就能重新獲取之前的財富，因爲與財富有關的知識已經深藏於他們的意識中了。

至於那些完全爲金錢所腐蝕的靈魂呢？他們經由好多世的努力掙得大量財富，卻爲金錢所帶來的權力所誘惑，變得麻木不仁又殘忍無情。這樣的靈魂要返回天國的家，有一條好長的路要走，因爲他們得花上好多世的時間去償還自己所累積的業債，才能再被委以如此的財富；除此之外，他們還得償還自己無可避免產生的其他業債。

這又帶我們回頭探討一項特別行爲的生成動機。要得到好的金錢業力，關鍵就在於，不要認爲獲取金錢是理所當然的事，同時要持續地妥善處理金錢，學習如何照料自己的需求，以及那些託付於你的人，或者是那些你剛好遇到又急需幫助的人。如果你濫用金錢，就會失去它；做個好的管理者，你會看到金錢如何呈倍數增長！

如果你看到某人很富裕，可以肯定的是，這個人前世必然嘗過饑餓與窮困的滋味，爲每天的生計辛勤地工作，也經歷過人世的無常，於是這一世有機會從這些經驗所學習到的課題中獲益。這樣的靈魂，就是你能夠實現的一個典範。

常有人提出這個問題：「如果你想要過著靈性的生活，你可以享受財富嗎？還是應該用它來服務他人呢？」只要你的分際把持得好，並且樂於與他人分享，享受你的財富並沒有什麼不對。你本來就應該享受自己努力掙得的成果，這也是神聖計畫的一部分，只要把錢用在正途上就沒錯。

有些人爲了服侍上天而放棄財富。或許最有名的例子就是悉達多（Siddhartha），他放棄了俗世的財富，最後成爲佛陀。有些時候，上天會要求你放棄財富或是舒適的生活，以達成一項特別的任務。在進化過程中，我們都曾經歷過這樣的犧牲，但是這類犧牲不該被當作藉口，用以躲避金錢所帶來的課題；這些時刻是特別設計來幫助我們發展靈性本質的某一特定面向，與財富的法則並不衝突。事實上，好的金錢業力會不斷地形成，因爲這樣的靈魂不會是無所事事或好吃懶做的，他們會爲了服務而努力奮鬥、毫不懈怠，當然最後，所有的成果都會回到他們身上。

所以，當你並未因自己所做的事得到相對等的報酬時，也不需太過擔心，這就是原因。當然，你可以盡一切努力讓自己得到公平的待遇。如同《聖經》所言：「工人理當得到他的工資。」要謹記在心的是，如果確實是你所掙得的金錢，遲早會以某些方式還回來給你，這是神聖的法則。遺憾的是，人們往往因爲覺得被騙取了理當屬於自己的金錢，所以做出可怕的事情。與其讓生命自行平衡一切，他們選擇自己採取行動；然而如此一來，不但使情況更加惡化，還會形成新的業力。

不論生命現在還給你的是什麼，重點是你要能繼續你的服務。有人會說：「上天啊，讓我變得富有，我會用那些錢來幫助別人。」你在等什麼？現在就去幫助別人，讓善念產生吧！即使你口袋裡只有一塊錢，都沒有關係；如果你的兄弟姐妹需要幫助，就給他們五毛，這些最後都會回到你身上的。當然，這並不是要你慷慨施捨到不顧自己需求的地步，而是要讓你知道，不需要等到自己覺得境況寬裕了才去布施。就像古諺所說的：「給到不能給爲止。」

我很早就學到了關於金錢的重要一課。

我十幾歲時曾經在紐約住過一段時間，當時我是去那裡的哥倫比亞大學，打算入學就讀新聞系。在那個年代，大學的學費遠不及現在那麼昂貴，因此我把學費的現金帶在身上，那是我自己存的錢。

爲了減輕房租負擔，我把公寓分租給一個室友，那是一個才剛認識不久的女孩，而我們才住在一起沒幾天，就發生了一件令我大吃一驚的意外。涉世未深的我，跑出去辦了些雜務，把要繳學費的現金全部留在房間的抽屜裡，當我回來時，室友和那些錢全都不見了！

所以當時在紐約的我，只剩下口袋裡的錢。那時還沒有信用卡這種東西，我也還沒有去開立銀行帳戶，於是我陷入了困境。該怎麼辦呢？我可以打電話回家要錢或是跟親戚求助，但我自問：「如果我沒有任何人可以求助呢？我該怎麼辦？」我把這整個經驗當作是一項挑戰，決定自己盡可能地去解決。

我開始找工作。我試著去找某些自己能勝任的工作，一整天下來卻一無所獲；正當我走累了，剛好停在一家戲院前面休息時，無意間聽見戲院經理正在跟收銀員爭吵，並指責她偷錢。那個女孩氣憤不已，當下就辭職了。我做過收銀員的工作，所以機會來了，我上前跟經理說：「我想你需要一位新的收銀員。」我跟他說了我的經驗，他當場就決定雇用我，甚至預支了一份薪水給我，讓我有錢可以過活。有趣的是，雖然我的入學因此被耽擱了，結果卻得到一份工作——在紐約的希臘語出版社（Hellenic Press）擔任記者，也讓我獲得好些實際的寫作經驗。

唐納德的輪迴故事

我想分享一個關於唐納德的輪迴故事，這個真實故事是至高無上者所述說的一個實例，說明好的金錢業力不論有什麼阻礙，終究會回到你身上。

唐納德出生於十八世紀英國一個境況很普通的家庭，他的父親雖在政府單位工作，維繫家庭生計卻頗為不易。唐納德長大後，在醫藥方面展露出強烈的天賦，並想成為醫生；遺憾的是，他的父母無法負擔他上醫學院的學費，於是唐納德找到一個木匠的工作。他喜歡這份工作，這份工作也讓他得以維持自己的生計。慢慢地，唐納德存了點錢，過了幾年，剛好有個機會讓他可以進法學院念書；雖然不是他想念的醫學院，但他還是把握了這個機會，很快地成為法學院的高材生。

畢業後，唐納德加入一間律師事務所，成為一名成功的庭審律師，專門處理刑事事案件，他因而致富，並且結了婚，生了兩個孩子。幸運的是，唐納德很正確地處理自己的財富，也很慷慨地對待他人，隨時準備伸出援手。不過他雖然很成功，內心深處仍然有著從醫的渴望；然而，他覺得自己已在法律這個領域打下根基，改行已嫌太晚，所以直到唐納德過世前，一直都還是個律師。他在五十七歲時，被一輛行駛於倫敦街頭的驛馬車撞死。

唐納德在他這一世中能夠克服財務的困境，憑著自己的能力成功，並且展現自己能夠妥善運用財富的能力：一旦累積到財富，能夠運用來改善自己與他人的境況。然而，唐納德雖然擁有成功的人生，他並未真正實現自己來到這一世應完成的任務——成為一名醫生，因此即使他完成了那麼多的事，這個部分仍然沒有得到解決。

因此在唐納德的下一個轉世中，他被給予實現這項命運的機會。這一次，他出生於十九世紀末的瑞典，一個父母慈愛、生活優渥無虞的家庭。唐納德從很小的時候即再次展現了從醫的強烈渴望，而這一次，他如願地進入醫學院念書，並以優異的成績畢業。之後，唐納德成為一名成功的外科醫生並研發出創新的外科手術技巧，不但幫助了許多人，也使自己在專業領域上為人推崇備至。在這一世，他一樣結了婚，有自己的家庭。

在這次的轉世，唐納德以前世在英國的好業力為基礎，實現了他原本就設定要達成的目的。

貧窮的業力

人類對他人的不人道，再沒有比世界上許多人的生活條件，更能清楚地展現出來。往往擁有財務資源的人，對那些沒有資源的人，做得就是不夠多。那些囤積財富的人無視於別人必須爲這樣的貪婪付出代價，遂造成了世界上絕大多數的財務金融問題。世界上數以百萬已掙得業力之權的人，原本可以擁有頗佳的生活條件與機會，然而那些有權有勢的人卻拒絕給予他們這樣的權利。

遇到這種情況的人，有什麼事會發生在他們身上呢？到頭來，業力紀錄終將平衡這一切。如果你因爲別人的行爲，使你無法得到原本應得的財富，不用擔心，你的財富遲早還是會回到你身上。此外，只要你不爲貧窮境遇的挑戰所苦，就會繼續形成好的金錢業力。許多好人爲了熬過艱難時期，開始說謊、欺騙、偷竊等行爲，這自然會產生新的業力。

話雖如此，許多遇到財務困難的人，其實都有著金錢業力，這代表他們在前世的某個時候曾經不當地使用金錢，因此這業力兜了一圈，現在又回來了。在了解貧窮的業力時，重要的是，記住，上天把你帶到塵世，爲的是讓你成功。如果塵世是一所靈性的校舍，沒有人會帶著想失敗的意圖來接受教育；課題可能會很難，但目標永遠是要讓你藉此學習、變得更好。沒有任何一個人是毫無價值或無關緊要的。你口袋裡一毛都沒有並不重要，因爲你在上天眼中仍是珍貴無價的。

上天並未把貧窮帶進這世界，是我們自己把它帶來的。而上天允許它的發生，是因爲我們有自由選擇這項禮物；如果上天加以干預，我們將如何學習呢？上天敏銳地覺察到貧窮的存在。別以爲神聖造物主是不受影響或無動於衷的，祂從不止歇地幫忙改善我們的境遇，並對我們對待彼此的方式流下憐憫之淚。另一方面，我們有許多看似危急且絕望的情況，然而在某些時刻總是有機會讓我們克服貧窮的困境。克服貧窮無疑是我們所面對最艱難的課題之一，當我們看到千千萬萬生活在貧困中的人時，就可以略窺這個挑戰有多大。

那麼，是什麼樣的業力使得有些人生於貧困？這樣的人可能在前世曾經擁有財富，但濫用了它。或許這個人在金錢上很吝嗇或貪婪，又或者這個人在前世只是曾經不當地處理金錢，輕率地花用，導致最後終於破產。更甚者，這個靈魂可能曾經在金錢的處理上十分殘忍無情，只為了謀取個人私利，無視於自己的行為給別人帶來的苦難或傷害。今日，我們可以看到企業的貪婪猖狂蔓延，沒錯，那些位居決策高層的人，將來肯定得為自己的行為負起責任。

當然，在貧窮這個課題上，也有許多不同的情節與發展。有些人並不窮困，但有長期的財務問題，這也是一種與金錢業力有關的情況。我有個學生就曾經在金錢上面臨頗不尋常的長期性問題，就她的情況，我經由靈視看到這業力是源起於前世，她原本該將金錢業力償還給他人，但她不肯這麼做，因此到頭來，她不但沒有徹底解決那項業力，反而使情況更加惡化，導致她在這一世必須面對艱難的財務狀況。

還有的狀況是後來才出現在人生中的，譬如金錢的損失，這就是財富的逆轉。這可能是你在過去曾經搶奪或欺騙別人金錢的業力，而這個受害者曾經擁有相當穩定、幸福的生活，因此到了這一世，換成你是那個蒙受意外損失的人。跟所有類型的業力一樣，財務業力也會以你當初造成的相同方式回到你身上。

還有人看不起沒錢的人，或是避之唯恐不及。許多印度人仍然有錯誤的認知，認為那些出生就是賤民階級的人，應該讓他們維持現狀，因為他們是在償還前世的壞業力。這個想法眞是大錯特錯。如果你看到一個人快要溺斃了，你會對這個哭喊著對你求救的人說「你就溺死吧，這一定是你的業力」嗎？當然不會。你會盡可能地去幫助這個人，而不會先想：「爲什麼這個人會溺水？這個人是不是做了什麼壞事，所以活該要被溺死？」

但是，說到幫助他人時，我們卻又太常對人事物先加以評斷，並且拒絕伸出援手。事實上，我們在塵世一項很重要的任務，就是要幫助他人。如果你處於優渥的環境，有能力去幫助他人，就要去幫助別的靈魂、別的人；如果你不這麼做，你會發現在將來的某個時間點，自己就置身於相同的遭遇之中！

然而，不管你發現自己置身於什麼樣的財務狀況，還是能夠去克服眼前的財務難題。有個十分激勵人心的故事是關於一個流浪漢，決定自己再也不要在街上討生活，於是勉強湊足了學費，去上了會計的函授課程。他在公園的長椅上或是任何他找得到的地方念書，雖然辛苦，但他還是堅持下去。最後，他終於通過考試，找到了一個會計的工作，找到一間公寓住，並且與家人親友重聚。他們有的原已放棄了他，有的則以爲他已經死了。他完全扭轉了自己的生活，而且當他這麼做的時候，已經不年輕了。當他被問到重建自己的生活時，最具挑戰性的部分是什麼，他說，不要聽信周遭的人所說的話，因爲他們只會不斷告訴你，你做不到、你永遠不會成功。

掌控你自己的財務生活。如果你發現自己陷入財務的挑戰，要了解，這是你取回神聖繼承的機會。你可能必須非常辛勤地工作，但是情況是會扭轉的。在創造財富方面，你不能表現得停滯不前或是乏善可陳。古諺有云：「懶惰動作太慢，所以貧窮才能很快地追上它。」一旦情勢扭轉了，財富就會留在你身旁。如果你已經掙得好的財務業力，你的工作便是要以這樣良善的業力爲基礎，成爲展現上天慷慨仁厚更好的典範。

喬治的輪迴故事

這是至高無上者所分享的一個故事，在這故事中，我們要探討使人生而貧窮的原因是什麼。再次提醒，當你在看這個故事時，請不要想當然耳地認為每一個生於貧困家庭的人，都是為了要償還他們的金錢業力。我們的目的是要去了解，不當的處理金錢，將會如何地為未來的轉世帶來財務上的挑戰。

喬治生於二十世紀初的紐約市，他是獨子，父母都很愛他。不幸的是，他們的經濟頗為困窘，全家生活在貧困之中。喬治的父親在港口邊有間生意清淡的小糖果舖，因此他們幾乎三餐不繼，連生活基本開銷都捉襟見肘。喬治是個好靈魂，敏銳地覺察到自己的困境，為此他非常沮喪，即使在他還是個孩子時，就展現了想去改善自己現況的決心。

喬治的父母看到喬治有著科學的天分，於是盡他們所能地攢下任何小錢，把他送去上學。喬治在學校也表現得很優異。長大後，喬治遇到了一個恩人，看到他的天分以及拮据的生活，於是決定供他上醫學院。喬治在醫學院也極為努力，仍然表現得很優異。

喬治的父母非常以他為榮。不幸的是，喬治還未完成學業時，父親就過世了，所以母親得更辛苦地靠自己經營那間小糖果舖。喬治暗忖自己是否該離開學校、回去幫忙母親，但仔細考量後，決定最好的做法是繼續完成學業；一旦他畢業了，才能處於更有利的形勢來幫助母親。然而，悲劇卻再次發生。當喬治完成學業時，他的母親卻染上流感過世了。所以當他從醫學院畢業、開始從醫生涯時，他的父母都已經不在人世，也看不到他的成功。然而，令喬治略感安慰的是，他的父母在世時，都堅信他會有成功的一天。雖然喬治現在已經什麼都不能做了，他還是十分懊悔自己沒有機會分攤父母的重擔。

喬治成為一名成功的神經科醫師，他遇到一位背景普通的女子，能夠理解他微寒的出身，於是他們結婚了，有兩個小孩。喬治在紐約市的執業很成功，逐漸富有了起來。他雖然很滿意自己開創的生活，但內心深處仍縈繞著童年的經歷以及對父母的思念，遺憾父母無法跟自己一起過好日子。

在這一世，喬治很漂亮地解決了他的金錢業力，成功地為自己打造出更好的生活。他克服了逆境，實現了他的生命目的。然而，我們要問的問題是：一開始，是什麼樣的業力使他出生於貧困匱乏的環境？

誠然，金錢是喬治生命中最大的挑戰，但是他仍然擁有其他方面的好業力，像是父母、職業、情感方面的好業力。倘若他沒有通過金錢業力的考驗，那麼其他業力的動力就永遠沒有展現的機會。所以這個例子告訴我們幾件事：你必須面對眼前的挑戰。無論你有什麼樣的夢想，不論這些夢想看起來近還是遠，只要成功地面對眼前的挑戰，你就會創造出最佳的條件，讓生命中其他方面的事物都能按部就班的落在最妥當的位置上。另一件告訴我們的事，就是上帝永遠會給予你所需的力量，讓你去面對並掌握業力。

想知道喬治的金錢業力之起因，我們得打開「生命之書」，看看他在這一世之前的那一個轉世。那是十九世紀初在德國的法蘭克福。喬治（為了清楚表述，我們還是叫他喬治）在這一世仍是男性，但出生於一個富裕的家庭。模式頗為類似，他的父母也經營商店，但這一次，他們經營的是一間生意興隆的五金行。

這一世，喬治也是獨子，與父母的關係很好。他是一個快活的、好看、稍微被父母寵壞的男孩。喬治長大後，父母原本希望他能接管家裡的生意，但他對五金生意沒有興趣，於是他旅行了一段時間，最後決定要成為一名數學教授。喬治的雙親也同意他的決定，於是他成了一名教授。喬治喜歡自己做的事，也做得很成功。他有過一段戀情，但當那名女子在婚禮上落跑，他的愛情也就隨之幻滅。喬治深感失望，從此對於愛情變得尖酸刻薄，認為自己永遠不會結婚。

雖然有些曲折，喬治的人生基本上還是朝著正確的方向前進。然而就在此時，他用自己的錢投資債券，結果失敗了；即便他有著教授的職位，還是陷入嚴重的財務困境中。喬治的父母過世後，把錢全留給了他，但是他再度地輕率大意，因此沒過多久，他所繼承的遺產已經去了十之八九。

就在喬治陷入自己所造成的財務困境時，他遇到另一個女人並娶了她。在喬治的生命中，婚姻原可以作為一盞幫助他度過難關的明燈，遺憾的是，喬治並沒有好好地對待妻子，他不但沒有與她一起同心協力克服困境，反而常用言辭辱罵她，並將自己的挫折發洩在她身上。因此沒過多久，喬治的妻子就離開了他。之後，喬治又再一次地顯示他缺乏生意頭腦，把教授薪資那一點錢砸在某項計畫不周的拙劣投資上，於是他以破產結束了這一生，可說是直接由他自己的行為所造成的後果。

所以，喬治的課題就是要學習如何管理金錢。他原本想用快速的方式賺錢，在處理財務事務上又太過漫不經心且不顧後果。然而隨著日子一天天過去，他還是沒有學到教訓，繼續以自己沒有的錢在投資，金錢業力遂由此而生。我們大多數人偶爾會為了自己認為重要的事情，冒點計畫好的、經過衡量的財務風險，當然有的時候這些風險是無法解決的。但是以喬治的例子來說，他所冒的財務風險已經太過頭了，而且他並沒有好好地衡量自己冒這樣的風險可能會產生什麼樣的後果。

就喬治的紀錄來說，他並不是個壞人，而且他的根本動機並無惡意，在金錢上也不小氣。所以喬治的生命課題並非貪婪，否則以這種情況來說，他的金錢業力會更糟。喬治所犯的錯誤是以不當的方式處理金錢，並且沒有認知到金錢的價值，這就設定了他下一世要完成的課題：他必須先克服財務困境，才能建立自己夢想的人生，並且要學習金錢真正的價值。而在未來的某一世中，他也必須解決自己與妻子之間的業力，這亦是他因為錯誤處理金錢所造成的結果。這樣的情況讓我們知道，如果我們不謹慎處理，生命中某個面向的業力也會延伸到另一個面向。

祈求繁榮豐裕的祈禱文

我想以這段能夠增進你的繁榮意識非常有效的祈禱文，來總結這一章。藍綠色光芒是用來幫忙增強繁榮意識、改善金錢業力的靈性能量。除了第十六章中提到的冥想練習外，在接受及給予金錢時做這個練習也很棒。

左手拿著錢，然後用右手覆蓋上去，要求藍綠色光芒的籠罩，並念出下列的祈禱文。

祈求繁榮豐裕的祈禱文

照下藍綠色的豐饒與供給之光，照進你的這筆錢，爲了與有關人等爲善，讓它增加、增快、增值十萬倍，恢復任何及所有被汙損的能量，增加所有當前的供應管道，並開闢繁榮豐裕的新途。讓這光芒平衡所有的出入金流，賜福予贈予者與接受者。

〔接受金錢時這麼說〕讓這筆錢爲我完成如我所請求之事。

〔給予金錢時這麼說〕讓這筆錢爲你完成如你所請求之事。

我堅信此能量已經啓動。

〔雙手順時鐘旋轉〕立刻、立即、馬上倍增這筆錢。〔說三次〕

檢視你的金錢業力

- 整體來說，你給予自己生命中這個部分的評價是什麼？
- 你總是會有所需要的錢，還是有著長期的財務問題？
- 你對錢的態度是什麼？
- 在你成長的過程中，情況是你一直可以擁有自己需要的東西，或是錢對你而言始終是一個問題？
- 你會覺得錢總是莫名奇妙的對你有所虧欠嗎？
- 你是否已認知到錢的價值，並且願意為它努力？

5

人際關係的業力

人際關係的業力，可說是我們所面對的所有業力中，最強烈、最複雜、也最吃力的業力之一，意味著與人際關係有關的業力課題，也是生命中最基本的課題。如果你想在某個方面建立你的靈性力量、使用你的智慧之幣，毫無疑問就是人際關係。

人際關係的業力課題是：愛人。聽起來的確很簡單。這是我們都聽過無數次的課題，然而要學會眞正去愛人，有時卻是最困難的一件事。如果愛對我們而言是如此必要，爲何向他人表達我們的愛有時卻是如此困難呢？

愛是一種力量。在所有被創造出來的事物中，是最強大的力量之一。宇宙哲學教導我們，愛是把一切事物凝聚在一起的紐帶，愛讓我們保持著與彼此、與宇宙、與上天的連結。在我們的氣場中，確實存在著愛的靈性能量，以濃淡不一的粉紅光芒出現，尤其是深粉紅色的光芒。這股靈性能量使愛的神聖特質具體化，是氣場中最不可或缺的能量之一。然而這股至關緊要的深粉紅色能量，在人們的氣場中普遍不足，代表著我們心中沒有足夠的愛！如果我們自己都沒有足夠的愛，如何能對他人表達愛呢？如果我們無法對他人表達我們的愛，又如何能夠擁有健康的、成果豐碩的人際關係？

在處理或是解決人際關係的業力時，首要任務是建立你的愛之流。愛的美妙之處在於它會帶出許多正向的特質，這些特質的面向則反映出愛所呈現的許多生命課題：善良、耐心、諒解、情愛、寬恕、爲他人感到快樂、喜悅、同情、慷慨、服務、寬容、犧牲、關懷、支持、憐憫、慈善、奉獻，不勝枚舉。而那麼多的課題，就包含在這個簡單的字眼中：愛！

建立你的愛，讓自己從頭到腳都能感覺到它的存在。當你帶著如此美麗的一股愛的能量去到外面的世界時，每個人都會因此而受惠。愛會提升你自己以及周遭人們的靈魂。你是否曾經注意到，當你被充滿關愛的人們圍繞時，即便你自己並非如此，仍然會爲愛的動力所感染、振奮？在愛的表達上，你現在做得好不好並不重要，只要從你現有的愛爲出發點，開始建立起來就好了。

我所見過最美麗的愛的能量之一，就是我的導師兼靈性夥伴伊內茲．赫德，她也是爲我做好準備、使我成爲一位導師的人，我們常稱呼她「赫德媽媽」，以表示對她的愛意。赫德媽媽有一個最壯觀的開悟氣場，在她的能量場中，最明顯的就是她所發展出來的愛的能量，有一個粉紅色光芒的燦爛星形從她的心輪散發出來，顯示她所表達的愛慷慨而豐足；她的頭上甚至有一個令人驚異的球體般能量，帶著淡粉紅色的珍珠光澤，從她的頭頂灑下永恆的粉紅光芒。這顯示出她已經達到了宇宙大愛的境界，能夠眞正無私地關愛他人。她是一個多麼美麗的靈魂，而我能夠認識她又是何其有幸！

或許這世上曾經有過最偉大的愛的導師，就是拿撒勒的耶穌（Jesus of Nazareth）。他被認爲是和平之君，然而他所傳達的主要訊息是什麼呢？愛。在血流成河、人類生命幾乎毫無價值的時代，耶穌教導我們，最重要的一件事就是要去愛人。他讓我們知道，創造我們的上帝是充滿慈愛的、強大的、全能的。他也教導我們，能夠藉由愛人開始去愛上帝，這就是人類彼此相愛的最終目的——爲我們開啓一扇愛上帝的門。上帝就是愛，再沒比上帝的愛更美好的事了；然而，如果我們無法愛人，就無法愛上帝。

當我們心中沒有足夠的愛時，各種消極無益的情緒就會取而代之，包括憤怒、恐懼、仇恨、怨恨、嫉妒、慾念、貪婪等，這些意識形態會在我們的氣場中製造出閉塞無知的狀況。冷酷無情之人的氣場多爲灰色，特別是在心輪周圍，也有的是在頭頂上方有著污濁的深藍色；而在我們與他人互動時，這種較爲低階的感應，自然會帶來不利的影響，進而產生難以相處的人際關係業力。我們不當對待他人的結果，就是當生命在取得業力的平衡時，會產生不可避免的痛苦與折磨，讓我們得以學習到什麼是愛。

有時候，你心中確實有著愛，但是出於自私、恐懼、憎恨等原因，你選擇不去表達。你了解愛是怎麼一回事，但是經由你的自由意志，你選擇以一種毫無愛心的方法行事。而如果你又不加以挽回，這樣的自私行爲就會削弱你現有的愛，到最後，你會發現你得重頭開始建立自己的愛之流。

當你認知到有個機會得以解決你與某人的業力時，要感謝你有這個機會，因爲要讓人們轉世聚在一起以解決前世的業力，這並不容易，時間的安排相當棘手：可能一個人已經準備好要轉世了，另一個人卻還沒有準備好；或是可能一個人處於生命截然不同的部分，跟另一個人的道路並無交集。所以，當解決彼此業力的機會來臨時，要充分把握，這可是千載難逢的機會。

你將會面對的人際關係，是用來考驗你需要加強的靈性特質。一種人際關係可能是考驗你的耐心，另一種人際關係可能是考驗你是否能夠富有同情心且慷慨大方；然而在另一種人際關係中，你可能必須有所犧牲，或是要能夠很寬容、慈悲；又或者，你可能得以享受一段充滿幸福、喜悅與深情的關係，這是你累積了好的人際關係業力的結果。所有這些都能夠幫助你發展並擴展你的愛之流，每一種人際關係都會帶出你不同的個性特質，同時也帶來其本身的樂趣與挑戰。

在孤立隔絕的環境下，愛是起不了作用的。除非你與他人互動，否則便無法成功地精通愛的藝術。當你在尋找那些注定要成為你生命一部分的人時，他們也正在尋找你，因為你也是他們命運的一部分。不論你是多麼地聰明機靈，如果心中沒有滿滿的愛，便無法爬升上靈性之梯。

人際關係的業力準則

經過多次轉世，你已經扮演完人際關係中的各種角色了：你曾經是母親、父親、兒子、女兒、老闆、員工、朋友、敵人、情人、妻子、丈夫。而在這些人際關係中，你已經扮演過、甚至仍然在扮演著各種動力類型的變化：你曾經是仁慈的，也曾經是殘酷的；曾經樂善好施，也曾經自私自利；曾經被謀殺，也曾經是兇手；曾經心胸狹窄，也曾經慷慨大方。這些，全是你成長過程的一部分。

在解決業力時，你的人際關係會傾向於重複舊有模式。舉例來說，如果你在一段愛情關係中與某些人產生了業力，你往往會輪迴到另一段愛情關係中去解決那樣的業力。當然，這並不代表你不會在其他類型的人際關係中遇到那些人；這也是有可能的。輪迴的目的，部分是為了讓我們在人際關係上擁有多樣而全面的經驗，所以人際關係傾向於重複的模式，只是說明了業力需要以它被產生的相同方式去加以解決。

在你生命中扮演著重要角色的人，往往都是你在前世就認識的，而且通常是在多次轉世中都會遇到的人。家人特別會是這樣的情況。這也意味著你與這些靈魂間有著極深的業力關係，要花上許多世的時間才能釐清、解決其間所有的錯綜複雜。然而，並非每段關係都源自於業力，所以要搞清楚什麼是與業力有關的、什麼不是，並不總是那麼簡單。最好的補救辦法，就是在你與他人互動時，總是表達出你的愛。

當靈魂輪迴在一起解決業力時，態度和動機是不可缺少的關鍵所在。一個為自己的罪行悔恨不已的靈魂，其業力與一個並未體悟自己所犯罪行之影響的靈魂，是截然不同的。下一頁的圖解，可以讓你對業力間的動態運作稍加了解。

處理人際關係的業力，並不必然意味著牽涉其中的人們會彼此發展出強烈的個人情感。對於較為親密的關係來說的確是如此，但通常當人際關係的業力被解決時，情況就會轉為中立。你對某人的情感表現是你個人的選擇，此選擇與業力並無關聯；你必須展現愛的能力以解決業力，但對於親密感與愛的表現則是取決於你自己。

家庭的業力

我們與家庭的關係，可以是最崇高的愛的表現之一，也可以是我們所遭受過最痛苦、最艱難的經驗之一。從我們開始輪迴以來，有家庭關係的靈魂間即有著密切的關聯。隨著自由意志的表達，業力遂無可避免地介入運作，並產生錯綜複雜、極為戲劇化的關係。而一旦業力得以解決，通常更為美好的愛之流會回歸到你身上。在達到靈性成熟的八百世中，我們會出生在一小群與我們的家庭

解決人際關係的業力

當A君得罪B君時，會發生什麼事？

情境1

如果A君可以在這一世與B君把問題解決，那麼雙方的業力就此消除，也不需要再經由輪迴來解決這一切。

情境2

如果A君確實感到愧對B君，但無法在這一世與B君把問題解決，又或者B君不原諒A君，那麼這兩個人通常會在另一世再扮演相同的角色，讓A君能夠償還對B君的業債。

情境3

如果B君原諒了A君，就不需要經由輪迴來與A君解決這件事，但A君必須以另一種方式解決其餘的業力。

情境3a

有時候即使B君已經原諒了A君且已不受業力束縛，但出於慈悲，B君仍會允許A君償還其業力。這樣的行為，通常會讓他們建立起一種強烈的愛的聯繫。

情境4

如果A君對自己所為並沒有感到懊悔，而B君也不原諒A君，那麼他們就會輪迴到另一世去解決這樣的業力。通常他們的角色會對調，這次A君將聽憑B君的處置。

情境4a

有時候在新的轉世中，能量彈跳的結果，讓B君最後對A君犯下了類似的過錯。如此一來，A君償還了B君的業債，但B君卻又產生了必須解決的新的業債。

情境4b

如果B君在新的轉世中能以寬容的方式對待A君，那麼雙方的業力就此弭平，同時他們也得以學習到寬恕的重要性。

有關聯的靈魂圈子中；這並不是說，我們在這個圈子之外就沒有家庭的經驗，而僅是意指著，藉由不斷地重複經歷這些關係，我們即能探索不同的人際動力，並建立真正深遠、深厚的關係，彼此分享榮耀與失敗、正確或錯誤的行事。

有些家庭相處得極爲融洽，有些卻功能失調，這多由業力而來。相處融洽的家庭，已經從許多前世的經驗中學習到家庭生活的價值，他們從業力的教訓中學會如何爲家庭齊心協力。反觀功能失調的家庭，通常都是尙處於學習階段的家庭。去認知、體會家庭生活的價值，是生命極爲重要的一課。

如果你發現自己置身於艱難的家庭處境中，或是在缺乏有力的家庭支持環境下成長，可能就是你正面臨著家庭業力的徵兆。或許你曾經在前世拋棄了你的家庭，因此現在你得去體驗缺乏家人的支持是什麼樣的感受；在這樣的情況下，你的考驗可能是出去建立一個屬於你自己的家庭。許多靈魂也都這麼做，他們打造出自己成長時未曾經歷過的幸福家庭生活。

家庭成員不總是有血緣關係。有領養子女或是繼子女的家庭，也可以有著強有力的業力聯繫。再說一次，這全都取決於業力紀錄表。在這種情況下，親生父母即使並非扶養子女成長的靈魂，仍然有著若干業力。

有時候，沒有婚姻及家庭，也是你的業力。這可能是因爲你過去未曾好好地珍惜家庭生活，所以現在得去經歷沒有家庭的感受。通常在這種情況下的人們，都極爲渴望擁有家庭生活。不過，沒有結婚的人並不總是在償還壞的家庭業力，有時候這些靈魂已經歷過許多世的美好家庭生活，也已經認知到家庭生活的價值所在，因此他們在這個特別的轉世中注定要經歷其他的經驗，發展其他面向的本質。

盡你所能地榮耀並尊重你的家庭是很重要的，但也要在享受家庭生活與保持你的獨立自主間取得平衡。有些家庭掌控得太緊，可能會扼殺各個家庭成員靈性生命的成長，使得個人很難以非經家庭全體同意的方式來行事。這種情況也會產生業力。如果你置身於這樣的處境，你的任務就是打破如此令人窒礙難行的家庭掌控。你雖然是家庭的一份子，但是你的首要之務是忠於上天；血緣關係雖深，仍比不上更深的靈性聯繫。如果你的家庭思想過於保守、將成員牢牢地封閉於家庭意識中，那麼，你的課題除了繼續榮耀並尊重家庭之外，更要走出家門，實現你自己的命運。

有關家庭業力的輪迴故事

這個真實的輪迴故事，是我的靈性導師伊內茲·赫德告訴我的。這是一個最能說明家庭業力的實例，因此伊內茲也鼓勵我將這個故事與他人分享。

這個故事發生在不久之前，美國東部地區一個家境寬裕的家庭。艾琳是個漂亮的女人，嫁給了一個叫伯奇的好男人，他們生了一個兒子，取名叫勞爾，是個優秀的年輕人。勞爾被一個叫吉兒妲的美麗金髮女孩所吸引，並出乎所有人意料地與她私奔了，這令艾琳與伯奇都大吃一驚。

過了一陣子，這對新婚夫婦返家了，也舉行一場盛大的慶祝會。然而不知為何，新娘吉兒妲對婆婆艾琳卻表現得相當厭惡，而當艾琳對兒子勞爾展現關懷之情時，這股敵意更是特別明顯。艾琳和伯奇感到灰心又沮喪，因為他們很愛勞爾，同時也很擔心他所娶的這個女人。

幾年的時間過去了，情況並沒有好轉，吉兒妲變得愈來愈無理地嫉妒丈夫對母親的感情，指責他深受艾琳的影響及控制。艾琳難得見到兒子一面，因為吉兒妲盡一切可能地避免拜訪他們。即使伯奇過世、艾琳成了寡婦，也沒能軟化吉兒妲的心。

之後，艾琳聽說勞爾和吉兒妲快要有小寶寶，她也很高興自己就快當祖母了。自從丈夫過世後，艾琳一直很寂寞，因此她很期盼這個小孫子的到來。但是當她前往探望這對新手父母時，吉兒妲卻把小寶寶抱走，艾琳甚至連看都看不到！勞爾感到十分錯愕，不明白吉兒妲為何會有這樣的舉動。

艾琳決定，除非吉兒妲明確地邀請她，否則她將不再去探望他們。又過了好幾年，艾琳旅遊各地，讓自己保持忙碌，試圖淡忘她不得不切斷與兒子生活的聯繫所感受到的痛苦。

讓我們先在這裡暫停一下，看看為什麼吉兒妲會對艾琳有著如此深沉且不合情理的憎恨之情。沒錯，自由意志的確存在，吉兒妲選擇表現出這樣的行為。但是當我們檢視這個情況的各項要素時，會發現吉兒妲主要的敵意是來自於她嫉妒勞爾對母親的感情。然而，這股妒嫉之情又從何而來呢？

要找出這股敵意的靈性由來，我們得回溯到數百年前、當這三個靈魂相聚在一起時。那一個前世是發生在歐洲的宮廷中，當時吉兒妲是一位任性又美麗的公主，她的父親是國王，打算把她嫁給來自另一個公國的王子，但是吉兒妲有不一樣的打算，她看上了一位年輕又英俊的貴族；這位貴族不是別人，就是前世的勞爾。

然而吉兒妲有所不知的是，勞爾已經與國王一位高官的女兒墜入愛河，你可能已經猜到了，這個女孩就是前世的艾琳。勞爾很謹慎地表達他的愛意，因為他的舅舅——一個將他視如己出、扶養他長大的好人，與艾琳的家庭頗有嫌隙。因此，艾琳與勞爾決定在想出可行的辦法之前，先對他們的感情保持緘默。

在那一世，艾琳與吉兒妲本是很好的朋友。她們由同一個保姆撫養長大，雖然吉兒妲有皇室血統而艾琳沒有，但她們就像姐妹一樣分享著許多事情。然而，吉兒妲並沒有告訴艾琳她想要得到勞爾，只說她有個祕密，等時候到了，她自然會說出來。因此，兩個女孩都不知道她們竟然愛上了同一個男人。

吉兒妲精心策畫了一場騎馬活動，目的即是為了接近勞爾、贏得他的心。吉兒妲的計畫進行得很順利，果真為她爭取到與勞爾單獨相處的時間；但是當她向勞爾表白時，卻赫然發現勞爾對她並沒有相同的感覺。吉兒妲不明白勞爾向她傳達的信息，還以為他只是在玩手段而已。

當他們兩個與其他參與活動的人們會合時，吉兒妲發現了勞爾與艾琳之間藏不住的愛意。這下吉兒妲勃然大怒，她以為艾琳試圖把勞爾從她身邊搶走，在盛怒之下，她使艾琳的馬匹受到驚嚇，艾琳從馬背上被甩了出去，身受重傷。在場的每個人都被吉兒妲公然挑釁的敵意嚇到了。而當吉兒妲看到勞爾是多麼地震驚時，終於了解到勞爾對艾琳的用情之深；為此，她發誓一定要報仇。

當艾琳康復後，她和勞爾宣布了他們的喜訊。吉兒妲要求父親介入阻撓他們的婚禮，但是國王拒絕了，反而宣布吉兒妲即將嫁給一位擁有龐大財富與權力的王子，這使得吉兒妲更加地憤怒及絕望。

吉兒妲決定寫一封寬恕信函給艾琳，恭喜她要結婚了，但這只是為了讓艾琳安心並爭取一些時間的詭計。過了幾天，一切看起來都很好，艾琳打算在結婚前夕，在一棟鄰近的房子裡與勞爾安靜地見上一面。吉兒妲知道了這個消息，先行潛入那棟房子，並躲藏在簾幔後頭。

當吉兒妲看到勞爾與艾琳在一起的情景，以及他們所分享的柔情蜜意，一股嫉妒之情淹沒了她，她抓狂了。於是吉兒妲回到她的房間，抓了一把匕首，再返回勞爾與艾琳會面的房子，此時勞爾剛好外出了一會兒，艾琳獨自在房裡。而當勞爾回來時，一切已經太遲！他看到艾琳倒臥在地上，衣服沾滿血跡，已然斷氣。儘管勞爾震驚又悲痛，他很快就明白這是怎麼一回事——吉兒妲在艾琳的背後刺了一刀。

皇宮中的每個人都深感哀傷，他們知道是怎麼一回事，卻都無能為力，因為吉兒妲是公主。因此，勞爾只能黯然離去，誓言再也不想見到吉兒妲。而當勞爾的舅舅（他也為這場悲劇深感哀痛）也過世之後，勞爾變賣了所有家產，永遠地離開了這個王國。

觀察這故事中的業力關聯，我們就會了解吉兒妲對艾琳的嫉恨從何而來，因此在這一世，吉兒妲本應學習如何控制她的嫉妒之情。遺憾的是，吉兒妲卻重蹈前世的覆轍，把事情複雜化，並未學習到她的課題——對艾琳展現仁慈和關愛。這樣的情節可說層出不窮，我們往往要花上好幾世的時間才能學會我們的課題；而直到我們真正學會之前的過程中，又不免會給自己添加新的業力。

我們可以看到很有趣的一點是，這一世的艾琳和勞爾對待吉兒妲並無嫌隙，相反地，他們對這種情況都展現了不尋常的寬容之心。這指出了幾件事情。首先，艾琳和勞爾已經原諒了吉兒妲所犯下的罪行，表示他們之前的愛的確是真愛，能夠經得起隨之而來的各種挑戰。再者，這個故事也告訴我們，他們三人之間的緊密連結遠超乎吉兒妲身為公主的那一個前世，畢竟吉兒妲與艾琳原本是極為親密的好朋友，所以到最後，她們一定會再重拾彼此間的友誼。

那麼，這個故事的結局如何呢？讓我們回到這一世。有一天，艾琳遇到了一個男人，他們墜入愛河並且結婚。勞爾為艾琳感到高興，但吉兒妲的態度仍然像條毒蛇，她批評艾琳再婚已嫌太老，並且說如果艾琳執意要結婚，他們家將再也不歡迎她的來訪。吉兒妲的態度讓勞爾感到很震驚，然而他所感受到的無助則是使他自己受傷最深的主因；他愛他的妻子和孩子，也清楚地認知到自己對這個家庭有責任。

在一次決定命運的談話中，勞爾告訴艾琳關於吉兒妲的感受。艾琳有種奇怪的感覺，像是一場在很久以前演出過的、似曾相似的場景：當兒子跟她說話時，她像是聽到從另一個時空傳來的聲音。勞爾告訴艾琳，他們最好別再見面；他雖然深感悲傷，但是吉兒妲的感受已在他們家中製造了太多的壓力。

艾琳也同意了。她告訴兒子，她有多麼地愛他，他做了正確的決定，因為他對自己的家庭有責任。另一方面，她也如釋重負，不用再擔心會說錯話或是做錯事。她知道自己不必為勞爾擔心，因為他有愛他的妻子與可愛的孩子。艾琳再次告訴勞爾，自己是多麼地愛他，如果他需要幫忙的話，任何時候，她都會在的。

在這個故事中，艾琳與勞爾很漂亮地處理了他們的靈性考驗，他們將個人情感置之度外，做出對大家都好的決定。在未來的某一世中，他們將會重聚，並成為許久之前他們即注定要成為的丈夫和妻子；一旦他們結合了，便將擁有最最甜美的夫妻關係。而在未來的某世，吉兒妲將被給予機會去償還她全部的業債。最後，吉兒妲與艾琳極有可能重新成為像昔日般的好朋友。

父母／子女的業力

是什麼業力把父母與子女聚在一起？父母與子女的業力，無疑是所有人際關係業力中最親密的業力之一。父母與子女在前世必然已互相認識，而且通常是許多個前世；更甚者，父母與子女在肉體受孕之前，就在彼岸見過面了，所有靈魂都了解重聚在一起的業力與目的，並且同意這樣的結合與安排。

父母與子女會共同解決壞的業力，或者享受好的業力，或者兩者皆是。業力可以有兩種方式：父母償還業債給子女，子女償還業債給父母，或是以上兩種方式的組合。同時，角色亦可互換：在某一世中你可能是父母，在另一世中你可能是子女。無論哪種方式，你們會不斷地一起輪迴，直到業力被解決爲止。

身爲父母，是靈魂所能承擔的最神聖責任之一。你與父母的關係，就像是你與上天的縮影。生育能力可說是最高的靈性恩典之一。如果你的生命在這個方面遇到困難，可能是一種跡象，顯示你有著某種與養育子女有關的業力。

父母的靈性目的，就是將新的靈魂引進塵世。藉由生兒育女，你給予了其他靈魂償還業債、學習課題的機會；反過來說，來當子女的靈魂，也是將自己託付給他們所信任的父母。

父母養育子女的責任重大。許多新手父母對父母的角色感到無助，會覺得他們不知道該如何妥善地照顧孩子。誠然，在養育子女方面有許多邏輯上的實務需要學習，但是成爲好父母的要素，跟所有人際關係的根本課題是一樣的——愛。父母有許多責任得承擔，但是最最重要的就是要去愛他們的孩子。

如果你虐待孩子，會發生什麼事呢？你會造成某些最重的業力。盡你所能地成爲好父母，是你必須履行的責任。在養育兒女的過程中，你的所作所爲都負有業力上的責任。這跟完不完美無關，上天知道我們會犯錯；這跟你親子關係中的動機與目的有關。

那麼，身爲父母，你的責任始於何處、又終於何處呢？你對你的孩子有責任，意思是說，你的任務是幫助那個棲息於孩童身體中、正在發展的靈魂，直到他能夠爲自己的行爲負責。因爲到頭來，你得爲自己而不是別人的靈魂負責，不是家人也不是朋友；但是，在孩子完全發展之前，都需要來自父母的支持。

這樣的發展過程，從氣場的角度來描述最爲清楚。在孩童的靈性發展過程中，有三個明顯的階段，剛開始七年最爲關鍵，因爲在這段期間內，孩童身體中的靈魂仍在發展中，並與其氣場進行結合，特別是心智和情感力量。此時，孩童尚處於敏感而易受影響的階段；七歲之前，基本的氣場已經底定，代表基本的人格特徵也已經確定了。當然，這並不代表你無法加以改變，只是七歲之後，改變需要更多的努力。

十二歲之前，靈魂會引入較多的氣場力量，特別是與高層自我（Higher Self）有關的靈氣。有趣的是，此時也剛好是由孩童階段邁向青少年階段的青春期；接著，當靈魂引入所有的靈性力量時，會再經歷另一個發展階段；大約十六歲之前，氣場已完全地結合，就宇宙哲學的意義來說，此時的孩童已經算是成人，需爲自己的行爲負責，也必須背負業力上的責任。

在形成階段的這些年中，正在發展的靈魂亟需父母的支持與指引，因此你必須盡己所能，對你的孩子展現所有的關愛，讓他們知道，只要他們需要，你就會在那裡支持他們。此外，要灌輸他們強烈的道德感。我指的並非是一種特定的宗教，而是良好的基本品行。確保你自己就是你教導孩子處事原則的實例，你所設立的典範對孩子所產生的影響，遠超乎任何言語所能及。

孩子需要表達自己的渴望與需要，但是仍需尊重代表他們的父母所作的決定。但在爲孩子作決定時，父母也必須認知到孩子有獨特的品質和特性，並且加以培養，而非強迫孩子遵循父母的想法，因爲教導孩子能夠獨立自主是父母最終的目標。

從靈性觀點來看，一旦孩子的靈魂與其靈性力量已完全結合，父母對孩子的責任便可告一段落。此時，父母的正式角色基本上已經結束，年輕的成年人必須開始自己作決定了。但這並不是說，父母與子女的業力就此結束，仍需視情況而定。業力會繼續下去，但是角色會不一樣：子女會繼續榮耀並尊重父母，但是父母已不再擔負爲子女作決定的責任了。

誠然，在父母的下半輩子中，親子關係仍會延續下去，而往往在多年之後，彼此間甚至會滋生出深厚的情誼。但是，對於已長大成人的子女，爲人父母者必須小心，避免去干預他們的生活。當他們有需要時，父母當然應該隨時爲他們提供支持與忠告，但是父母必須尊重他們的獨立自主。同樣地，子女必須離開父母溫暖的窩巢，過自己的人生。這並非意味著父母不再被平等對待，或是他們的忠告或價值觀已不再重要，而是指已成年子女必須靠自己創造自己的人生。

從孩童的觀點來看，業力是如何運作的呢？孩童是否也會產生業力？雖然在孩童的身體中有著一個完整的靈魂，但是這項靈性裝備，在孩童十六歲以前尚未完整結合，因此孩童不會產生什麼業力，因爲他們還不能爲自己的行爲負完全的責任，除非是在某些極端的情況下。

然而，孩童會強烈地感受到前世的業力。當你小的時候，你所處的境況深受前世所積累的業力影響。舉例來說，如果你在前一世糟蹋自己的身體，這一世就會發現自己一出生就體弱多病；相反地，如果你在前一世有好好照顧自己的身體，那麼極可能你這一世出生就頭好壯壯、十分健康。你出生於何種類型的人生，是你自己造成的：家人、健康等狀態大多是來自於業力。要到你長大後，開始承擔自由意志的責任，才能改善這些情況。

那麼，意外懷孕又怎麼說呢？他們也是神聖計畫的一部分嗎？這是個敏感的議題，但我將分享的是我的靈性導師告訴我的事。首先，受孕的能力是神聖造物主的授予。無靈界的涉入，僅因生物上的受孕而導致一個生命發展與誕生，是不可能的事。正常情況下，誰會成爲我們的子女或父母，在我們轉世之前即已由業力決定，也是部分爲我們所規劃的神聖計畫。

話雖如此，還是有意外懷孕這樣的事情存在，與這有關的是靈性的流動變易性。在受孕行爲發生前，靈性能量即在穹蒼中通往懷孕之途，一旦至高無上者看到這種即將導致生理受孕的特殊情況發生時，就會迅速決定哪個靈魂要前往報到。經歷這類受孕的靈魂，多有特定的業債必須償還，而父母也必須調適他們的靈性道路，以遷就、適應這個意外到來的靈魂。美妙之處在於，至高無上者對這種情況有相當的補償，你往往可藉由成爲意外的父母而減輕其他的業力。

那麼祖父母的業力呢？如果關係很緊密，在某些時候，祖父母的角色宛如父母／子女。這些關係也有業力存在，但程度上不像父母／子女那麼強烈。這些靈魂往往已經解決了他們的業力，因此現在扮演著較不活躍的角色。姑嬸、伯叔、侄子、侄女的角色，亦同理可證。

兄弟姐妹的業力

兄弟姐妹間的業力，通常並不像父母與子女間的業力那麼強烈，但是不論好壞，確實會發揮相當的作用。誰會成為你的兄弟姐妹絕非偶然，完全取決於你的業力紀錄表。兄弟姐妹的靈性課題，是要去認知在天國中，我們全都是兄弟姐妹，我們全都是上天的兒女，必須以這種方式互相尊重。成為兄弟姐妹的考驗和試煉，可以幫助我們為長大後其他的人際互動做好準備。

與兄弟姐妹有好的業力是一大福氣，這多半顯示你在前世已經贏得這樣的關係，於是在這一世得以享受美好的關係與支持。然而，兄弟姐妹間互相較勁爭寵、妒嫉猜忌、愛恨交織的關係層出不窮，這也可能是一種業債的現象。

對待兄弟姐妹，至少應展現關愛與耐心。你不一定能與他們的看法始終一致，但是盡你所能地支持兄弟姐妹，尊重你們的關係。

夫妻的業力

丈夫與妻子有強烈的業力要素存在，是無庸置疑的。因爲業力的聯繫，你極可能爲一個特別的人所吸引，並與這個人邁入婚姻。往往，我們所認爲的浪漫愛情，事實上是讓我們得以學習與成長的工具。這就是爲什麼有時候我們試圖跟某人談戀愛、結婚，卻不成功，因爲從業力的角度來看，注定要跟我們在一起的並不是這個人。

從靈性成長的各方面來看，在婚姻中最重要的是你所學習到的課題，以及你們如何共同實現這神聖的計畫，並觀察你自己是如何地在這段婚姻關係中漸臻完美，而非去尋求一段完美的婚姻關係。你是否盡可能以最好的方式來處理這段關係？你是否仁慈寬容並且不吝於付出？還是你的愛過於自私？

要跟誰結婚，是我們人生中所做最重大的決定之一。有些人很快就認定了他們要結婚的對象，然而對其他人來說，要認定對的人並不總是那麼簡單。有時候我們會錯失良機、跟錯誤的對象結婚，這些婚姻往往無法持久；但偶爾也會出現例外，此時，每個人的業力紀錄表就得去適應這個新出現的狀況。然而不管怎樣，你仍然得在未來的某一世中，與你原本就注定要在一起的人結婚。

什麼樣的業力會將兩個人一起帶進婚姻中？婚姻制度是神聖的。在今日的世界，我們多將婚姻視爲一種世俗與法律的承諾，但它最主要是一種靈性的結合。兩個相愛而結婚的人，他們之間的氣場是一種美妙的結合，雙方都會將自己的長處帶進這段關係中。這正是上天與生命本身的動力／磁力屬性之寫照。

當涉及婚姻時，或許最令某些人害怕的是，當你結了婚，就得承擔另一半某方面的業力。這代表什麼呢？這代表你得分擔伴侶的業力條件。在婚姻中，雙方都得承受另一半命運中的事物，不論好壞。所以，如果你的伴侶有金錢業力、工作業力或是家庭業力，你都必須一起分擔。

爲什麼會這樣呢？這一切又回到了愛。你所做的一切，都出自於對另一半的愛。你願意爲對方犧牲的意願以及對他的支持，都是一種神聖之愛的作爲；這就是爲什麼一段好的婚姻，可以教導我們那麼多關於愛的事。當然啦，這並不是說，如果你的伴侶想去搶銀行，你也應該參與。你仍然得爲你個人的行爲負責。

相當令人感到悲傷的是，太多的婚姻並不幸福。有時候，這是過去的業力兜了一圈、回到原點的結果，但有時並非如此。沒有簡單的答案可尋，你得就情況本身來評斷。

如果你與伴侶處於艱難的困境，盡你所能去扭轉局勢；若是你已盡一切努力，情況仍然是劍拔弩張，或是變成肉體上的虐待，那麼你就必須離開。不論是什麼樣的業力，都不會讓人有權利去虐待另一個人；負負不會得正，兩個錯誤也不會產生一個正確的結果。當一段關係變得令人無法承受時，雖然遺憾，你可能還是得離開，將尚未解決的業力留下來，然後在未來的某一世再回來完全地解決這些業力。這就是爲什麼盡你所能地在這一世將問題解決，是那麼重要。

事實是，現在許多的婚姻都離得太快了。在婚姻一開始出現衝突跡象時，他們就急欲擺脫困境，所以如果有業力涉入的話，這只會延遲業力的解決。不過有的時候，離婚也是業力使然；有可能你這一輩子注定不會跟同一個人在一起，或是注定跟不止一人結婚。這是你得極爲謹愼、仔細地向內心尋求的答案。

職場的業力

沒錯，業力也會擴展到工作場所。難相處的老闆、員工、妒忌的同事，可能都在你的業力道路上占有一席之地。要了解你在這個領域的業力，你可以觀察自己跟工作上其他人的相處是否融洽。你不必是多情的萬人迷，但是與你專業工作上有互動的人和諧相處，是很重要的。那裡一定也有愛的存在。

如同其他類型的人際關係業力，你在以前的職場中就已經認識了關鍵人物。如果你有一位非常合得來的生意夥伴，或是如果你有幸置身於某種類型的創意聯盟、得以創造出很棒的藝術作品，沒錯，你以前絕對跟這些人一起工作過，而且很成功，所以你重回人世時，就可以建立在那樣的成功基礎上繼續努力。如果你與工作上的人相處一直有困難，特別是老闆或是雇主，這可能意味著你正在償還職場的業力；或許你前世曾經是個難相處的老闆，所以現在換成你得去體驗爲難以相處的老闆工作有什麼樣的感受。

如同其他類型的人際關係業力，同樣的業力動態變化也適用於職場的人際關係，唯一眞正的不同之處在於，在家庭業力上，你一定得跟原來的同一群人一起輪迴以解決業力；但在職場業力上，要把所有原來的靈魂重聚在一起有相當的難度，所以通常的情況是，你會面對你必須學習的業力狀況，但不必然是跟以前的同一群人在一起。

舉例來說，如果你利用職權否決了某人應得的特別升遷機會，而你爲那樣的舉動感到懊悔，那麼在未來的某一世中，你將會擔任相同的職位，完成原本就該執行的任務，但不必然是對同一個人；除非那項冒犯的行爲，令對方相當難以容忍。如果是這樣，你就得跟原來的同一個人一起輪迴到來世，以解決你們之間的業力。

在你的工作生命中，你執行的是一項服務，而職場的人際關係亦是那項服務的一部分。如果你是一名員工，藉由服務你的老闆或上司，你也服務了上天。這沒有什麼不對的地方，也不代表你就比較沒有人格。藉由學習如何服務你的雇主，你也會學習到如何服務上天。如果你在這方面遇到了困難，可能代表你讓自我意識妨礙了工作的順利執行。

萬一你碰到難以相處的老闆呢？不管他們怎麼對待你，還是盡你所能地對他們展現敬意。有時候小事情也有相當大的幫助。多年前我在一間保險公司工作，也遇到一個極難相處的老闆，她非常地吹毛求疵，一天到晚找我吵架，對我的態度極爲輕貶。我可以看到她的氣場，是冷酷無情的人才會有的可可般棕褐色、灰色，以及酪梨般的深綠色。在那部門中，自然沒有一個人喜歡她。

有天，剛好是我得做點什麼試著去安撫她，於是我放了一朵白玫瑰在她桌上。當她看到那朵玫瑰時，問：「到底是誰把這個放在我的桌上？」我回答：「是我。」之後，她沒再說什麼，但你猜怎麼著？情況好轉了許多，大大出乎所有人的意料之外。

如果你身爲雇主，必須有所認知，員工不是居於你的下位、等著伺候你。他們在那個位置，是爲了服務上天所指派予你的領導者角色。如果你跟員工的相處有困難，要注意你自己對待他們的方式。

就同事方面來說，你得認清自己不是唯一一個有意追尋這項職業的人。你可能有著無比的熱忱，想成為一位優秀的律師或商人，然而其他人也有著相同的熱忱。其中，有些人會比你更快實現目標，而有些人的進展會比不上你。不管怎樣，你必須盡可能地樂於與他人合作，並且試著不拿別人跟自己比較。

如果你看到在專業領域中表現突出的人，你可以欽佩並仿效他們；他們是你的老師，讓你看到自己能力所及的境界。不要變成善妒、猜忌或心懷惡意的人。誠然，有些人的成功是靠著謊言和欺詐得來的，但在大部分情況下，只要在專業上有所進步的人，必可贏得成功的冠冕；而對於那些尚在努力中的人來說，成功也必然指日可待。

話說回來，工作場合中有一定的競爭是良性的，會帶給你相當的挑戰性；如果沒有人去考驗、鞭策你，你很容易就會變得躊躇滿志、懶惰散漫、心不在焉。

朋友的業力

俗話說得好，朋友就是最大的財富，一個有許多朋友的人，就是最富有的人。朋友之間沒有必要常常在一起，彼此知心及互為好友的渴望，反而更為重要。

讓人們聚在一起變成好朋友，也是業力使然嗎？當然，我們不會跟每個所遇到的、以及變成朋友的人，都有著業力的牽扯。友誼的概念中，有部分即是為了要結交新的朋友、形成新的結合。然而，當我們遇到某個人、變成眞正的好朋友時，我們極有可能在前世就已經認識了這個人，因此在靈性成長的旅程中，這個好的業力又回到我們身上，給予我們支持與喜樂。

各式各樣的前世經驗讓人們聚在一起成爲朋友。我們的朋友在前世往往是我們的家人，有著長久且緊密的聯繫。有時候，他們也可能是我們曾經一起工作的同事，或是共同有過某些強烈深刻經驗的人。

深刻而長遠的友誼，要花上好幾輩子的時間才能發展出來；然而也正因如此，當我們被好朋友不當的對待時，受到的傷害會更深。遇到這種情況時，我們應該要更爲寬容，因爲朋友是很珍貴的，我們不會希望自己因爲粗心大意而失去珍貴的友誼。

有些人會說自己沒有朋友。一般而言，這並非事實。眞正的情況是，不管是出於恐懼、憤怒或怨恨，總之，這些人隔絕了自己與他人的聯繫。眞正的友誼要花時間建立，所謂的酒肉朋友，就是那些我們並未與其建立起長久關係的朋友。

不斷地去開發你自己的這個面向。愛的最偉大表現之一就是友誼，而這也是一個關鍵性指標，顯示你以行動表達出神聖的愛。如同拉爾夫．沃爾多．愛默生所言：「朋友可以看作是大自然的傑作。」

仇敵的業力

我們都有過這樣的經驗——遇到某個行爲表現對你充滿敵意的人。這樣的人是因爲業力使然，或只是舉止失當？而我們要如何去愛這麼難相處的靈魂呢？

從業力的各個面向來看，並非每一種關係都有業力存在。如果有人爲你帶來困擾，不必然就是業力的徵兆；如果這樣的衝突是發生在與個人較爲無關的層面上，很有可能這並非業力使然。但如果是某個認識你的人，甚至跟你很熟，或是不斷地出現、回到你的生活中，這就是一個強烈的跡象，顯示它極可能有著業力的存在；在這種情況下，你們之間未解的問題將會自行浮現出來。

事實上，眞的沒有仇敵這回事。我們都是上天的兒女。誠然，還是會有些人想要對他人造成傷害，我們也有保護自己的權利，然而愛的法則在此仍然適用。對我們認爲是仇敵的人展現關愛，可能是我們最大的考驗之一。如果你發現自己不太能夠勝任「去愛你的仇敵」這樣的任務，請求上天爲你去愛他們吧。

戀愛的業力

羅曼蒂克的情感交流，無疑是最扣人心弦、令人心神激盪的關係。然而即便如此，這樣的關係中仍然存在著業力！

約會和戀愛，也是靈性經驗的一部分。戀愛的靈性課題是，學習在親密層面上與他人交流能量，並且學習如何對他人敞開心胸。在一段健康的愛情生活中，許多人會面對的恐懼，就是他們注定要學習的非常課題；有些人不知道如何對他人敞開心胸，就可能會產生業力。這也是爲什麼在一段關係中極容易受到傷害，因爲你對另一個人敞開了你的心。所以，對傷害者與被傷害的人來說，都有著不同的課題要學習。

如果你在一段戀情中犯了錯並且傷害他人，你得在未來的某一世與那個人把事情解決，而且通常是在一段類似的戀情中。有些人會覺得自己老是情場失意，這可以肯定是業力使然；或許他們在戀情中總是漫不經心，前世就像是用情不專的唐璜，因此在這一世中他們嘗到了苦果。

在塵世的多次轉世中，我們都曾經有過美好的戀愛經驗，但並不表示我們「每次」都會有這樣的經驗。有時候，尋找生命中的愛情並不是我們的命運或業力，還有其他事情是我們注定要去完成的。如果你十分渴望浪漫的愛情，但似乎無法找到對象，可能表示你在前世揮霍完了那樣的能量，現在感受到的是能量的流失；然而，藉由你的憧憬與渴望，你會產生更多的力量，最後終將在這一世或是來世達成你的心願。

一個有趣的問題是：如果你已準備好迎向一段成熟的情感交流，但你注定要在一起的那個人還沒準備好或是反向而行時，該怎麼辦？或許這個人，的確是那個注定要跟你結婚並生兒育女的人；遺憾的是，這種情況並不罕見，你可能已經做了每件該做的事，但你的夥伴並沒有。對於這種情況，神聖的管理者必須給予補償。如果你注定要在一起的那個人，無論出於何種原因，顯然無意配合原本的計畫，那麼神聖管理者就會帶來另一個很棒的人跟你在一起，對你來說並無損失。然而在未來的某一世中，你還是會遇到那個本應在一起的人，並完成你命運中注定要完成的標的。

檢視你的人際關係業力

- 確認你生命中的關鍵人物，簡單地評量你與他們相處的經驗。
- 評量你對他們的態度，以及他們對你的態度。
- 你是一個難相處的人，還是一個脾氣隨和的人？
- 你很容易就會交上朋友，還是性格孤僻、不喜歡與人來往？
- 你與他人相處時是否頗為相親相愛？
- 在一段感情中，你會付出自己，還是有所保留？
- 在你所有的關係中，不論好壞，什麼關係是最為特別、鮮明的？
- 你如何評量自己在不同領域的人際關係，例如工作關係、戀愛關係、以及朋友關係？
- 你出生或成長於什麼樣的家庭？
- 你擁有幸福的人生嗎？總是有人支持你，還是你的處境一直很艱難？
- 你建立了自己的家庭嗎？如果沒有，你想要一個嗎？
- 你與伴侶及子女間的交流互動是什麼樣的情況？
- 你不止結過一次婚嗎？那些經驗對你有什麼影響？

6

職業生涯的業力

我十九歲時開始在南加州製作綜藝節目，那是電視剛開始蓬勃發展、輕歌舞劇逐漸進入尾聲的年代。我弟弟是一個定期參與演出的演員，透過他的關係，我認識了他的許多從事表演工作的朋友，他們都年輕又充滿抱負，卻常常發牢騷，抱怨他們的演藝生涯毫無發展的空間。

一段時間之後，我試著去傾聽這些人的抱怨。我可以從他們的氣場中看出他們的天賦，於是便建議演出我們自己的節目。既然我遇到的藝術家各種類型都有，那麼演出一檔綜藝節目似乎是最好的安排。出乎我意料之外的是，我們竟然一炮而紅！我們的節目內容包括了喜劇、歌唱與舞蹈，不論到哪都大受歡迎。兩年內，我們的節目吸引了三百多位表演者參與，甚至包括雷德．斯克爾頓（Red Skelton）、夢娜．弗里曼（Mona Freeman）等年輕的表演者。

有一天，節目導演佛朗明哥．何泰爾（Flamingo Hotel）來找我，希望把我們的節目帶到拉斯維加斯演出。當時拉斯維加斯正在構築它的娛樂景點、尋找新的節目，這正是切入的最佳時機。所以當時才二十一歲的我，就這樣被一個利潤豐厚的合約找上門，去拉斯維加斯製作綜藝節目！

當我接收到靈性導師們傳來的感應，叫我不要接受這份邀請時，我已經準備要接受這份工作了。他們告訴我，娛樂事業不是我這一世該從事的職業，我注定要成爲一名靈性導師。當然，我已認清神聖導師們告訴我的事實，但仍然感到頗爲失望，因爲當時的工作給了我許多樂趣，而且也很賺錢。倘若我婉拒了這個合約，劇團裡的人一定滿腹狐疑，他們肯定無法理解眞正的原因。

然而這個決定，卻成了我這輩子所做過最棒的決定。我承諾了要遵循我的靈性道路前行，因此也展開了一段不可思議的訓練時期。神聖的導師們比之前更親近我，並且教導我如何去運用我所擁有的靈性天賦，而運用的方式則是我所無法想像的。我被帶往靈界的各個空間中，看到生命內部是如何地運作，讓我得以親身經驗教導他人。為了學習這一切，接下來十年我接受了密集訓練，全是為了讓我在開始我的職業生涯——作為一位宇宙哲學的導師——之前作好準備。

我分享這個故事是為了告訴你，因為說到職業生涯時，每個人都有必須實現的命運。我們都奉獻了時間、精力以決定什麼是對自己最好的職業，然後我們就學多年、培養相關技能以達成目的，然後我們也工作多年，並漸入佳境。然而，在這一切追尋職業生涯的活動背後，有一個神奇的靈性過程在運作。

你非常適合那份你注定要做的工作，這份工作該當對上天的神聖計畫有所貢獻。你在塵世的許多個轉世中，也會從事許多類型的工作，讓你得以具備多項能力。你可能在某一世是個麵包師傅、某一世是個軍人、某一世又是個藝術家，諸如此類。神聖計畫這樣的規劃，是為了讓你在塵世能夠接受豐富多樣的靈性教育。同時，經歷過所有這些工作和經驗之後，你將會逐漸發展出一項最主要的才華或能力，成為你的優勢特徵，也就是你的正字標記。當這項卓越的標記出現在任何領域並為人所發現時，我們都將為之瘋狂。然而事實是，有一天，我們都將走上自己該走的職業生涯，也都將掛上卓越的標記。

職業生涯的靈性目的

我們都了解職業生涯的重要性，它給予我們自給自足的機會。擁有一份工作並能為自己負責，給予我們一種自我及個人的價值感。做我們拿手的事，並因我們的努力及才能得到公平的報償，亦能為我們帶來極大的滿足感。

職業生涯的靈性目的，是去發展你與生俱來的技能，並在生命的神聖計畫中，扮演你獨一無二的角色。藉此，你將實現一個在你出生之前即已啓動的計畫。這一世，你處於計畫的哪個部分並不重要，重要的是，這是你的命運。這項獨一無二的貢獻，存在於生命的每個層面中。從為天使工作的經驗中，我對他們精湛的技能及分工的專業程度大感驚異：有商業的天使、療癒的天使、和平的天使、音樂的天使、愛的天使等等。換言之，經由永世不斷的進化，這些高度發展的靈體淬鍊出獨一無二的技能。而你現在，正經歷著相同的過程。

你職業生涯的業力，反映出藉由自由意志的展現你如何實現職業生涯的目的。如果你努力工作、保持專注，自然會有所進步，並因這樣的作為而獲取好的業力；如果你懶惰又拖拖拉拉，或是靠謊言和欺騙而獲取成功，或是變得善妒或消極、無建設性，肯定有好些業力等著你去償還。

在所有職業生涯的失誤背後，我們要學習的課題都是一樣的：榮耀並尊重你自己與他人的神聖天賦與才能。自我鼓勵、同時也鼓勵他人展現這些上天賜予的禮物。不要成為善妒猜忌的人，因為不管是何種方式，每個人都有其天賦。在你所做的事情上追求卓越。有耐心並且堅持不懈，因為要完全地發展出你的職業潛能，得花上好多世的時間。有些人來到人世時，就像是具備了一切才能；他們肯定花上許多世的時間努力工作並奮鬥不懈，才能贏得好的職業生涯業力。儘管你可能深具才華，可別坐在勝利寶座上躊躇滿志，一山還有一山高，總是有更高的頂點等著你去攀登。

說到職業生涯的業力，活動範圍可廣了。有些人做得很成功，有些人則否；有些人從很小的時候就明確地知道未來要從事什麼，有些人則得經過多年的嘗試才會明瞭；有些人擁有十分刺激的職業，其他許多人的工作性質則是簡單又平靜；有些人在他們的職業生涯中展現出非凡的才能，其他人則並無如此出眾的表現。所有這些豐富多樣的發展，都是我們所展現出來的、充滿戲劇性的靈性力量。

了解你的職業生涯之路

在我的輔導工作中，經常遇到對自己的職業生涯充滿困惑的人。他們不確定自己是否入對了行，或者對於目前的職業感到不滿，並且希望能有所改變，又或者對於自己該從事什麼樣的職業毫無頭緒。

困惑是靈性課題所展現出來的跡象。如果你非常適合生命中注定要從事的那項工作，但是卻對自己的職業感到無歸屬感及不確定性，那麼必然有些事情干擾到你與職業之間的聯繫。感到困惑，可能有許多種原因：你不夠相信自己；該對職業生涯採取行動時，你轉移了注意力；你老是用最省事的做法，沒有盡全力去實現你的職業生涯目標；或者你就是沒有付出成功所必要的努力。你可能因為錯誤的原因選擇了一項職業，沒有去檢視這項工作是否能讓你實現自己的抱負；或是你可能面臨災難或處於逆境中，阻撓了你走上正確的道路。不論是什麼原因，結果就是導致你對於職場的不滿。

對於職業生涯感到困惑，業力是其中一大原因。剛開始從事一項職業時感到相當的不確定，這是正常的；但是當職業生涯的決定變成一項眞正的難題時，通常是一個跡象，顯示這個靈魂並未在前世完成其職業生涯的任務，因此在這一世遭受到業力的影響。

舉例來說，假設你原本注定要在商場上大放異彩。你出生於一個富裕的好家庭，具備各項成功所需的條件；然而，你並未意識到自己身處於優越的地位（一項從你自己的好業力所掙得的優勢），反而變得驕縱或怠惰，把人生都花在追求個人的歡愉享受上，從未利用你的才能或是發揮潛能，於是你在充滿挫折感的情況下結束了一生，並且深感懊悔。

業力上會怎樣呢？你得返回人世、重來一遍。你得進入輪迴以完成你本來就該當完成的職業生涯。生命必須取得平衡。但是這一次，事情就沒那麼容易了，你得面對更爲棘手的情況。如果你在前世，並未榮耀並尊重那條爲你所規劃的職業生涯之路，那麼這一世，你就得經由艱苦的奮鬥，才能達成那原訂的目標。你可能會發現自己出生於境遇不佳的家庭，成功機會渺茫，從小就必須做奴僕之類的卑微工作，沒有機會接受成功所需的教育。可能必須經過多年的奮鬥，才能喚醒靈魂去認知工作的眞正價值。

然而，即使身處於這樣的挑戰中，上天還是會給予我們機會。或許會有好人被帶進你的生命，一路走來將不斷地鼓勵你。你的努力奮鬥將讓你重新燃起那股渴望，想在自己的人生中做得更好、想去完成某些事情。等到舊的業力被燃燒殆盡，終將有一個職業的機會自動出現，你也會有機會去實現那樣的命運——那項打從一開始就是你的職業生涯。

如此這般的情節，當然有著無窮無盡的變化，然而主旨始終不變：無論以什麼方式，你都必須完成上天爲你規劃的任務。

至於那些選錯職業的靈魂呢？他們會有什麼樣的業力？這得取決於他們選錯職業的理由，但是同樣的，業力必須取得平衡。舉例來說，如果你本該成爲一位醫生，雖然機會就在那裡，你卻不知怎的走往另一個方向；那麼在另一個轉世中，你將會帶著一股沸騰般的熱切渴望想要踏入醫學這個行業，但是這一次，要實現這個目標的條件會變得更加地艱難。

如果把上述情節顚倒過來，你因爲錯誤的理由成了一位醫生，然而你本來應該要成爲一位備受推崇的生物學教授，教導年輕靈魂人體的奧祕；那麼，你終將會重返教職，同樣的，情況會比第一次要來得困難：你可能會在大城市中的貧民區，教導難管教又不領情的學生；你可能得與糾纏不清的行政當局及政府單位打交道。然而即便如此，在這些艱難的情況下，還是有機會將爲你展現，有助於使情況好轉。

你這一世的成就會延續到來世，你的失敗也是。如果你無法在這一世達到應有的成果，就得重來一次。因此，關鍵在於，如果你不喜歡自己的工作，你得做些什麼去改變，絕對不要無止境地困在一個不愉快的工作中。

如果你發現自己對職業生涯感到困惑，去面對並解決你的困惑。你的才能及渴望即使尚未顯露出來，也還是存在著：當你所執行的事的確是你職業生涯的任務時，你的渴望就會被點燃；而即使你的才能並未在第一時間點就展現出來，它還是存在於某處，你必須做的，只是去找出來而已。

約瑟夫的輪迴故事

在這個真實故事中，至高無上者闡明了職業生涯的業力互動與變化。在約瑟夫的生命之書中，我們可以看到他有一次的轉世是出生於靠近安克拉治的阿拉斯加。約瑟夫是獨子，有著慈愛的好父母。他的父親是裁縫師，雖然不算富有，尚足以支撐、照料家庭。這一世，約瑟夫展現了歌唱天賦，他的父母也很鼓勵他朝這方面發展，於是約瑟夫長大後成為優秀的男中音，加入一個巡迴各地演出的歌劇團，在美國本土四處巡迴表演。約瑟夫頗受歡迎，但還不到明星的程度。他是個穩紮穩打型的人，不會自我膨脹，終生致力於追尋職業生涯上更好的表現。

這一世，約瑟夫完成了他該當完成的目標。他遵循著音樂的道路前進，將天賦發揮得淋漓盡致，而且願意過著樸實無華的生活以追尋音樂藝術生涯，這些都是值得稱許的作為。有趣的是，其實約瑟夫對做生意也很在行，如果他選擇了另外一條更有「錢」途的職業生涯，他也會很成功；然而在他的內心，他知道音樂是他想走的路，他不願輕貶自己的天賦。

這也讓約瑟夫贏得了相當好的業力。在他的下一個轉世，這次是在二十世紀初的義大利，我們發現他出生於羅馬，是家中三個孩子裡最小的一個。他的父親是一位成功的醫生，得以為家人提供十分優渥的環境。在這一世中，約瑟夫有機會去收穫前世所掙得的好業力。他為從商所吸引，並成了一名服裝商人，不曾結婚，但生意做得很成功。時光飛逝，轉眼間，約瑟夫已成了羅馬的傑出公民之一，他仁慈寬厚，並參與許多的慈善事業。

在義大利的這一世中，約瑟夫發展出職業生涯的另一個面向。在美國的那個前世中，他是一位歌唱家，專心致力於發展歌唱才華並獻身於這項藝術創作；在義大利的這一世，他則發展自己的商業才幹。

如今，約瑟夫是一個小孩。在這次新的轉世中，他注定要再次回到音樂之路發展他的歌唱才華。但是這一次，他將在歌劇的世界舞台上發光發熱。讓我們祝福他！

天賦——好的職業生涯業力累積

孔子言：「凡事豫則立，不豫則廢。」事實是，你得花上許多個轉世的時間，才能充分發展你的職業潛能。光在單一個轉世之中，是無法發展完備的。

這就帶我們來到何謂天賦的問題。爲什麼有的靈魂來到人世，可以在某一個特定領域擁有那麼多的天賦，而其他的靈魂則無？爲什麼我們會稱某些人爲天才？科學曾試圖去標記天賦這項恩賜在大腦的精確位置，仍不得要領。天賦是一項靈性的特質，也是開發生命創意泉源的能力，來自於許多個轉世中不斷發展的結果。

我們都對莫札特的音樂天賦深感驚異，然而我們看不到的是莫札特連續多世致力於發展其音樂天賦的生命。在轉世成爲莫札特之前，他無疑已花了許多個連續不斷的轉世以培養他的音樂天賦。莫札特最偉大的成就是在成爲莫札特的這一世中，他仍然致力於運用天賦，使其得以登峰造極；這與他多次轉世以來對音樂始終保持堅持不懈的熱情一樣的偉大，更使他創作出不同凡響的音樂作品。如果他只靠著前世的成果而不再努力，他只會是音樂史上的一個註腳而已。這讓我們學到了一課：我們都注定要發展我們的天賦和技能，並且最後要讓它們得以更上層樓。

不管你的成就如何，不要滿足於現有的勝利，偉大的成就會激勵你達到更高的境界。多年前，姐姐和我旅行至路易斯安那州，因緣際會地和一位叫蘇菲亞的年長女士成爲朋友，她邀請我們去她家共進午餐。我們依約開車前往蘇菲亞給我們的地址時，卻發現來到一個紐奧良外圍最高級的住宅區。我們開上了一座富麗堂皇的宅第。因爲蘇菲亞看起來樸實無華，我們還以爲她是爲住在這房子裡的人們工作，沒想到站在大門口迎接我們的主人，竟然就是蘇菲亞！沒多久，和藹可親的蘇菲亞就告訴我們她的故事。

原來蘇菲亞出生及成長之地離這裡並不遠，是一個頗爲有錢有勢的家庭。當蘇菲亞到了適婚年齡，父母希望她能嫁給門當戶對的人，於是爲她舉辦了一場初入社交界的亮相派對；其中有一位蘇菲亞的父母特別中意的單身男子，而他們希望蘇菲亞也能喜歡他並且嫁給他。這位合格的候選人也是有錢有勢，她的父母認爲這會是一樁好姻緣。但是蘇菲亞見到這個男人後並沒有心動的感覺，對他也毫無興趣。

結果，有盞電燈剛好在那時短路了，蘇菲亞的母親便說：「就叫街上那個雜務工約翰過來修好吧。」所以，約翰就來了。而蘇菲亞看了他一眼，就跟父親說：「他就是我想嫁的人。」她的父親說：「啥？約翰？他窮到口袋裡連兩毛錢都沒有，還住在地下室。」蘇菲亞一點也不介意並且十分堅持，所以他們就被介紹給了對方。沒想到他們兩人之間竟然起了十分浪漫的化學作用，很快地就結婚了。

蘇菲亞毫不猶豫地搬進約翰地下室的住處，希望在沒有父母的幫助下也能有所成就。當時，棒球才正開始要擴張成一項全國性的休閒娛樂，約翰開了一間賣花生零嘴的小攤子，然後一個攤位變成兩個，兩個變成四個。沒多久，約翰便靠自己的努力成功致富，而蘇菲亞不但跟著變得富有，也找到了此生的至愛。

當我們在發展自己的天賦時，神聖造物主會透過我們對人類做出卓越的貢獻，像是爲世界帶來先進的發明、藝術的成就，以及新的發現。阿爾伯特·愛因斯坦就是一個眾所皆知的最好實例，一個顯然在科學領域贏得了絕佳業力的靈魂，爲至高無上者所挑選出來，以成就他所帶給世界的科學性突破。當人類是時候去接受這樣的認識與覺察時，愛因斯坦就是被選上以傳達訊息的容器。美妙之處在於，我們都會有這樣的機會，對人類做出非凡的貢獻。

一個關於非凡天賦的輪迴故事

至高無上者分享了生命之書中，著名俄國小說家費奧多爾・杜斯妥也夫斯基的輪迴故事。杜斯妥也夫斯基被認為是有史以來最偉大的小說家之一。他筆下文字雖是以俄國為題材，然其著作的影響力卻毫無國界之別，代表他的貢獻已跨入集體或世界層面的業力舞台。

杜斯妥也夫斯基出生於一八二一年的莫斯科，家中有七個小孩。他的父親是一位醫生，母親則在他十六歲時過世，從此父親變本加厲，變得更加暴虐專橫，經常是醉醺醺的、淫亂好色又殘忍惡毒。杜斯妥也夫斯基在軍中待過一段時間，養成了賭博的壞習慣，在他的有生之年都深受其害。離開軍隊後，杜斯妥也夫斯基寫了一本小說叫《窮人》（*Poor Folk*），在文學上初試啼聲即有所斬獲。當時的小說是以連載方式刊登的，每星期會印出新的一章，人們期待看到下一回合的連載小說，就如同現在人們會期待看到下一集喜愛的電視劇。

杜斯妥也夫斯基二十九歲時，因為參與社會主義青年團體的革命活動而被逮補，原本已被判處死刑，然而毫不誇張的是到了最後一分鐘，就在要行刑之前，他由死刑改判為監禁，並被放逐到西伯利亞。杜斯妥也夫斯基就此過了艱苦的四年，不但置身於生活條件最糟的環境中，身邊圍繞的全是殺人犯、強盜以及各式各樣的罪犯；然而，這段經歷讓他看到人性截然不同的一面，也帶給他未來創作的諸多靈感。

最後，杜斯妥也夫斯基終於得到沙皇特赦，來到聖彼得堡並重返文學生涯，但苦難與折磨已經在他身上留下了烙印。孩童時期潛伏的癲癇宿疾不但在此時復發，病情更加地猛烈。同時，他愈來愈沉迷於賭博，生活經常是一窮二白。然而，雖然面對這些困境，杜斯妥也夫斯基仍然沒有停止寫作。

四十五歲時，杜斯妥也夫斯基遭遇到人生的重大危機。賭博的惡習和不佳的健康狀態使他深受其害，他發現自己可能面臨的是傾家蕩產及牢獄之災——這一次是因為賭博。唯一能解套的方法，就是完成一部已在進行的小說，但是他已經拖延了許久，眼看最後期限將至，他似乎是沒辦法完成了。

就在此時，一位名叫安娜的十八歲年輕女子拯救了他。在安娜的協助下，杜斯妥也夫斯基以口述的方式，如期完成了這本小說，兩人最後更結了婚，安娜從此成為杜斯妥也夫斯基始終如一的支柱。即便杜斯妥也夫斯基是最難相處、脾氣最壞的人，安娜總是看到他好的一面；雖然杜斯妥也夫斯基有賭博、不忠等毛病，老是惹麻煩，安娜也總是無條件地在身旁支持著他。在他們結婚後，杜斯妥也夫斯基完成了好些小說，是他對世界文壇最重要的貢獻，包括《罪與罰》（*Crime and Punishment*）、《白癡》（*The Idiot*）、《附魔者》（*The Possessed*）、《卡拉馬助夫兄弟們》（*The Brothers Karamazov*）。可以說如果沒有安娜，就沒有杜斯妥也夫斯基這樣偉大的文學藝術家。杜斯妥也夫斯基於六十歲辭世，留給後人在文學、藝術及哲學上深遠的影響。

所以，為何杜斯妥也夫斯基的業力紀錄表可以讓他創造出如此不朽的藝術作品？我們在這裡將聚焦於他生命中的職業生涯及天賦才華的方面，而非其他錯綜複雜的部分。

雖然杜斯妥也夫斯基有許多不怎麼討人喜愛的特質，他仍然是一個在靈性上有著高度發展的靈魂。然而，他為某些負面循環的惡習所縛，險些使他錯失了人生目標。幸運的是有人幫助他，而且雖然有著重重的阻礙，當然其中有很多是自找的，但是大致上，杜斯妥也夫斯基仍然設法完成了他的人生目標，儘管也因此產生了某些必得在來世再解決的新業力。

杜斯妥也夫斯基是神聖造物主所遴選出來、致力於文學藝術水準的提升，並讓人類社會得以對人性本質有更為成熟深刻的理解。他對於人性黑暗面的強調，按理應與對於人性善良面更為成熟的理解加以調和；雖然這一點未臻完善，杜斯妥也夫斯基仍然設法完成了他應該發揮的影響力。

檢視杜斯妥也夫斯基的前世，我們會在中世紀的英格蘭發現他，當時他是英格蘭的國王。在那段艱困的時期，他是個好國王，帶領人民共體時艱。當時各國正與英格蘭開戰，他竭盡全力止息紛爭，最後終於成功地實現了和平。他結了婚，婚姻幸福美滿。有趣的是，在那一世，即便並未刻意為之，他仍展現出相當的文學技巧。杜斯妥也夫斯基在那一世累積了許多好業力，是一個良好的共業之例，這樣的領導者業力，給予他達成藝術成就領域所需的業力力量。

在誕生為杜斯妥也夫斯基之前，他還經歷過兩次轉世。他曾出生於德國，也是一位作家，雖然並不是很成功；這並非由於他缺乏寫作天賦，而是因為他所寫的故事並未迎合大眾的興趣。當時流行的是愛情小說，而他寫的多半是較為錯綜複雜的冒險故事。這些經過精心編寫的故事，最終亦讓他小有成就。然而，在他生命將盡時，他感到心願未了，有一股熱切的渴望想去完成更多的事。這一世給他的是驅使他達到成功目的的雄心壯志，也是他之後會需要的一項動力。

除了這一世外，他還花了三次轉世的時間，以發展出作家所需的寫作技巧。稍早較受矚目的一次轉世是在義大利，當時杜斯妥也夫斯基是一位極成功的詩人。

總而言之，我們由此可知，培養天賦才華、技巧才幹，以及累積好的業力，都需花上數世的時間，才能成就出這一世的費奧多爾．杜斯妥也夫斯基。

濫用職業生涯的優勢

假藉職業之名行惡的人，會發生什麼事呢？人與人之間存在良性競爭是件好事，因為良性競爭會激發出我們最傑出的潛能；然而有太多誤入歧途的靈魂，說謊、欺騙、偷竊或濫用工作職權，他們會有什麼樣的業力呢？而那些晉升高位的靈魂，利用他們的影響及權力助長其貪婪的野心，並且涉入像是發戰爭財這樣的作爲之中，又會產生什麼樣的業力呢？

如果你在職場上的成功是靠著說謊或欺騙得來的，那麼你得償還自己所踏錯的每一步——尤其當你否定了某人、拒絕給予他應該擁有的事物。這些人不了解，他們不能拿取不屬於自己、不勞而獲的事物。沒錯，他們可能在短時間內抓住了機會，但是等時機過去之後，他們將必須回到原點，更正自己犯下的錯誤。

在某些極端的例子中，有些靈魂爲了個人的利益，寧願讓別人受苦或甚至死亡，毫無疑問，他們必得付出極重的業力代價。讓我們先把經由這樣的作爲而產生極大的個人業力放到一旁，聚焦在職業生涯的業力上。得以擔任公司總裁的靈魂，是因爲好的業力才掙得這樣的職位，必須花上好幾世的時間才能培養出作爲商場領導者的天賦。然而，這樣的靈魂也可能會被該職位所賦予的權力所引誘，貪婪遂隨之而來。

這些靈魂得花上好幾世的時間去認知自己的錯誤，並將貪婪的渴望燃燒殆盡。他們可能得在血汗工廠賺取一天十二分錢的微薄薪資，或是面對饑餓及最糟的生活條件。機會不會那麼簡單地出現在他們面前，他們得重新來過。他們的職業生涯注定該走的道路仍然在前方等著他們，但是這段旅程會被延遲而且更爲艱辛，因爲其間終究會有不可避免的故態復萌或是背道而馳的情況發生；一直要到這些靈魂終於覺醒，才會重回正途，走上一直爲他們規劃好的神聖道路。

那麼，如果你只是沒能實現你的職業生涯該走的路呢？當你沒有完成職業生涯目的、沒有發揮你的天賦才能時，會發生什麼事？沒錯，你還是得重返人世，完成你的工作。

茱蒂斯的輪迴故事

讓我們用這個來自茱蒂斯生命之書的真實輪迴故事，看看當某人未能實現她的職業生涯潛能時，會發生什麼事。茱蒂斯出生於十九世紀初，一個緊臨義大利佛羅倫斯外圍的小鎮上。她有一個好家庭，父親是一位成功的建築師，三個哥哥也十分寵愛她。

茱蒂斯是個漂亮的女孩，個性外向而風趣。她從小就展現了對於音樂及歌唱的非凡天賦，家人也都認可她的天賦，並且鼓勵她朝這方面發展，因此她接受了最好的教育，並且上音樂學校學習聲樂。茱蒂斯成為優秀的女高音，開始在歌劇界的職業生涯，前景十分看好。

當茱蒂斯三十一歲時，得了一種呼吸道疾病，嚴重到必須停止歌唱工作。她生了五年的病，大部分時間都得臥床休養。

當茱蒂斯三十六歲時，病情終於好轉，於是她的家人、朋友、同僚都敦促她回到歌劇界，繼續歌唱事業。遺憾的是，受到這場病的打擊，茱蒂斯深感氣餒，決定不再追尋歌唱事業了。其實，重返歌唱之路、享受成功的果實尚不嫌晚，只是茱蒂斯已經無心於其上；這無關乎自尊心，茱蒂斯只是覺得自己被打敗了。因此，與其繼續歌唱生涯，茱蒂斯選擇進入婚姻。她嫁給一個很好的人，讓她衣食無虞，什麼都不缺。雖然丈夫也力勸她重拾歌唱事業，但茱蒂斯從此再也沒進行過職業性的演出。

茱蒂斯五十多歲時得了肺炎，臨終前，她終於明白自己犯下的錯誤。她意識到自己就這樣讓人生的挑戰給擊敗了，並對於沒能再回到歌唱生涯感到十分懊悔；她也領悟到，人生總是會有艱困難熬的時刻，但應該做的是繼續往前走，而不是就此放棄。於是，茱蒂斯帶著深深的悔恨以及一股想再回到歌唱生涯的強烈渴望，結束了這一世。

在下一次的轉世中，茱蒂斯將面臨怎樣的人生呢？她會得到什麼樣的業力？當我們翻開她的生命之書時，會發現她出生在二十世紀初的巴黎，這一次的轉世她仍然生為女人，有著窮困的父母以及一個哥哥，家人雖然相親相愛，但是經濟十分拮据。茱蒂斯的父親是個機械工，賺不了多少錢。

茱蒂斯對於歌唱與舞蹈有股與生俱來的熱忱，她的天賦頗佳，但仍不及前一世的程度。這告訴了我們關於天賦相當重要的一課：你必須去培養並發揮你的才華及天賦，否則它們將會逐漸黯然失色。這一點也是我們從茱蒂斯身上所看到的。在這次的轉世中，她不僅必須重建自己的藝術生涯，還必須注入更多的精力，因為她有部分的天賦已因久未使用而消失了。

使茱蒂斯得到救贖的關鍵是她的決心。雖然她對於前世的過往並無任何記憶，然而在潛意識的某處，她仍記得自己曾經失去的機會，並且下定決心不論如何絕對不會再重蹈覆轍。

她的父母十分支持她的決定，並且設法湊足了錢，讓她能去上歌唱與舞蹈的課。最後，茱蒂斯終於成為巴黎各俱樂部廣受歡迎的歌手，過著波西米亞般不受羈絆的生活，但仍聰明到不讓自己沉溺放縱於這種生活方式。

隨著用心與努力，茱蒂斯逐步重建她的事業與天賦。她沒有結婚，以歌唱表演聞名於巴黎，並對自己的生活感到很快樂、很滿意；在業力上，她已經償還了前世所欠的業債。這一世的茱蒂斯活到六十二歲，直到被一名瘋狂的愛慕者射殺身亡。

關於靈魂聽從了命運的召喚，並且令人欽佩地克服了萬般的艱難，茱蒂斯的故事就是一個實例。茱蒂斯目前正位於彼岸，完全地實現這方面的職業生涯是她的使命，而她在來世中，更將成為一名享譽全球的歌劇演唱家。

愛你所從事的工作

有時說到職業時，你會發現自己置身於幾乎沒什麼選擇的處境。雖然你已盡最大努力去超越，然而情勢似乎仍然讓你陷於充滿挑戰及困難的境況。這樣的業力是怎樣的情況，又該如何解決呢？如果你生來窮困且幾乎沒什麼工作機會，會發生什麼事？如果你爲了得工作賺錢而必須輟學呢？如果你生於一個能有工作就該萬分慶幸的地方呢？在這些境況下，你該如何實現、發揮你的職業潛能？是否這些境況下仍然有著希望存在，還是你就得困在「平靜的絕望」中過日子，幾乎什麼也無法完成？

如果你發現自己的境況是由於某些超乎你所能控制的原因，使得你在工作上沒有進步的機會，同時你也已竭盡各種努力去達成目標，那麼在這種情況下，你已然形成了正面的業力。你的機會將會在某個時間點上，帶著萬全的準備來到你面前。我們都曾經歷過這些類型的人生，而它們所呈現的經驗，正是我們成長過程的一部分。

既然養成完整的職業潛能要花上不止一世的時間，顯而易見的，你也會發現自己不止一次地在做簡單的例行事務性工作，我稱之爲「強尼新手的便當盒」（lunch-box-Johnny）工作。然而，這也是部分的你所需要的職業發展。在這些情況下，你不但得到經驗，也會學到重要的一課：你如何成功地處理這樣的情況，就成了成功的關鍵所在。

東印度人極爲重視誠信、正直的行爲，因此他們設計了一套完整的訓練，稱之爲「業瑜珈」——正確行爲的法則，就是被稱爲「維雅達之歌」（Vyadha-Gita）或「屠夫之歌」（The Song of the Butcher）中的美妙論述：一位想尋找生命解答的僧侶，從一位本地屠夫身上得到了偉大的智慧。傾聽完這位屠夫的大智慧後，這位苦行僧問道：「你有著如斯美妙的智慧，爲什麼仍然從事這樣不潔的職業呢？」

這位屠夫回答：「我的孩子啊，生命中沒有什麼是骯髒不潔的，也沒有什麼責任是不潔淨或卑微低下的，這些都取決於我們的心態。上天把我放在這個位置，我設法忠實且無牽掛地盡我的責任；我已獲得的一切，皆由此而來。」

我們的工作態度極為重要。誠然，我們每個人都有注定要走的職業生涯，也要為未來做好計畫，但是我們仍必須活在當下。沒有什麼工作是極低微或卑賤的，我們都有自己要扮演的角色。如同班傑明．富蘭克林所言：「別將你的生命浪費在疑惑和恐懼上，而應該放在眼前的工作上。清楚地確保這一個小時的職責有著恰如其分的表現，就是為接下的數小時或更長的時間作好準備。」

我們有當泥水匠的時候，也有當建築師的時候，然而要蓋好一棟堅固的建築，泥水匠和建築師都必須做好他們的工作。即使你現在所做的事並非你理想中的工作，還是要將心思放在上頭；你成功的關鍵，端視於你是否能夠完善地執行手邊的任務。

有時候你得先嘗試過許多工作，才能找到對的那一個。有個故事是這麼說的：有個男人幾乎每種工作都嘗試過了，但每一次都不成功，幸運的是，他有一個深愛他並且相信他的妻子。有一天，他的妻子看到一則廣告，是為一齣即將開始製作的新戲徵求試鏡演員，認為他應該去試試。既然其他的工作都不成功，或許他有當演員的運氣也不一定。於是這個男人就去試鏡了。由於他的年紀比其他演員都來得大，而且他連一份履歷表都沒帶（因為他沒有履歷表！），所以選角的導演根本沒把他當一回事。然而故事說到最後，結果這個男人得到了那個角色，並且展開了成功的演藝事業。

失敗並不總是意味著你做不好，而是代表著你所在之處並非是你應該要在的位置。在我們的生命中，我們會去做很多的事情，有些成功，有些不那麼成功，然而不管我們做過什麼職業，都必須讓自己的情感和理智保持開放，以接受我們注定的歸屬。失敗會鞭策我們前進。

事實上，雖然今日的世界充滿了挑戰，然而在你的職業生涯上，可以發展的機會卻比以往更多。這些機會將繼續地成長、增加。不久之前，女人還不能出外工作；而現在的女人已經可以接受比以往更多的教育，同時也更為成功。曾經在某個時期，相對於其他種族，某些特定的種族擁有理所當然的職業優勢，而我們現在正走出那段時期。今日，我們看到全世界有許多國家對於自身的經濟潛能已有所覺醒，這些全都是神聖造物主為人類所規劃的一部分。

檢視你的職業生涯業力

- 你是否一直都知道自己想從事什麼樣的職業，還是這個部分對你來說一直都有困難？
- 你對自己的工作感到快樂嗎？
- 你有過得以發展技能以及接受教育的機會嗎？
- 你是否明白自己的職業生涯？如果是的話，你明白自己該採取什麼步驟以實現你的職業生涯目標嗎？
- 你跟老闆、同事及工作夥伴相處融洽，或是有著工作上的磨擦？
- 你對工作的態度是什麼？

7
靈魂的業力

生命最偉大的奧祕之一，就是去了解「我們是誰」以及「我們是什麼」的眞正本質。如同莎士比亞所言：「人，是多麼偉大的傑作！」哲學家、心理學家、神學家、人類學家、歷史學家、以及行爲科學家皆深入探討過人類心靈；藝術家則藉由藝術，反映人類經驗的各種面向。我們從許多角度去檢視人類的本質，然而最終的眞理仍然無解。

當你在解自己的謎題時，也正是在解生命本身的謎題。身爲神聖造物主的兒女，你內在蘊含的生命具有的本質，會藉由你的經驗逐漸顯現出來。你所展現的特質及個性，源自於你與生俱來的本質，以及你在靈性朝聖之旅中累積而來的個人業力。靈魂業力是你過去作爲的結果，把你帶到當下這一世；而在靈魂發展的過程中，最能清楚地看出自由意志的展現。

每個人的本質中，都有某些特定的部分比之其他部分，發展得更爲顯著。你可能善良仁慈，但是過於消極被動；另一個人可能很外向直率，但容易傷害別人的感情。這些矛盾的特性，都是我們正進行發展之靈魂的一部分。你得不斷地輪迴，直到能夠嫻熟地掌握這些課題爲止。舉例來說，如果你的課題是耐心，你就得輪迴到自己學會這個課題爲止；然而在此同時，你必然會因爲缺乏耐心而犯下錯誤，無可避免地因而產生業力。

幸運的是，你總是會被賦予所需之工具以修復、掌控你的缺點，這就是爲什麼去了解自己的長處所在是那麼地重要。大部分人的正面特質都會多於負面特質，只是有時候會讓負面特質占上風，特別是在我們情緒失控的時候。

你會發現自己的缺點在某些情況下會被激發出來，優點也是一樣。感謝有這些情況的存在，使你能顯露出自己眞正的個性，尤其是缺點或過失。當某些人事物使你顯露出自身的缺點時，其實是件好事，因爲如此一來，你就能看到那個缺點，並且從那個地方開始改進。

靈魂的特質

你是至爲重要的一個靈魂。靈魂是生命的火花，也是上帝的火花。你的靈魂永世不朽，永遠不會消逝。靈魂並非是一張白紙，而是有著與生俱來的特徵，亦即優缺點。最重要的是，你本質中最主要的特點即由此而來。

在靈魂發展的過程中，有許多影響會給靈魂留下深刻的印記，目的是爲了幫助靈魂激發出本身的完整力量。而在這過程中，這些影響會帶來它們所屬的優缺點，取決於你是否能夠學好它們所呈現出來的課題。你的靈魂特點結合這些不同的影響，遂創造出豐富多變的個性。你的確是擁有多種面向的生命，這些面向與你的靈魂業力緊密交織在一起。所以在檢視靈魂的業力如何運作之前，讓我們先來看看某些作用在靈魂身上的影響力。

然而，不管作用於靈魂的影響力爲何，在發展你的性格時，自由意志是凌駕於一切之上的主要力量。正如你不會一直陷入一個一成不變的氣場中，同樣的，你也不會一直困在一個你認爲較不令人滿意的靈魂特質中；你會一直去加強、發展本質中較弱的部分。同時，你必須確保自己能夠誠實以對自己的本質，不試圖去成爲某個不是你的人。

這裡有幾個生命中極爲關鍵的靈性影響力，會影響你性格的建立，也會影響你的靈魂業力，端視你如何與這些影響力互動；它們有時會讓你更好，有時則否。然而這些影響力的最終目的，都是要帶出你最崇高、最高貴的品質。這些影響力包括：

- 靈性品質
- 氣質
- 動力／磁性的兩極
- 環境（人與事的影響）
- 遺傳基因
- 教養
- 行星的影響

靈性品質

根據宇宙哲學的教導，我們每個人在天界都有一個相對應的部分，稱之爲「神聖靈性」，而「神聖靈性」的工作，就是要培養、幫助靈魂的發展，不斷地鼓勵靈魂去追求更偉大的靈性高峰。

氣質

我們或許都來自同一個上天，但是每個人的氣質顯然並不盡相同。按我們的本質來看，有些人比較外向，有些人較富有藝術天賦，有的人則比較有分析能力，諸如此類。有一項關於氣質的靈性研究十分引人入勝，研究內容雖然廣泛，但有關性格的基本論述是，靈性的氣質有七項。這七項氣質是上天的特質，用以帶出你靈魂中與生俱來的品質。當你在發展這些氣質時，也相對地增強了你的個性。你理當發展出所有七項氣質，然而其中有一項會成爲你最主要的氣質。

當你出生時，你的靈魂會帶來特定的一項氣質，是你在這一世應當要發展的，而代表這些氣質的特定靈性能量則會一輩子跟隨著你。沒有哪一項氣質比另一項更好，所有的氣質都具備其自身特有的屬性，這也反映出極爲重要的一點：你必須尊重人與人之間的差異，因爲每個人都同樣地神聖，對於多樣化所產生的差異性應該要加以尊重。這一點，應用在你的孩子身上則是再正確不過了。父母有其與生俱來的特定氣質能量之光，但不代表孩子也會帶來相同的氣質能量之光；父母有責任盡其所能地將孩子扶養長大，但也應尊重孩子獨特的個性，幫助他們激發出自己的特殊天賦，而不該試圖把他們套進父母所鑄造的同一個模子裡。

動力／磁性的兩極

性別也會表現出特定的本質。我們偉大試煉的其中之一，就只是去了解異性的心理。儘管靈魂本身是雌雄同體，但你會轉世爲某一性別，以體驗那靈性的磁極引力。男性會帶來特定的動力特質，女性也會帶來特定的磁性特質；你應該要去平衡這兩股力量，然而這亦視你的性別而定，有一股力量會居於主導地位。這是神聖造物主爲了讓你學習到特定課題而作出的規劃。

氣場的特質會經由我們所稱的「主光」（primary ray）顯現出來。終其一生，你的主光是固定不變的。男性的主光通常是金色的，代表著與生俱來的動力本質；女性的主光通常是粉紅色的，代表著與生俱來的磁性本質。有時候，不論男性或女性都可能會有一種藍色的主光，是一種調合的能量，有助於動力/磁性的展現。最重要的是，要榮耀並尊重男性/女性相等的兩極；當這些能量不平衡時，就可能會對我們的生命造成相當的混亂與災難。

環境（人與事的影響）

環境無疑最能塑造你的性格，不論好壞。藉由環境的影響，我指的不僅是大自然的環境，也包括了你周遭的人事物：你周圍的整體環境，不論你是經歷過不幸的悲劇、亦或遭遇千載難逢的大好機會，你的性格都會受到這些經驗的影響。

遺傳基因

眾所皆知，遺傳基因界定了我們肉體上的屬性，譬如身高、體型、外表、髮色及眼睛的顏色、性別等等。然而，科學到現在才明瞭的是，個性亦會爲遺傳基因所影響。這是因爲身體的生理機能中有著特定質量的表現，是基於你前世對待身體的方式而形成的，亦爲部分的肉體業力。當你經歷轉世的生命時，不論擁有怎樣的遺傳特徵，都應該去發展並改善它們。

教養

我們都知道教養的重要性。家庭以及童年時期對你所產生的影響，必然會帶入你的成年時期。

教養的關鍵在於，年幼的你是極容易受影響的，當時你尚未擁有成人才會形成的防衛機制，你的意識是開放的，因此無論人事物，都能讓你留下深刻的印象，並且影響你的行爲。在孩童時期，你需要有這種開放性，才能去接收、處理所有生命中所需運作的資訊；然而也由於這種開放性，你將會呈現出許多來自父母及周遭人們的特性，行爲模式也會就此固定下來，成爲你的人格特質及性格的主要促成因素。

行星的影響

以今日的思維來說，我們很難不去想到行星之於我們的靈魂及性格的影響，這要歸因於占星術和星象算命的迷信。在古老的年代，天文學和占星術被認爲是多少有些相同的研究；而古希臘哲學家及數學家畢達哥拉斯，則將行星及恆星的研究囊括爲其部分的宇宙哲學之訓練，連同數學及音樂。

從宇宙哲學的觀點來看，在我們的太陽系中，太陽及所有的行星都在我們的生命及進化過程裡扮演重要角色，因此對我們靈魂的發展亦有所影響。正如我們必須把地球看作一個生物體，我們也必須把太陽系視爲一個生物體；我們不僅是地球之子，也是那個由行星所組成的太陽系之子，處於它的管轄範圍內。

每一個行星都有自己的靈性屬性，影響著地球上的我們。進入肉體生命的靈魂與某個特定行星有所感應共鳴時，這樣的感應共鳴就會在肉體出生之時，給這個靈魂留下深刻的印記，也讓靈魂的經驗增加了另一個面向。就像我們生命中各方面的表現一樣，自由意志亦會爲我們決定如何去利用行星的影響力。

靈魂業力如何運作

在檢視靈魂業力的動態運作時，我們要了解，並非我們本質的每個面向都跟業力有關。如前所述，靈魂有自己與生俱來的特質。帶來一項僅需加以發展的靈魂特質，與帶來一項因我們自己的惡習、濫用、輕忽而造成的性格缺失，兩者並不相同。

正如其他類型的業力，靈魂業力也常需經過許多次的轉世才能解決。比方說，你有一項課題是要學習寬容，你的任務就是去尊重並師法他人——那些跟你不一樣的人，或是那些想法與做法都跟你大相逕庭的人。這項課題屬於你靈魂成長的一部分，與業力的情況並無相關。

同時，因爲寬容是你部分的生命課題，因此你將會置身某些特定的情境，爲的就是考驗你的寬容之心。遺憾的是，你可能會失敗而未能通過這項測試。與其接受別人原本的模樣，你可能會繼續用自己既定的想法，試圖強加於他人身上；你不但會因此產生好些靈魂業力，甚至還會產生許多人際關係業力，是因你心胸偏狹而苛刻待人的必然結果。而在某個來世中，你的靈魂將會帶著一種對他人不寬容的態度前來，你會變得更爲偏執，而不是變得更爲柔軟、學會如何去適應他人。

你會帶著這個性格上的缺陷，直到能夠加強並掌控它爲止；然而此與同時，你也會無可避免地產生業力。你愈快修復自己性格上的缺點，自然就能愈快扭轉你的劣勢，否則，你將會發現自己處於艱難的境況下，直到終於醒悟爲止。畢竟到最後，光明終會爲我們所有人而到來。

要知道性格上的缺點是從前世帶來的、還是自由意志的展現，並不總是那麼容易。一般來說，愈難改變的缺點，業力的根源就扎得愈深。然而無論是哪一種情況，你的課題就是在發現這些缺點時，努力地去改變它們；如果你不這麼做，這些缺點會以更強硬、更激烈的方式回來找你，屆時，你將更難去改變、處理它們。

對某些事物上癮，就是將前世的惡習帶到這一世最明顯的例子。如果你在前世曾經酗酒，而且並未解決這個酒精成癮的問題，那麼你可能會把這個惡習帶到來世；恐懼的特徵和恐懼症等，也是一樣。如果你前世曾在划船的意外事故中溺斃，那麼來世你可能會對水有著莫名的恐懼；又或者你前世曾從高處墜落而死，那麼這一世你可能會罹患眩暈的病症。

來自多次轉世的各式各樣廣泛經驗，形塑了你的性格。如果你曾經有一世是過著隱居生活，你可能會失去某些溝通的技巧，因此必須在另一次的轉世中重新培養這些技巧。有時候，我們會暫時將正面特質埋藏起來。如果你原本個性直率外向，後來卻變得憂慮畏縮，那麼你將會在另一次的轉世中克服這個問題，重拾原來外向的本質。

在發展你的性格時，你需要的是有變化的動力。有些人終其一生幾乎不曾做過任何改變，不論好壞。說實話，這並不是好事，因爲這代表著停滯不動。生命是充滿動態的，你會希望生命的花朵盛開。發展性格實非易事，因爲如果有那麼簡單，我們早就都成了聖人。每一個自我發展的機會，都值得好好地把握。

瑪麗的輪迴故事

從生命之書的輪迴故事中，我們可以看到深受前世影響的性格特質，是如何呈現出更好或是更糟的行為。瑪麗出生在法國一個富裕的家庭，有一個兄弟和一個姐妹。她是個長得不錯、友善溫和的人，但總是帶著一種憂鬱的情緒；雖然沒有任何明顯的原因使她悲傷，但這股情緒似乎主宰了她的生命。瑪麗的夢想是成為一名時尚設計師，她也有這方面的天分和機會，但是卻缺乏一股積極的動力。她努力地完成學業並打算開始她的職業生涯，但是在這個競爭激烈異常的領域中，她卻讓自己的憂傷阻礙了自由意志的發展，這即足以將成功拒於門外了。

時光荏苒，瑪麗遇到一個非常愛她的男人。她過去也不乏追求者，只是戀情都很短暫，對方往往因她那種毫無生氣的個性而無法繼續交往下去。但是這個男人不一樣，雖然瑪麗告訴自己，她並不愛他，但是內心深處她的確是愛著他的。他追求瑪麗好一段時間，但瑪麗一直把他推開，說自己對婚姻不感興趣，所以到最後，這個男人終於放棄了。

失去這個男人，瑪麗就失去了此生的至愛，因為她原本注定要嫁的這個人，是她的「生命織錦」中的一部分。這個經驗嚇醒了瑪麗，她開始逐漸明白，自己那陰鬱孤僻的習性正在毀掉她的人生，她必須有所改變。瑪麗也意識到自己有多愛那個男人，因此試圖挽回他的心，但是在此同時，他已經娶了另一個女人。瑪麗已然失去了跟他在一起的機會。

瑪麗也設法重新展開她的職業生涯，發現這並不容易，因為她最好的時機已經不再，大部分的機會都已經從她身邊溜走了。瑪麗努力追上她落後的工作進度，試著去達成她的人生目的。瑪麗的領悟觸發了一種靈性的覺醒，她開始重新找回真正的自己，也開始發現自己內心的喜悅。她明白到生命是多麼的珍貴，覺得自己像是從一個漫長的夢中醒來，開始尋求內在的靈性以及對奧妙生命的理解。在這個轉世中，瑪麗解決了若干舊的靈魂業力，但是花了比預期更久的時間才使自己醒悟，因此她的人生目的還沒有全然地達成：她沒能達到自己能力所及、理應完成的任務。誠然，瑪麗努力過著醒悟後的人生，她仍然得在來世彌補自己這一世尚未完成之事。

在這個故事中，我們可以看到一個人的性格特質，是如何對整個人生的過程造成影響。並非每個性格特質都是直接由業力造成的結果，但有許多是這樣沒錯，就像這個例子。瑪麗大可早點掙脫自己憂鬱沮喪的心境，那是在她所能掌控的範圍之內，也是她的自由意志，然而她並未行使那樣的自由意志。好在瑪麗結束這一世的人生時，是帶著一股想要做得更好的決心，這將對她下次的轉世有很大的助益。

要找出使瑪麗感到憂鬱沮喪的業力根源，我們可以打開生命之書，看看她更早的轉世，那是在十七世紀的德國，當時瑪麗是一位名叫漢斯的男性，出生於一個信仰虔誠的家庭。漢斯的父親是一位牧師，將他的會眾經營得有聲有色。漢斯是四個小孩之一，屬於安靜的那一型。當時的時局艱困，漢斯的家庭也面對著許多挑戰。

漢斯長大後成為一名會計人員，但他並沒有努力於工作上的精進，僅是勉強混口飯吃。他深深地愛上一個心地極為善良的女子，並且與她結了婚；之後，當她在一場馬車的意外事故中喪生時，漢斯哀慟到幾乎要瘋了，他無法成眠且筋疲力竭，這使得他後來上班總是遲到，最後終於丟了工作。雖然他找到另一個工作，但並不是很理想，使得他的生活變成了一場無盡的掙扎，更使得他對生命失去了熱情。日子一天天過去了，漢斯逐漸養成陰鬱、乖僻的言行舉止，以及失敗者的生活態度。他的朋友們試著幫他打破這種心態，但他頑固地不肯聽勸。所以，漢斯從來沒真正去解決他的問題，而是帶著他的悲傷，無聲無息地結束了一生。

眞的我請站出來

如果把你到目前爲止的所有轉世中，曾經經歷過的人格全部排成一列，你可能會問：「哪一個才是眞正的我？他們全都是？還是全都不是？」

在你所有的轉世中，不論你經歷過什麼類型的人格與形體，你的靈魂本身是始終如一的，宇宙哲學稱這個本體爲「個人自我」（Individuality Ego）。當你轉世時，你的靈魂戴上一個角色或面具，變成你在那個轉世中要扮演的人物。這是你獲取靈魂經驗的方式，而宇宙哲學稱這個角色爲

「人格自我」（personality ego）。

當你轉世時，在大多數情況下，你的本體以及人格自我會遺忘有一個不朽的你存在。在你所經歷的那一世中，你所認同的是那個人格自我，即使那並不是眞正的你。你經歷了開悟之前的數百個轉世，也戴上過無數個不同的面具，那是你靈性成長必要的一部分。而當你終於開悟時，你的一大任務就是去揭開那層人格的面紗，觸及那個一直伴隨著你的不朽本體。

所以當你經歷轉世生命的各種不同經驗時，切記一直有一個更偉大的你，在激勵各個轉世中的你不斷向前及向上發展。盡你所能，別把困難及挑戰放在心上；同樣地，也別太過於認同或是沉溺於自己所獲取的成功。所有這些經驗不論好壞，都是旅程的一部分，目的則是爲了達到不朽的你。

檢視你的靈魂業力

- 你的性格中，最明顯的優點和缺點是哪些？
- 你在心智及情感方面，給自己的評價如何？
- 你小的時候是什麼類型的人？長大之後，你認為自己有什麼轉變？
- 你最喜歡自己哪一點？最不喜歡哪一點？
- 你有任何難以擺脫的惡習嗎？

8

身體的業力

我們的身體是一項驚人的創作，由上萬億極爲井然有序的細胞聚集在一起工作，形成我們稱之爲「人體」的非凡生物體。當我們的靈魂來到人世間時，首要之務就是去學習如何運用這個奇妙的形體。

所有的人類形體，在物質特性及特徵上都有顯著的多樣性。有些人很矮，有些人很高；有些人修長苗條，有些人高大壯碩；有些人有著非比尋常的吸引力，其他人則無。我們的皮膚、頭髮及眼睛的顏色皆有不同，諸如此類的例子不勝枚舉。而我們把這樣的外貌，歸因於遺傳及運氣。

然而從業力上來說，你會擁有什麼樣的身體，並不是一個隨意的決定，端視你是否悉心照顧自己的身體、以及你是否尊重別人的身體而定，這就是所謂的「身體業力」。正如藝術家、詩人及作家弗蘭克・吉列・伯吉斯（Frank Gillette Burgess）所言：「我們的身體頗適於作爲我們的自傳。」

你不等於你的身體，「棲息」於你身體之中的，是你的靈魂。你的身體只是在你的物質生命中，扮演一個表達的工具。藉由你的身體，你得以學習到許多物質意識的課題。在你整個進化過程中，曾經轉世於各種類型的身體，男女皆有；你擁有什麼樣的身體，會影響你將擁有什麼樣的經驗。舉例來說，如果你被認爲外貌極爲出眾，那麼你的經驗跟長得不那麼具吸引力的經驗相比，可能就會截然不同；如果你長得很高，跟長得很矮的經驗相比，可能也會不盡相同。

你的身體並非爲你所有，你不過是個這個形體的管理人，承擔著是否妥善照顧它的責任。如果你能好好地照顧它，來世就會獲得愈來愈好的身體；如果你不尊重它，你將會付出代價，學習到它是多麼的珍貴。對別人的身體來說也是一樣，如果你虐待別人的身體，你便得承擔跟濫用自己身體一樣的責任。

贏得好的身體業力

佛陀教導我們：「保持身體健康是我們的責任……否則，我們將無法保持心智的強健及清明。」如果你想要贏得好的身體業力，就必須照顧好你棲息的這個身體，就是這麼簡單。你的身體現在處於什麼樣的狀況並沒有關係，只要盡你所能去照顧它，將來你就能建立自己理想的形體；其他的部分，就交給上天。如果你已經有幸得到一副出色的軀體，表示你已付出了相當的努力，那麼你的工作就是繼續把身體照顧好，使它更臻完善。

照顧你的身體包括要有適當的營養、運動和休息。如果你因爲濫用藥物、抽菸、酗酒、性行爲、工作過量而濫用身體，耗盡身體裡的靈性庫存，那麼你來世的下一個身體，可能就沒這一世那麼好，因爲你得爲任何一種的身體自虐付出代價。除了身體的基本照護之外，滿足身體的靈性所需也很重要。保持正面的想法及感受，以靈性能量供給你的身體，因爲這樣的神聖養分比飲食來得更爲不可或缺。

當你這樣照顧身體時，便純化了這個物質形體的所有原子，同時亦賦予你的靈魂更爲豐富的展現。身體與靈魂好比鋼琴與鋼琴家，不管鋼琴師有多棒，如果鋼琴壞了，鋼琴師便無法完全表達他或她的藝術內涵；如果我們的身體不是處於最佳狀態，就無法對靈性的刺激有著原本應有的反應。

雖然我們應榮耀並尊重身體，但要小心別去崇拜這個物質的「形體」。有些人「太」過於關注他們的身體，他們所犯的錯誤是將身體的重要性置於靈魂之前，然而這並非身體存在的目的，身體應是作爲「服侍」靈魂之用。

爲了作爲你部分的學習經驗，你可能會被故意給予某些特定的身體，目的就是要看你如何處理它們所呈現的課題。你可能會被給予一個強壯或是漂亮的形體，看你是否會尊重這個形體，還是視其爲理所當然並濫用；你可能會被給予一個比較不那麼強健的形體，看你是否會對那些外表上沒那麼幸運的人們產生同情心。在你的進化過程中，你會經歷幾乎每一種類型的形體，讓你得以接受到全面而豐富的靈性教育。

你會一直被考驗，以觀察你是否能榮耀你的身體。就說你過的是出家的生活好了，如果你仍然能夠妥善地照料自己的身體，即便這身體不是最美麗、也不是最強健的，那麼在下一世，由於你所形成的好業力，極可能會使你生於一個更好的形體之中。現在，考驗來了，你會如何處理這個更好的形體？有些人會繼續尊重這個形體，繼續建立它的力量，絕美之人就是這樣來的；這樣的美，是歷經數個轉世中對身體的良好照顧而掙得的。有些人則對於得到這樣的形體所付出的努力不復記憶，視自己健全的體格爲理所當然，因此濫用、放縱他們的身體。剛開始似乎不用付出任何代價，但那是遲早的事，不是在這一世，就是在下一世，這些人必須從起點開始重建他們的形體。

一個身體業力的輪迴故事

來自生命之書的這個故事，帶我們來到十九世紀的中國。愛琳出生在一個繼承了許多財產的富裕家庭，她有兩個兄弟和兩個姐妹。愛琳是個好人，也嫁了一個好男人，並且生了一個兒子。愛琳生來身體強健又漂亮，她很懂得自我享受，並且到世界各地去旅遊。雖然愛琳並沒有工作，但是她很懂得理財，也樂於幫助他人。在這一世，愛琳的缺點就是在菸酒方面的嗜好，特別是抽菸，但因為她生來體魄強健，因此似乎並未感受到這些嗜好對身體所造成的影響。但在她某次的狂飲作樂中，因為跌倒而傷到了手部，傷勢頗為嚴重，因此後來有一陣子，愛琳停止了這樣的活動；但等她的手傷一好，卻又繼續地放縱自己。最後，愛琳終於染上肺癌過世。然而在這一世中，愛琳並未明瞭她的生活方式和死亡之間有何關聯。

在愛琳的下一個轉世，她成了出生在二十世紀的彼得．菲茨杰拉德。彼得是愛爾蘭人，但是他的家人們都住在巴黎；他來自一個富裕的大家族，家中的財富也是由繼承而來，家裡做的是服裝生意。這一世，彼得的身體就沒有以前的愛琳那麼好了；他長得還不錯，但比不上前一世的愛琳，而且從小就體弱多病。即便如此，彼得還算是無憂無慮地長大，並且進入家族的服裝生意。在這一世，彼得沒有結婚，而那股自我放縱的渴望似乎仍然存在，他也喜歡過著單身生活。他的家人都愛喝酒，結果，雖然並非有意，彼得又一次地重蹈了他在菸酒方面的業力覆轍。

然而這一次，彼得的身體無法配合他的生活方式，因此他常常生病，無法繼續夜夜笙歌；但是，彼得還是沒意識到他是在濫用自己的身體。如同他的前世，彼得其他方面都很順利，在生意上眼光獨到而敏銳，對待他人也十分仁慈且慷慨大方，所以在這些方面，彼得掙得了好的業力。而他的墮落，仍然是源於他對待自己身體的方式。正如至高無上者告訴我們的，當我們沒有解決自己所犯的錯誤、反而重蹈覆轍時，我們的業力只會更為加重。

彼得的身體無法再容忍他的作為，因此在他三十五歲時就染上肺癌過世了。遺憾的是，這一次彼得仍然冥頑不靈，沒有意識到他的生活方式與疾病之間的關聯性，這意味著在來世，他將面臨更多的困境，直到終於學會照顧身體的課題為止。

彼得目前在彼岸，至高無上者告訴我們，他的下一世將會帶著一個天生的身體缺陷出生：他將會有慢性眼疾的問題。可能有人會問，如果彼得濫用的是他的肺，為什麼身體業力卻是反映回眼睛呢？事實上，他會在另一個來世，而非下一個來世，去面對他的肺部問題；而在下一世，他必須學會去洞察個人的生活方式與身體健康之間的關聯。

屬於眼睛的靈性特質，是去感知、覺察事物。如果你對眼前的事物「視而不見」，那麼在未來的某一世，你可能會產生眼睛方面的疾病；彼得的例子正是如此。在他的下一世，因為有著慢性眼疾，他才會領悟到身體健康以及照顧好自己的身體是多麼重要。沒錯，這是個沉痛的教訓，但是照顧好我們身體的殿堂，可說是生命最重要的課題之一。

遺傳基因和業力

關於我們的身體，一項最戲劇性的發現，就是遺傳學這項驚人的事實。我們身體中的每個細胞內，都有著完整的基因藍圖，而基因密碼中更蘊藏了建造我們這個物質形體的各項指令。藉由對於遺傳基因在生命中所扮演角色的理解，我們得以用一種全新的眼光來看待自己。那麼，業力在遺傳基因的這幅新局中，又扮演什麼樣的角色呢？

你的基因藍圖，其實就是身體業力的一部分。你所擁有的基因，是你前世所形成、累積而來的；你的基因組成並非隨機的生物行爲，而是你父母的基因組成以及你前世的身體業力之結合。並非你身體中的每個特徵都是業力使然，但沒錯，絕大部分都是。而你棲息在你的身體中，因此你會改變身體中基因模式的感應共鳴，你的行爲會影響你的生理。如果你在心智、身體及靈魂上都有所成長，你將使基因的感應共鳴變得精純，隨之產生好的身體業力；如果你濫用身體，你將使基因模式的靈性感應共鳴退化，隨之產生不好的身體業力。因此，藉由你的作爲和意念，你有能力去建造一個更美麗、在靈性表達上更爲豐富多樣的實體。

有些人會問，是否我們在不同的轉世中，會有著看起來頗爲相似的外表？即使我們生於不同的身體、且由不同的父母所生，我們基因的模式中是否仍然存在著相似性？答案是，沒錯。如果你把自己曾經轉世的化身全部排成一列，你會看出它們之間的相似處。在探索我自己的前世時，各個轉世中的我，通常都有著可茲辨認、相似的外表特徵，即便那些轉世本身迥然相異。然而，小心別對這一點做出過多的解讀，也不要想藉著研究前人的特徵來發現你的前世，因爲這種做法可能會產生誤導，對你有害而無益。

疾病和死亡的業力

多年前，在一次剛開始的靈性訓練課程中，我對至高無上者提出了一個問題：爲什麼有些嬰兒生來就帶著身體上的殘缺或畸形？當時我還不了解身體業力是如何運作的，因此看到這麼小的孩子們有著如此嚴重的殘疾，讓我感到非常地困惑不安；我很納悶爲何上天會允許這樣的事情發生。然而至高無上者對我的指導是：「你看到的只是軀體而已。在這些小小的身軀內有著完整的靈魂，正在償還他們的身體業力。」

在我被帶往彼岸時，也看到外表有著各種殘缺畸形的孩子們，以及他們正在償還的業力爲何。我對於靈魂得去面對那麼多種身體上的挑戰，感到極爲震驚，然而我也看到那些等著要轉世進入這些殘缺身體的靈魂，不管你信不信，那些靈魂急切地（如果這個用字適當的話）等待這個機會，因爲他們知道，藉由這樣的一個經驗，有多少的負面業力可以因此而被消除。看到那麼多的苦難誠然令人心碎，但另一方面，看到許多這樣的靈魂充滿希望、毅然決然地奮勇向前，繼續他們的旅程，也著實鼓舞人心。

你這一世所生的疾病，有時候是來自於你的業力。你可能在前世曾經濫用自己或他人的身體，或是可能帶著一種還沒被消除的、有害的思維模式，雖然在前世尚未形成身體上的病症，但是卻被帶到這一世來。疾病也可能根源於輕忽之罪，舉例來說，如果前世你雖然富有，卻拒絕幫助那些你有能力幫助的人，那麼在這一世，你可能會處於健康不佳的狀況。

疾病的業力會在幼年時期就出現，或是在之後才顯現出來，端視要償還的相對業債而定。要分辨哪些情況是業力使然、哪些不是，並不總是那麼容易。因此，不論造成疾病不適的原因是什麼，我們都應展現關懷和同情心。有些人會有錯誤的想法，以爲身體狀況若是業力使然，就該認命地接受。這是完全錯誤的觀念。不管我們面對的疾病是什麼原因造成的，我們必須盡一切所能去治療、減輕病狀；我們有部分的業力，即是來自於我們是否有盡力去使自己的身體康復。同時，我們也要有耐心，因爲業力得順其自然地取得平衡。

大規模的疾病像是瘟疫，幾乎都是一種共業的形態，像是毀滅歐洲近三分之一人口的鼠疫；今日，愛滋病的疫情也是一種必須償還的古老業債。所有的疾病都一樣，我們必須盡我們所能去減輕這些病症的痛苦，不論其根源爲何。

業力和死亡

當我們說到死亡的業力時，首先要了解的是，死亡是生命的自然過程，不必然會與我們去到彼岸的方式有任何業力上的關聯。根據我們應該完成的事來計算，我們在塵世的時日相當有限，而有些意外的情況，又可能會使得我們在大限之前就提前向彼岸報到。話雖如此，我們注定何時會死，其實都有著明確的規劃。

不過，如果你奪取了別人的性命或是造成別人受到嚴重的傷害，那麼你死亡的方式就絕對會由業力決定。舉例來說，如果你前世淹死了某個人，或是明明有機會把某個快要溺斃的人救起來，而你卻沒有，那麼你自己可能就會經歷同樣的死亡經驗。通常這類業力不會在同一世償還，而會是在某個來世。

有人會問，當他們所愛之人瀕臨死亡，特別是過程漫長又痛苦時，他們該怎麼做呢？我們很難眼睜睜看著某個我們那麼關心的人掙扎受苦，而且康復希望渺茫。有時候，有個迅速了結一切的死亡，不是比較好嗎？然而，我的靈性導師們在這個議題上的態度十分堅決，他們是這麼說的：「當蘋果熟了，自然會從樹上掉下來。」你並不知道藉由經歷這樣艱難的轉換，你所愛之人可以消除掉多少業力。你無法扮演上帝，只能必須盡全力去幫助那個人；但是像協助自殺這樣的事是違反神聖法則的，任何一種自殺都一樣。

刻意去縮減你的生命，跟你的身體無法自行運作而需要人工輔助，是兩件截然不同的事情。如果你決定順其自然、拒絕人工輔助器，並不會有任何負面的業力；如果你想要的話，簽署「放棄急救」同意書，是你的權利。

爲所愛之人決定終止其維生程序，是一個較爲棘手的決定。如果這個人已經失去行爲能力、無法表達自己的意見，但曾經特別要求要放棄急救，那麼從業力上來說，他至親至愛的人就該尊重這項決定。如果這個人已經失去行爲能力、無法爲自己做決定，但是又不曾明確地表達過他的意願，那麼近親就得爲他做決定；而在這樣的情況下會產生什麼樣的業力，端視做決定的人所做的決定是爲病人著想、還是爲他們自身的利益著想而定。

底限就是：尊重死亡如同尊重生命。爲可能發生的不測先做好準備是個好主意，如此一來，在這樣的情況下，每個人的期望都能得到應有的尊重。

至於醫生犯了錯，導致病人失能或死亡，又會發生什麼事呢？對於試圖挽救生命而失敗、或是並非蓄意犯錯導致患者死亡的醫生或醫療人員，並不會有任何業力產生。執業醫生的處境往往十分爲難，而且每天都得面對攸關生死之事，因此，神聖造物者亦將此納入業力的考量之中。當然，這並不包括過失、粗心大意或故意虐待的情況，如果是這些情況的話，必然會產生相關的業力。

如果你在塵世的時日已然屈指可數，你能夠在被分配好的時間之外延長肉體生命嗎？在特定的情況下，你可以延長你的壽命；這可能是件好事，可以給你更多時間以解決更多的業力，並且能夠去幫助其他人。

謀殺的業力

謀殺所造成的業力，是最沉重的業力之一。從物質的觀點來看，殺人所顯示出來的現象就是使生命消失，某個人就這麼不見，再也看不到了。雖然到最後，我們全都難逃一死，但是過早奪走一條生命，有人認爲是不可饒恕的行爲。不過從靈性的觀點來看，靈魂永遠不會消失。當某人被謀殺時，被奪走的是他或她的肉身形體，靈魂仍然是存在的。

當你謀殺一個人時，你奪走的不僅是他的肉體，更犯下了靈性的罪行，包括奪走他解決業力的機會，以及他這一世應該在神聖計畫中扮演的角色。如此一來，你不但背負了沉重的業債，也必須承擔對方的業力。

業力的負擔有多麼沉重，端視你所犯罪行的嚴重程度而定；預謀殺人會比一時衝動所犯下的謀殺罪行，來得更為嚴重。然而不管是哪一種方式，光是一項罪行，都得花上好幾世的時間才能解決其所產生的業力：你得跟著你所謀殺的靈魂一起輪迴，幫助他們完成被你打斷的未竟之事。而且在另一個來世，你得經歷被謀殺的經驗，去體驗自己的生命被中斷是什麼樣的感覺。你可能還得經歷一次轉世，讓你的靈魂清除掉產生謀殺行為的無益想法和感受，然後重頭開始。這一切相當地錯綜複雜。

雖然謀殺的業力如此難以償還，謀殺的發生仍然屢見不鮮。事實上，在我們這麼多次的轉世中，我們都曾經是被害者，也都曾經是殺人者。這是我們在塵世必須經歷的部分經驗。誠然，謀殺是一項非常嚴重的罪行，但絕不是無可挽回的。往往當我們犯下嚴重錯誤時，會覺得自己罪無可逭，一想到要為此付出業力的代價，似乎就令人無法忍受；這樣的想法讓我們默許自己繼續產生更多的業力，繼續走上自己所鋪設的、窒礙難行的黑暗道路。

然而，不論我們做了什麼，愈快返回上天的道路，對我們自己以及對所有關心我們的人來說，都是最好的。不論是什麼樣的業力，早面對會比晚面對來得好。

至於死刑呢？遺憾的是，因你所犯的罪行而被處死，並不會減輕你的業債，因此這變成是一種雙重懲罰。事實上，據我了解，死刑不但違反神聖法則，而且會變成整個國家的共業。把人處死不盡然解決得了什麼事，這些被處死的人過渡到彼岸時，還會維持著跟在世時一樣的心態。舉例來說，如果你面對的是瘋狂殺手，藉由處死他們，你將他們送往彼岸；然而實際上，他們可能會四處遊盪，影響那些跟他們有著同樣想法的人。因此，監禁或設法感化他們、使他們恢復正常，是較為理想的做法。

在某些情況下，殺人不會產生業力，譬如自我防衛，因為你有權利捍衛自己的生命。軍人在戰場上不需為他們的行為負業力上的責任，除非他們輕率魯莽而不顧後果，或是以泯滅良心的方式行事。如前所述，盡力搶救生命的醫生，不管是犯了誠實的錯誤，或是終究無法挽回病人的生命，皆不需負業力上的責任。

這又帶我們回到自殺的論點。自殺的確是一種謀殺的行為——自我謀殺。你得再重返人世完成未竟之事，而且通常會比上次更加艱難得多。絕大多數的人是在一種極為困惑的狀態下自殺，認為只要結束自己的生命，就可以從自己可能得經歷的痛苦中解脫。他們不了解的是，自殺的人通常都會為塵世所束縛而無法離開；這些靈魂哪裡都去不了，也無法過渡到彼岸去進行輪迴轉世：如同我們在第二章所描述的，一直要到神聖造物主把他們從靈性的恍惚狀態中喚醒；而更重要的是，他們解決不了任何他們原以為自殺就可以解決的問題。

一旦這些靈魂終於清醒過來，他們必須進入輪迴，去完成之前過早結束的事，並且是在原本沒必要那麼困難的情況下去完成。這裡要教導我們的課題是，生命中可能會有些讓人無法忍受的時刻，然而你必須盡力度過這些難關；事情總會過去，你也會因此變得更堅強。

一個謀殺的輪迴故事

關於謀殺業力的例子很多，其中有些非常地戲劇化。然而，其中最常見的一種，就是一時衝動造成的激情犯罪。

在這個故事中，拉斯洛出生在十九世紀匈牙利一個富裕的家庭，擁有一個大農場。拉斯洛積極進取又野心勃勃，做什麼事都喜歡跟別人競爭，好勝心很強。他對於考古學很著迷，原本打算在這個領域展開他的職業生涯，結果卻成了一名建築師。拉斯洛的事業很成功，結了婚，也生了一個孩子，擁有美滿的婚姻、幸福的家庭生活，以及一份好工作。遺憾的是，他讓好勝心戰勝了一切。在一項大型的計畫中，拉斯洛投入了大量的時間、金錢及心力；這是一份極富盛名的工作，而且負責建造一棟重要的建築物，意味著拉斯洛在建築業的名聲將會跟著更上層樓。

與拉斯洛較勁的是另一位建築師。拉斯洛一直以來都把他當成是自己的剋星，雖然事實上並非如此。事實是，這位建築師在過去被授予的工作比拉斯洛更多，沒有什麼祕密進行的暗盤，他不過就是比拉斯洛做得更好。然而，當拉斯洛聽說這項工作看來似乎又要歸這位建築師所有時，他抓狂了。他覺得自己整個事業正岌岌可危，如果失去這項計畫，他的事業就到此結束了。這又是一個錯誤的解讀。事實上，不管拉斯洛有沒有得到這份工作，他都會沒事的；即便他沒有得到這份工作，還是有許多其他的公司想要跟他合作。

但是在那一刻，拉斯洛什麼也沒想到，只覺得絕望，就像是一切都完了，他的人生已經結束，全是那個男人害的。情急之下，他拿了一把槍，在大街上射殺了那位競爭對手。拉斯洛自然進了監獄，他的家人花了一大筆錢想讓他脫離牢獄之災；六年後，他們終於成功了，但拉斯洛已失去了一切。他無法再回到建築業界，他的太太離開了他，兒子跟他形同陌路。拉斯洛對自己輕率魯莽的行為深感懊悔，但不知道自己要怎麼做，才能讓事情重新步上正軌，只能試著去找一份勞工階級的工作。最後，拉斯洛在掙扎及孤獨中，帶著真心的悔恨之情，離開人世。

在這個例子中，拉斯洛在他的下一世就能有機會償還部分的業債。通常要把人們帶回來一起轉世，會花上比較久的時間，有時候甚至要花上數個轉世的時間，才能讓人們都調整到願意聚在一起的相同心境。但是，拉斯洛因為極為真誠地渴望能夠自我救贖，所以解決業債的機會就會來得更快些。

這次，我們可以看到在二十世紀的蘇格蘭，拉斯洛轉世為艾格尼絲，是一個長得還不錯的女子，家中有四個小孩，並且擁有一座小型工廠，雖然稱不上富裕，過得還算可以。在一個社交場合中，艾格尼絲認識了一名男子，他殷勤追求艾格尼絲，於是兩人變得很親密，最後終於結了婚。這名男子不是別人，就是在匈牙利那一世中拉斯洛的競爭對手，也就是被拉斯洛殺害的那位建築師。當然，他們對於前世所發生之事都已不復記憶。剛開始，這段婚姻似乎很上軌道。作丈夫的是個數學家，但是他對這份工作並不滿意；結婚之後，他開始把自己的挫折感發洩在艾格尼絲身上，這觸發了他們潛意識裡對於前世所發生之事的記憶；即使這段記憶並未浮上意識層面，仍然對他們的關係發揮著關鍵性的影響。不幸的是，艾格尼絲的丈夫對她變得非常地冷酷無情，經常用殘忍惡毒的言語傷害她。

另一方面，艾格尼絲則以無比的耐心對待她的丈夫。她知道他是個好人，只是入錯了行；他應該要成為一位醫生的。他在醫學領域展現出他的興趣與優異的資賦，但不知怎的，他對於轉換職業跑道感到有些懼怕。艾格尼絲非常地堅持，設法幫助丈夫做出改變；最後，她的丈夫終於成為一位醫生，而且是一位非常優秀的醫生。在這整個過程中，艾格尼絲顯然扮演著極為關鍵的角色。丈夫終於與艾格尼絲和好，生了一個女兒，一起度過他們的幸福人生。

切記，殺人的業債，有一部分是難在你得承擔他們的業力。因此在蘇格蘭的這一世，艾格尼絲必須把自己的心願和夢想都放在一旁，先去幫助她的丈夫，實現他生命的目標；這是艾格尼絲必須付出的努力，也是她償還部分前世業債的方式。因此，艾格尼絲的生命道路得暫時中斷，以解決她這部分的業債。這一世，艾格尼絲雖然面對挑戰，仍然能夠待在正確的道路上，對她極為有利；倘若她離開了丈夫而沒能盡力把事情做對，將會留下尚待解決的業力，那麼未來，她還是得去面對。在艾格尼絲的下一個轉世中，她將會繼續實現自己的天命。但願她將學習到靈性課題中極為重要的一課。

性的業力

毫無疑問，在宇宙哲學的工作中，性之於靈性活動的關係，是最令人感到困惑的領域之一。性是創造性的力量及其展現的一種形式，性的能量明確地存在於一個人的氣場中。如同其他類型的能量，如果這股性的能量能運用於該當被使用之處，則會讓我們的生命更爲豐盛。健康的性是一項恩賜，讓你得以參與生命的生育過程，而這也是上帝賜予你最神聖的恩賜之一。

如果你濫用了性的能量，無可避免地必須付出代價。你不但會耗損身體的力量，更偏離了靈性的發展。當涉及性時，你得檢視自己的動機，同時也要極爲謹慎地挑選你的對象，因爲雙方的氣場將經由性行爲而至爲緊密地結合在一起。所以，你會希望跟你在一起的那個人有著正向感應的氣場。

記住，性是你的人類、肉體經驗的一部分。在你的靈性進化過程中，將會有某個特定時期需要你戒除性慾，以便將你的創造性力量完全地重新導向靈性的目的。但是在那之前，你並不需要戒除性方面的親密行爲。

已婚狀態下的性與未婚狀態下的性，有什麼區別嗎？以氣場來說，這兩種狀態不但有差別，也有不同的業力效果。當兩個人是出於愛而結婚時，在雙方的氣場中，都有一個清楚可見的美麗恩賜——一顆白色的星星；這項特別的恩賜，是爲了讓婚姻中的性成爲神聖不可侵犯的行爲，不論是否爲了生育的目的。在已婚狀態下進行性行爲，會有一條美麗的藍色帶狀光芒環繞住兩個人的氣場，有助於夫妻的靈性結合。而對於已婚狀態之外的性行爲，就全然不會有這些恩賜發生。

留意你的性行爲，以它應得的尊重來對待它。就像所有的事物一樣，性也是一種能量，可以往靈光高的那一端移動，也可以往低的那一端移動。性的關鍵在於，要與生活的其他方面取得平衡，因爲你的目標是要盡你所能去遵循生命的靈性法則。如果你這麼做，那麼性的這個部分將會在你的生命中適得其所；有效地駕馭這股力量，將可大幅地加快你的靈性發展過程。

業力和世界人口

一項反對輪迴之說的論點與人口數有關。它的問題是：「如果有輪迴這麼一回事的話，爲什麼現在地球上的人口比以往要來得更多？」這樣的想法是認爲，如果我們實際上是被不斷地回收、循環，那麼一再返回地球的人數不是應該一直保持一樣嗎？

正如我們在第三章曾經探討過，位於彼岸的靈魂比在塵世的靈魂多上許多。塵世是一所校舍，一旦我們取得文憑，就會繼續前進。而如同所有的學校一樣，有些學生畢業，其他學生就可以入學受教育。在塵世的靈魂數量，在任何時期都是以這樣類似的方式在運作著。

那麼，爲何現在會有比以往更多的靈魂在塵世呢？截至本文撰寫之時，世界上的靈魂約有六十八億之多，而這個數字還在攀升中。人口不尋常地劇增始於二十世紀，主要得歸因於醫學的進步、生活品質的改善，以及農產品產量的提高。

許多人擔心地球人口過剩，製造出許多全球性的問題。隨著地球上的人口變多，當然會帶來新的挑戰。但是，地球人口增加，不僅僅是更好的生活條件所致。

現在地球的人口比以往更多，主要是業力的結果。更多的靈魂來到塵世解決他們的業力問題，而生活條件變佳，允許了這個情況的發生。有許多你或許可以稱其爲「積壓未償」的業債，等著被解決。然而，這種不斷積壓的業債並非神聖計畫的一部分，而是因爲太多人未加留意而不斷產生重複業力的結果；有太多人並未學習到他們應該要學會的靈性課題，因而製造出我們今天所見的人口爆炸問題。

神聖造物主也從善如流，讓更多的靈魂得以來到塵世，並給予我們解決業債的機會。所以，今天眞正的問題並非地球上人口過多，而是太多人沒有留意他們的生命課題，因而製造出原本不會這麼嚴重的世界人口問題。

檢視你的身體業力

- 你如何評估自己整體的健康狀況？
- 你從小就必須面對健康問題，還是在生命中某些特定的時間點才開始必須面對？
- 你現在正面對著任何的慢性健康問題嗎？
- 你如何對待自己的身體？你是太重視、太不重視、還是恰到好處地重視？
- 你對身體的態度如何？你喜歡自己看起來的樣子，還是對自己的外表百般挑剔？

9

大自然的業力

自然是上天的作品，以不絕的靈感與驚奇之源爲榮。我們是大自然的一部分，它供養並支持著我們。我們愈了解大自然，就愈能欣賞生命，也愈能將生命視爲一個緊密相連的整體。當我們對大自然敞開心胸時，就能學習到如威廉．布雷克（William Blake）所言的眞理：

一沙一世界，
一花一天堂，
掌中握無限，
剎那即永恆。

如我們所見，大自然已是如此地精彩不凡，然而卻還有一個更爲不可思議、肉眼看不見的生命過程，無時無刻不在進行。如果我們想了解大自然的業力如何運作，得先了解大自然靈性的那一面，以及我們與它之間的關係。

當我們遠眺山巒與河谷那令人屏息的美景，或聞嗅到花朵的芬芳，亦或極目海洋中的魚兒以及森林中的動物，就是在體驗大自然的運作及其創意的展現。然而，大自然並不孤單，其背後有著一群靈體組成不可思議的網絡系統，引導著整個大自然的進化。有一個靈性的階層系統，存在於地球上所有各界當中，包括礦物界、植物界、動物界及人類的國度。這些靈體從極微小的花之神及俏皮的小精靈，到雄偉巨大、統御整座山脈及海洋的天神王、天神女王都有。

我曾有幸在生命中的不同時刻，見過這些不可思議的靈體。因爲祂們對人類往往頗爲猜忌，所以不會輕易地顯現在你面前，除非祂們喜歡你的感應共鳴，才會在你面前現形，甚至賜福予你。種植穀物的田野，有著美妙的天神靈體運作其中；如果沒有祂們的存在，地球將無法有農作的豐收。我們看到水面上反射的陽光形成了鑽石般的光點，然而飛舞於水面上的，其實是無數在創造水中生命力的微小神靈。松樹的清新香氣因神靈而變得更甜美，被認爲是大自然贈予人類最偉大的恩賜之一，也是地球生命的象徵。我們所珍視的寶石，亦是經過數百萬年演化的結果，然而我們所不知道的是，在每顆這樣的寶石中，都有著一股生命力在發展著自身的靈魂構造。

要了解靈性如何賦予大自然生命，我們得先明白，物質生命並非無中生有；所有的生物體，皆非有機物質因偶發或隨機現象而生成的。地球上所有的物種都是神聖計畫的一部分，都經歷過自身的演化過程；它們先是在地球上被具體形成，然後就開始了物質進化的過程，在神聖造物主的指引下，不斷地完善、適應其形體。

我們人類有義務對大自然的靈性發展作出貢獻。我們身爲大自然的產物，已從以往的演化循環中完成蛻變，現在理當輪到我們去幫助地球上所有生命形態的成長。我們本應與大自然及動物世界的神靈和平共處，共同致力於大自然的提升與成長。《聖經》提到人類在地球上有管轄權，然而這種管轄權，指的是一種靈性的服務，而非個人隨心所欲的作爲。不論靈性進化的層級如何，所有生命都同樣珍貴。如同我們深受較高層級形態生命的幫助，我們也應回報予較低層級形態的生命相對的幫助，以完整生命的進化鏈。礦物界有其領域，植物、動物、人類也都各有其界，而人類居於地球各界中最高層級的一界，以靈性的觀點來說，即意味著人類需擔負的責任最大。

你的大自然業力（你必然會與大自然產生業力），端視你是否能夠善加照顧地球上的生命，並對它們的進化過程伸出援手。身爲人類的我們擔負著靈性的責任，理應去幫助在層級較低的自然界中正進行發展、進化的靈魂。如同我們在第三章所探討的，在靈性發展的每個階段，都有著進化生命的存在——礦物、植物、動物及人類。《聖經》中關於人類在地球管轄權的概念，關注的並非大自然爲人類的歡娛享受而存在，而是意味著人類有爲大自然服務、以及幫助大自然成長的責任。正如較高層級境界的生命，包括天使及天使長，因爲之於我們的管轄權而必須幫助我們進化成長，我們人類也因爲之於動物、植物、甚至礦物的管轄權而必須幫助它們進化成長。而你將會產生的大自然業力，則端視你在這整個過程中能夠做得多好。加強對於大自然的支持，就會產生好的大自然業力；濫用大自然資源，就會產生日後必須加以彌補的、負面的大自然業力。

獲取好的大自然業力

我們有許多方法可以獲取好的大自然業力。首先，就是要尊重大自然，以及它對於生命的靈性開展之重要性。大自然不是可以隨我們高興、愛怎麼對待就怎麼對待的事物，我們與大自然有著一種關係，如同我們其他所有的關係一樣，我們也必須對自己在這項關係中的作爲負責。

舉例來說，馴養動物是幫助動物界的重要方式之一。當我們接受一隻動物作爲我們的寵物時，並不只是爲了讓我們自己高興而已，我們也給予了這隻動物發展靈性的機會。藉由與人類的親密互動，動物的靈魂將被激發而快速成長，加速了牠的進化過程。動物就像是靈性的海綿，會吸收你給予牠們的愛。如果你擁有一座農場或牧場，就有更好的機會能夠幫助動物；爲動物成立一個援救避難所或是領養機構，或是當一名獸醫，都是對動物的福祉有貢獻的方式。

同樣的，每次當我們耕耘土壤、種植作物時，我們也可以幫助礦物界及植物界的靈魂。甘地曾言：「忘記如何翻掘土地、照料土壤，就等於遺忘了我們自己。」當我們照料一個花園時，就是在幫助花園中的植物生命；設置保留區作爲國家公園，對自然界也會產生極大的幫助；保護森林的員警以守護這些公園爲其職責，對自然界的福祉亦有相當的貢獻。

當我們產生好的大自然業力時，會接受到來自某種光的美好恩賜，特別是一種白色的光芒，意味著我們受到了自然界的祝福，有助於我們的進化成長。或許最好的是，藉由幫助層級較低的自然界，層級較高的自然界亦會給予我們相對的幫助。可能會發生的情況是，當我們發現自己處於某種困境時，可以因爲我們所累積的、好的大自然業力，而得到來自於神聖造物主的額外幫助——那是我們原本無法得到的。這全是來自我們對於本身亦爲其中一環的生命鏈之貢獻。

安德魯克里斯和獅子的故事，就是人類與動物界合作無間的最好例子。故事發生在古羅馬時期，安德魯克里斯是個逃跑的奴隸，他躲藏在一個洞穴中，沒想到那個洞穴竟是一隻受傷獅子的巢穴；安德魯克里斯幫這隻獅子拔出腳爪中一根很大的刺，並且照料這個傷口直到牠痊癒。結果，這隻獅子變得很溫馴，像是安德魯克里斯的寵物，看到他時，甚至會搖尾示好，更把捕獲的食物與他分享。

數年後，安德魯克里斯最後還是以奴隸身分回到羅馬，並被判處由野獸咬死的刑罰。他必須面對的、最令人心生畏懼的龐然大物，不是別的，正是那隻數年前他曾經幫助過的獅子。獅子馬上就認出了安德魯克里斯，並且對這個對牠有救命之恩的男人展現出友愛之情。最後，羅馬皇帝為表彰這股友誼的力量，不但饒恕了安德魯克里斯，更將那隻獅子賜給了他。而我們應該要與大自然共同發展的，就是這樣緊密的情感聯繫。

償還大自然的業力

近年來，我們愈來愈意識到人類對大自然的影響。以前我們視大自然為取之不盡、用之不竭的資源，不論我們怎麼做都不會改變，是一項隨我們高興而取用的貨品。現在，世界變得愈來愈小，我們更能輕易地看見人類對大自然的影響，不論好壞。

不幸的是我們可以看到，人類雖已進展為一個社會，但在對待大自然方面卻並未展現相同的進展。誠然，大自然原本即應為我們所用，但它並非貨品；在生命偉大的計畫中，大自然應作為人類的合作夥伴。我們不當對待大自然的結果，使得大自然失去平衡，也給靈界製造了許多必須保持均衡的不必要工作。

當你不當地對待大自然時，就會製造負面的業力，並且必須加以償還。如果你虐待一隻動物，你將必須藉由照顧另一隻動物的方式來償還這樣的業力。而且因為你的虐待，你不但沒有幫助到牠、反而阻礙了牠的進化，所以這一切都必須取得平衡。

如果你虐待了大量的動物，同時也會產生人類的業債。這意指著你不僅虧欠動物界相當的業債，也必須履行某些類型的人道行爲；這是因爲爲了彌補你的破壞性行爲，你必須在人類的層級上幫助那些有需要的人，從而建立更多的靈性力量及同情心。同樣的，因爲濫用土壤、水、空氣等元素而對植物界犯下的罪行，也必須經由對大自然的服務以及人道行爲的展現，才能加以償還。

有些教導輪迴的學校認爲，當一個人犯下嚴重罪行時，就會輪迴爲形態較低等的生命，轉世成一隻動物。然而事實並非如此。一個生命的靈魂一旦通過了一個領域、來到下一個領域，不論其所犯下的罪行多麼嚴重，都不會再回到之前層級較低的領域中。它必須在自己的那個領域中彌補、償還業債。

有些人會問，那些曾經被嚴重虐待的動物會發生什麼事呢？比方說，那些曾被作爲實驗之用的實驗動物。當牠們去到彼岸時，神聖造物主會極爲愛憐地照料牠們，直到牠們得以脫離曾經遭受的創傷影響。看到某些動物不得不忍受的經歷，著實令人感到心碎。好在動物尙無潛意識心智的存在，或許可說是之於牠們的恩典。當動物活著時，是基於自己的本能而記憶，一旦牠們脫離了肉體，這種本能的記憶就會逐漸消失。而一旦負面能量被清除之後，動物的靈魂吸收了經驗所教導的課題，然後牠們就自由了。所以，動物不會心懷任何的憤恨或怨念。

那麼，當我們得罪了大自然，大自然會報復我們嗎？不會。因爲大自然不是這麼運作的。沒錯，如果某人有著黑暗的感應共鳴，動物會察覺並且排斥這股邪惡的黑暗，但這並非是因爲舊的業債尋求償還之故。在層級較低的自然界中，業力的運作方式與人類世界並不相同；而據我們了解，唯有在人類世界中，才有自我意識與自由意志的存在。

大自然亦有它被命定的安排，與我們並無直接關聯，但我們可以感受到它的影響。當大自然不斷地發展、成長時，有時也會發出怒吼或爆發，所以會有洪水及天災出現，但這並非業力使然，而是大自然生命過程的一部分。有些天然災害相當地溫和平緩，但有時卻會造成極大的災難，如同科學揭開地球的漫長歷史時所發現。然而，這仍然屬於大自然本身所需經歷的成長痛苦。

大自然能夠矯正人類濫用所造成的錯誤嗎？當然可以。即便人類已經發展到一個可能會對大自然造成毀滅性影響的臨界點，如同若干持災難預言者所預測，但是神聖造物主不會允許這樣的狀況發生。這並不是說，人類尚未對大自然造成災難性的影響。舉例來說，我們已經使得某些物種在牠們的期限到來之前就提早滅絕了，這是人類必須擔負的重業。誠然，大自然也有部分汰舊換新的機制，某些舊的生命形態會自動絕種，使得在這些形體中的靈魂能夠轉世到更好、更爲精細的形體中；然而今日，許多瀕臨滅絕的物種多半是肇因於人爲的干預，而大規模地虐待動物及使用動物作試驗，也會產生極爲嚴重的大自然業力。

濫用大自然的結果，使得大自然比以往任何時候都更需取得平衡。然而整體言之，儘管眼前有如此艱鉅的挑戰，並爲全球所關注，大自然正朝向一個黃金時代邁進。如同人類正處於前所未有的靈性復興之重要關頭，大自然也是如此；在靈性意識及進化發展方面，地球本身以及所有的生命形態，皆正處於戲劇性的轉變過程中。

大自然的回饋

那麼，以動物爲食或是伐木蓋屋，能夠掙得好的大自然業力嗎？以靈性的觀點來說，即便是以人道的方式進行，從事這些類型的活動是錯的嗎？

這帶出了我們與大自然的關係中一個關鍵要點。在任何型態的關係中，都必須有交換或交流的存在：我們幫助大自然，大自然也會反過來幫助我們。大自然本應樂於付出，而我們也本應分享它的富饒，這是生命的一部分，也是大自然成長的方式。因爲不論如何，形體總是得爲靈性犧牲；在礦物界的生命之靈付出它的形體，讓植物可以吸收它們的礦物質並成長；同樣的，在植物界的生命之靈亦付出它的形體，讓動物可以吸收它們的養分並成長；動物則對彼此以及人類付出形體，作爲牠們部分的犧牲行爲；而在人類世界中，亦有著這樣的犧牲，我們也會付出自己的生命以圓滿神聖的創造計畫。

有個關於知名演員約翰．巴里摩（John Barrymore）的幽默故事。巴里摩不但是個傑出的演員，他的探險經歷以及對動物的熱愛亦廣爲人知。有一次，巴里摩的朋友力邀他一起去釣魚，但他不怎麼喜愛這個把魚釣起來、看著牠們死掉的主意，所以每當他釣起一條魚時，就會把牠丟回水裡。在這過程中，有次巴里摩抓到了一條大魚，正當他把魚鉤從這條魚的嘴中取出、要把牠丟回水裡時，竟然從大魚嘴中跑出了許多小魚，於是巴里摩興奮地大叫：「好呀，如果你連同類也吃的話，那麼我也可以吃你！」

我們取自大自然、用以維持我們的生命，這是可以理解的。從靈性觀點來說，以動物爲食並沒有什麼不對。我知道有許多人認爲吃動物的肉是不對的行爲，我自己也曾經有段時間是素食者，但是至高無上者對於我的體質不表認同，並敦促我停止素食。當然，這是個人的選擇。有些人是因爲健康因素而吃素，有些人只是不喜歡吃肉而已，但要知道的是，你並不會因爲吃肉就產生壞的業力。你眞正該做的是在享用食物之前，以神聖之光爲其祝福，尊重生產這食物的自然界。（見附錄）

爲了餵飽各國人民，即便是大規模地宰殺動物，在業力上來說，都是可以接受的行爲；唯有在動物被虐待的情況下，罪愆才會隨之而來。有太多令人毛骨悚然的故事，是以作爲人類食物之名義，將動物關在極糟的環境中，讓牠們受到嚴重的虐待。顯而易見，這絕對是大錯特錯，並且會帶來極重的業力負擔。幸好愈來愈多的農場和牧場已了解到這一點，對待動物已更爲人道，但是仍有許多尚待加強的地方。

同樣的，砍伐樹木以取得木材也沒什麼不對，只有未經深思其影響及重新種植問題的濫伐，才會產生業力並對大自然造成傷害。關鍵在於取得平衡。地球能夠付出多少呢？這個問題，我曾經問過至高無上者好幾次。誠然，我們正將大自然的某些資源消耗殆盡，整體來說，不管人類怎麼做，神聖造物者仍會讓一切保持平衡。然而，這並不能作爲讓我們脫身的說詞，只是這確實意味著如同我們的生命掌握在上天手中，大自然也是一樣的。

尊重大自然

每樣生物都努力成爲神聖造物主的縮影。地球上的每個生物界或非生物界，都有其存在之目的。要盡情欣賞大自然之美，就要花時間與它相處。讓自己赤足踩在土壤上，深深地呼吸新鮮空氣，同時盡你所能去幫助大自然。你與大自然的連結，讓你得以與全體的生命保持連結；將你自己與大自然分離開來，等於是切斷了你自己在生命開展過程中的完整參與。「遠離自然，人的心會變得冷酷無情。」美洲印第安原住民酋長站立之熊（Standing Bear）曾如是說。

你的靈魂成長於各個自然界中。你就是大自然至高無上的榮耀，也必須負擔起傳承的責任。

感謝你的食物

我想以這段由至高無上者所提供、非常有效的食物祈禱文，來總結這一章。在用餐前祝福你的食物，在全世界許多文化中都有著這樣的傳統。念這段食物祈禱文是一個很棒的方法，得以要求神聖之光進入你所吃的食物中。如你所知，每件事物中都有它的感應共鳴，食物中也有強烈的感應共鳴。而因爲你會吸收所吃進去的食物，所以在你進食之前，有神聖之光賜福予它是很重要的。如此一來，強烈的神聖之光也會被送往食物生長的源頭，對它表達感謝之情，同時也賜福予它。

食物祈禱文

天父，聖母瑪利亞，照下神聖之光，照進這些食物中，讓它重新磁化、供給能量並活化我的身體。讓它流進地球上所有各界當中，包括礦物、植物、魚類、家禽、有翅膀的生物、動物及人類，並且流進光的貯存所，以餵養尚未出生的靈魂以及星球各地饑餓的人。

讓它流動宛如天賜甘露，以各種方式倍增這豐盛及供給——這珍饈、美味，以及瓊漿玉液。每一口都是永恆的榮耀。阿門。

檢視你的大自然業力

- 你如何評估自己對大自然的態度？
- 你尊重大自然嗎？還是視其為可以隨你高興而任意處置的事物？
- 你有養寵物嗎？你如何對待動物？
- 你有一座花園嗎？

10
靈性的業力

在每個靈魂進化的過程中，都會有這麼一個將注意力轉向上帝的時候。經由對於世事俗務的參與，靈魂一直不斷地成長。然而當時機成熟時，比之於上帝及生命的神聖過程，世事俗務對靈魂來說似乎已不那麼重要了。此時，靈魂的成長已邁向了新的境界。

許多人稱這種頓悟爲「靈性的覺醒」。每個靈魂遲早都會有這種覺醒，一旦燈泡亮了，下一個問題就是，如何能以一種有意識且直接的方式，將你的靈性生活過到最好。我經常在氣場中看到這種靈性的覺醒，是圍繞著心輪的一種空靈的藍色光芒，這種恩賜代表這個人已被神聖造物主激發，加速其靈性成長，並準備開始他或她的靈性探索之旅。

每個人類的靈魂都擁有與生俱來的自由意志之恩賜，我們可以隨自己高興，以各種方式使用這意志。然而，自由意志的最終目的——我們的智慧之幣——是去選擇上帝。我們以自己生活的方式選擇了上帝，許多時候我們選擇了上帝，甚至沒有意識到自己選擇的是上帝，只覺得這件事似乎是我們應該去做的、是正確的事。但是當我們有意識地選擇上帝時，我們生活的動力將會產生極大的轉變，因爲我們會認知到，的確有著一個更偉大的生命存在，而我們正是其中一部分。

作爲一個覺醒的靈魂，你的工作就是要在自己所做的每件事上，展現出靈性的生命，亦即在你的工作、關係、財務以及生命中的每件事上，帶出靈性的境界。這需要極大的專注力，因爲自然會有許多令人分心之事以及各種誘惑能輕易地讓你偏離靈性的道路。但是倘若你能堅守你的靈性道路，就能迅速地成長。

我們身處的時代，提供給我們許多最棒的靈性成長及躍進的機會，當你循著神聖造物主提供予你的道路前進時，機會自然就會出現。今日，許多曾經在前世走向靈性道路的人，都重拾起他們從前世離開時所留下的未竟之業，繼續他們的靈性旅程。

聽從靈性的召喚

當你得到靈性的提示時，遵循它，這是你的命運在召喚你。你並不知道你的靈魂花了多少個轉世的時間，才得以到達這個境地，準備迎接你已受啓迪的靈性道路。看到愈來愈多的人用心聽從靈性的召喚，著實令人感到振奮不已；然而，仍然有許多已經可以開啓他們充滿奧祕生命的人，猶豫不決自己是否該如實地遵循他們被給予的靈性提示。因此，讓走上靈性道路的機會就此溜走，無疑是莫大的遺憾。

遵循靈性的道路並不容易。以為這條光之道路滿是鮮花美酒的人，就是不了解靈性生活是怎麼一回事。走在這條光之道路上，充滿著試煉與挑戰，然而回報之豐厚，讓每項犧牲與努力都很值得。

時機成熟時，我們都會受到試煉，以決定我們是否已經為層級更高的靈性生活作好準備。有時候，人們會在這樣的靈性試煉中失敗，因為他們讓俗務的憂煩與關切戰勝了自己：他們的伴侶可能不贊成他們繼續走下去；又或者他們覺得現在過得很好，不想破壞自己舒適安逸的生活；還有些人對於呈現在他們面前的機會有著什麼樣的價值，並不很能理解。靈性的道路對他們來說是一項渴望沒錯，但並不是一項熾熱的渴望。

如果你沒能去遵循呈現在自己面前的靈性召喚，並不會產生什麼壞的業力，因爲這只是個人的選擇，不代表你做錯了什麼，你只是錯失了一次靈性的良機，延遲了你的靈性進程。你將必須在另一個來世，去完成你本來應該在這一世完成的任務。

對於那些遵循了靈性召喚的人來說，了解這條他們正在追尋的道路，就成了他們的任務。對有些人來說，聽從靈性的召喚，意味著要去學習如何將靈性生活納入日常生活之中；對其他人來說，靈性的召喚可能要來得更戲劇化些。我們都知道悉達多的故事，他如何成爲佛陀，如何拋下名利和家庭，遵循他的靈性召喚。這與業力並無相關，應該說，這不過是他應該要去實現的天命之路。

更不必說，你爲了實現靈性天命所做的犧牲，將給予你許多靈性進化方面的最佳機會。我這麼說，並不是希望你以爲自己必須放棄一切，才能努力求得靈性上突飛猛進的進步。與其這麼做，我希望你倒不如深入去檢視那些你內心深處知道自己該完成的事，並且確定你有盡全力完成手邊的任務。上天不會要求你做不必要的犧牲，只會要求你放掉那些阻礙你的靈性道路之事。

一個開悟的輪迴故事

這個輪迴故事始於三百年前的印度，一個在加爾各答外圍的小鎮，有個出生於小康家庭的孩子，這個孩子名叫威廉（這其實是他在某個來世的名字，用在這裡是為了保持一致性，避免混淆）。威廉是獨子，有著愛他的好父母。威廉是一個進化的靈魂，有著善良的本性，累積了許多好的業力，因此這一世對他來說很特別，因為在這一世中，他即將開悟，並邁入一個全新的意識層級。

威廉的父母有著宇宙哲學的意識形態，而威廉從小就展現出對祈禱和冥想的熱愛。時光荏苒，威廉長成一個又高大又英俊的年輕人，很活潑外向，但是屬於嚴肅認真的那一型。他的父母希望他結婚，並且繼承家裡的生意，但威廉察覺自己的天命是在別的地方，於是選擇不結婚，並成為加爾各答一所大學中教授文學的教授。威廉的父母一直設法想讓他回到家鄉的小鎮，但是隨著威廉本身靈性意識的發展，他開始有些看不起他的父母，有點兒像是把他們置於一個等級比他自己來得低的階層中。

這是威廉在這一世所形成的少數業力之一，因為如此，使得他掙脫了他的家庭，漸行漸遠。在此，威廉的課題是要去認知一個靈魂無論發展到什麼階段，在上天眼中都是平等的，也必須要尊重這樣的平等。

在這一世，威廉有點像個獨行俠，但是他為那些沒自己那麼幸運的人們做了許多好事；他不吝於分享他的時間、精力和資源，並且幫助那些位於種姓制度中最低階層的賤民。威廉的靈性本質開始發展得愈來愈蓬勃，他接收到許多幻象及啓示，也領悟到他已接近自己注定要達成的開悟目標。

當威廉快六十歲時，有天他退隱到山中進行冥想，體會與至高無上者天人合一的感受。不幸的是，當他攀爬上一個隘口時，一些山石鬆脫了，他失足摔落身亡。在這個轉世，我們可以看到一個有著充分潛能、即將開悟的好人，因為某些超出他控制範圍的因素而提早身故，因此無法完成他這一世被指派的任務。這種情況下的靈魂會發生什麼事呢？

首先我們知道，威廉帶著許多好業力來到這一世，並且在這一世繼續累積好業力。事實是，他雖然未能在這一世完成他的目標，但並非是由於他個人的因素所造成。在這樣的情況下，這個靈魂會很快地再次轉世，讓他得以有機會去完成他在前世已經開始進行的事。

這就是威廉的情況。他在彼岸待了二十年的時間，以死後世界的標準來說，這並不算是一段很長的時間；然後，他再度與前世的父母重逢（因為他們也過世了），並解決他們之間剩下的些許業債。之後沒多久，就在美國獨立後不久，威廉便轉世到美國。

威廉出生於跟他的印度前世極為相似的一個家庭環境，也是獨子，父母在費城外務農。威廉的父母也有著宇宙哲學的想法，從小就教導他靈性的真理，而他馬上就深受吸引。威廉長成一個優秀的年輕人，又一次選擇不結婚，並且仍然投入教職；這一次，他變成費城一所學院中教授歷史的老師。在這一世，威廉與父母之間仍然有些磨擦，因為他們希望威廉能夠留在身邊、跟他們一樣務農；他的父母對威廉也有幾分妒嫉，因為他們察覺到威廉擁有特別的靈性天賦。但在這一世，威廉並沒有像在印度的前一世一樣看不起他的父母，不過對於他們無法了解他注定要完成之事，他確實覺得有些無法忍受，並且感到難以諒解。

在這裡，我們再次看到有若干的業力在醞釀。威廉應展現最大寬容的幾個方面，其中之一就是他的家庭；即便他並不總是與家人看法一致，他的責任就是要放下輕蔑，表現豁達與寬容。事實上，威廉的家人怎麼做都無關緊要，重要的是威廉如何對待他的家人。這讓我們所有人都學到一課：如果你的父母或兄弟姐妹不了解你或是你的靈性旅程，要有耐心並且寬容以對，不論怎樣都要愛他們。

隨著威廉愈來愈成熟，他也愈來愈了解神聖造物主的意旨，逐漸接近天人合一的境界。雖然威廉並沒有來自塵世的靈性導師之指引，但是他在靈性上的進展，已經足以接受來自至高無上者強大的直接指導，並且也讓他清楚地了解到自己這一世的使命為何。威廉展現出強烈的決心想達到靈性的巔峰，他知道自己的能力足以完成這項目標。

當威廉五十歲時，已經歷了開悟之前的試煉與考驗，並且完美地通過了所有的試驗，終於進入開悟之境。之後，他成為一名宇宙哲學的老師，私下開課並授課。雖然他仍然在大學教一些課，但是他主要的精力已經轉移至宇宙哲學的工作上了。

威廉的靈性進化並未就此停止。一旦他完成了印度前世的任務，就會在靈性之梯上繼續攀升，充分發揮他在美國這一世的潛能。威廉在靈性的提升方面做得相當好，諷刺的是，當他六十多歲時，在一個冬天時退隱到山裡，於一場雪崩中喪生。威廉再一次因意外而提早身故，只差那麼一點，就可以實現他的天命。

在這個故事中，至高無上者教導我們，我們在生命中總是會有第二次機會。如果由於某種原因，事情無法完全按照其預定的情況發展，別擔心，生命總是會取得平衡。時程可能會延遲些，但你仍然會完成那項——從一開始就是你的——天命。

我們的發展弧線

通往開悟之路並非一條垂直向上的路線。當你從這一世輪迴到下一世時，總是希望你的下一世要比才剛經歷的上一世來得好。我們都想往前進，而不是向後退。然而實際上，你曾有過進步且打下靈性根基的轉世，也曾有過產生負面業力且失去靈性根基的轉世，這是部分不可避免的、也是自然的成長過程。事實上，你的靈性提升之路，看起來有點像是一幅股市圖——上上下下。這樣上上下下的情況會持續一段時間，直到靈魂覺得夠了，決定做出持續的努力，以完成它在塵世的旅程，並且脫離輪迴這個必要之輪。

通常會發生的情況是，你經歷了一連串生命，打下了靈性的根基，同時建立起靈性的力量；你經歷這些轉世而發展、累積出來的天賦，在某個時刻會達到一個巔峰。往往就在此時，你會受到試煉；然後在某些時刻，你會變成誘惑的犧牲品，將你經過數世努力累積而來的天賦用於個人私利，而非用以服侍人類與上帝。如此一來，這個墮落的轉世，將會使你喪失原本打下的靈性根基，你不僅必須償還衍生的業力，還必須重建你所失去的靈性力量。

舉例來說，假設你花了數世時間建立起好的金錢業力，然後有那麼一次轉世，你帶來了大量的財富以及各式各樣的機會，你發現自己身居要位，對金錢相關事務有著極大的權力與影響力。即便這樣的成果是你努力了許多個轉世而得來的，但是在這一世，你變成只沉迷於財富所帶來的好處當中，不但沒有運用財富為眾人謀求福祉，反而在金錢方面變得自私自利、冷酷無情。你利用自己的影響力及地位去滿足個人的貪念及權力欲望，不在乎有多少人因你的貪婪而受到傷害、或甚至死亡，你只在乎能賺更多的錢。在這種情境中，你便犯下了無可挽回的錯誤，誤解了自己確實擁有這些財富。事實上，你的財富非為你個人所擁有，姑且不論為你掙得如此優勢的好業力，你仍然只是上天財富的管理人。當然了，你的作為將會產生沉重的金錢業力，使得你必須從頭來過，重建好的金錢業力。

在我們的許多個轉世中，我們全都犯過錯，使得我們必須在靈性道路上折返，重頭來過。有些人會比別人犯下更多的錯誤，然而，我們時不時犯下的靈性墮落，也是靈性經驗的一部分。不管我們可能會如何墮落，基本課題是一樣的：我們掙得的天賦，其實並非為我們所擁有；它們為我們所有，只是為了能更完善地運用於服侍上天及生命的創造過程。至高無上者早已預料到我們可能犯下的這些錯誤，因此在我們通往靈性圓滿通達的八百世中，已為我們做出了相當的通融。

靈性罪行的業力

你開悟的那些轉世，自然是你在塵世最感榮耀的時刻。當你充滿自覺地走向上帝的道路，將掙得許多最為美好的業力。隨著日子一天天地過去，你會愈來愈了解生命是如何地運作，也會與大自然及神聖造物主和諧共處。但是當你濫用自己經由數世累積而來的靈性天賦和機會時，將會產生若干最沉重的業力。靈性罪行的業力便是如此，大致有下列三大類：

- 神棍
- 誤導人心的靈性導師
- 黑魔法師

各行各業都有騙子存在。如果有一塊錢可以賺，就會有人用各種可能的手段設法要去賺這一塊錢。然而，以上天之名來行騙的那些人，犯下的是嚴重的靈性罪行。這些騙子把自己打造成偉大的靈性領導者，他們可能擁有吸引人的非凡領導力或個人魅力，於是有些人便拜倒在他們的魔力之下。這一類的詐騙行爲比其他類型要來得更爲嚴重，因爲他們不當地代表神聖造物者、歪曲其意旨，並且防礙了深受他們影響的靈魂之進化。換句話說，如果有人騙你買了一把你並不需要的吸塵器，你損失的不過是金錢；但是如果有人以上天的名義來騙你，他們奪取的不僅是你的金錢，更操縱你走往錯誤的靈性方向，使你從原來應該採行的靈性道路上改道而行。神聖造物主不會仁慈地看待這項罪行。當這些靈魂過渡到彼岸時，他們會被帶到一個特別的法庭，讓他們看到自己所產生的業力，以及他們必須做些什麼事才能平衡業力紀錄。

在這些情況下，對追隨那些靈性領導者的人來說，也是一項試煉。這可能是盲目的信仰，因這些狂熱的信徒並未眞正地對其所接收到的教導加以檢驗，反而讓別人幫他們思考；這些靈魂往往並不眞正了解通往靈性的道路該採取哪些確實的步驟。或者也可能是自負感使然，覺得加入這樣的團體會讓自己比其他人來得更優秀或更優越。這些情況往往是因爲渴求成長的靈魂，想用快速又簡單的方式達成開悟的目標，可惜這方法並不存在。還有些情況是因爲這些人曾受過傷害、想尋求支持，但沒有好好地花時間評估他們面對的究竟是什麼樣的人。又或者情況是反過來的，做了壞事的人想設法贖罪，因此讓內疚感蓋過了一切。在這些情況中都會有警告的徵兆，顯示這些人所面對的領導者並非如他們自己所宣稱，但不幸的是，往往這些警告的徵兆不是被忽略，就是被錯誤地解讀了。結果，只有戲劇化的或令人震驚的經驗，才能喚醒這些靈魂看清眞相。

接下來就是誤導人心的靈性導師。這些人可能天性良善又想幫助他人，但是在尙未準備好進行授課之前，就把自己放到講台上去了。他們這麼做，不是因爲受到他人的鼓勵，就是因爲他們熱切地渴望達到某個靈性的境界——是他們還沒有掙得權利、無法達到的境界。

許多人不知道的是，不管你是有意還是無意的誤導任何靈魂，都得負業力上的責任。當至高無上者一開始鼓勵我成爲靈性導師時，我頗爲遲疑，並不是因爲我看不出這項工作的價値，而是因爲我了解這其中牽涉的責任之廣，因此無法確定自己是否能承擔這樣的重責大任。

隨著宇宙哲學領域的成長，今日已有許多人想教授這方面的課程。這是崇高的想法，但我強烈建議，你得等到自己準備好承擔這樣的責任才行，而不要在一切尙未成熟前貿然行事。你最不想要的，就是在努力幫助別人之際，卻因不愼而產生負面的業力。如果你注定要成爲一位靈性導師，你遲早會是的，但是首先你得一步一步來。

黑魔法師的業力是所有最糟的業力之一，也是邪惡的業力。什麼是黑魔法師？當一個靈魂攀升上靈性之梯，並經由多世以來的靈性發展而累積了許多的靈性天賦，本來注定要成爲偉大的靈性特使，卻為自己耀眼的光采所惑，結果將他們偉大的天賦變成了個人的私器。並非任何人都能成為黑魔法師，要成為黑魔法師，還得先達到相當程度的靈性巔峰。

這樣的靈魂最終就是犯下最可怕的罪行，造成極大的苦難。因為他們十分清楚自己的作為，使他們更加地罪無可逭。當這些靈魂過渡到彼岸時，他們將因受罰而喪失許多的靈性根基，失去他們的靈性天賦及地位，一切都得從頭來過。當然，他們還得償還業債給那些曾受他們虐待的靈魂，因此，他們得花上好幾世紀的時間，才能還清這些業債。

在這裡，我們學到的課題是，不論你在靈性之梯上爬得多高，切記你的權力及榮耀仍然是來自於上天。有如此靈性進展的靈魂，仍然會從他們蒙受天恩的地位重重摔下，這個事實告訴了我們，永遠不能將自己所擁有的天賦才華視為理所當然。進化的所有層級之中，都有著自由意志的存在。

你在靈性道路上的責任

靈性道路不是對生活的逃避，而是對生活的實踐。不論你在靈性道路上是踽踽獨行，還是有著靈性導師的協助，都要為自己的所作所為負責。在接受一項靈性的原則之前，要先對其真實性加以檢驗，確定這對你來說是言之成理的，會帶出你最崇高、最高貴的本質。拒絕參與任何必須妥協你最高的道德標準、或是違背常理的事務。誠然，在你對於宇宙哲學的研究中，有些事情是必須要先有信仰，直到你能夠達到擁有內在認知的境地。然而，這並不是一種叫你不經思索就全盤接受的盲目信仰，而是一種真正的信仰，如同《聖經》所言，你是在「把東西送給尚不可見的事物」。真正的信仰，終將引導你走上靈性認知的道路，但你還是要運用直覺及理性的技巧。

至於眞正的宇宙哲學教導，幾乎都會有一項直接的實際用途要求你加以應用。舉例來說，一開始要完全理解爲何缺乏寬恕會導致你跟那個你尚未原諒的人一起輪迴，可能會很困難；然而，倘若對這項原則的理解能在此時此地給你更多的勇氣去練習如何寬恕他人，你將會立即感受到這項善行所帶來的影響。這就是我們所謂對靈性原則之眞實性亦需加以檢驗之意。

檢視你的靈性業力

- 你認為自己比其他人優秀是因為你有靈性的經驗，而其他人則無嗎？
- 你曾聽見靈性的召喚嗎？你遵循它的召喚，還是讓其他事情阻擋了你的去路？
- 你試圖主導別人的靈性道路嗎？
- 如果你正在教授靈性課程，你是否已通過必要的步驟，成為合格的教師？
- 你對自己所接收到的教導之真實性，是否有加以檢驗？還是你就盲目地接受了它們？
- 你遵循一項特別的教導，動機是什麼？
- 你是否因為曾經受過傷害而尋求慰藉？還是因為你希望能感受到一種自我價值感？
- 你是真誠地自我付出，還是期待自己能從靈性的追尋中獲得什麼樣的回饋？
- 你是否有一股渴望或是一股熾熱的渴望，想走上靈性的道路？

第三部

我們的共業

11

國家、種族和宗教的業力

若說有一件事是業力法則可茲證明的，就是即便是在這個看來往往像是不公不義的世界中，公平正義一直都還是存在著。誠然，我們經常會陷入某些超乎自己控制範圍的事件中，像是國家違背我們的意願大動干戈；政府制定法律要求我們遵守，即使我們不認同或是不認爲這些法律是對的；公司做出決策，使得員工的日子更難過；甚至在家庭中，父母都可能會作出與子女福祉相違的決定，但子女並無置喙之地，不得不同意。在這些情境下，我們的自由意志如何運作？當牽涉到許多人的福祉時，業力又是如何地運作？

到目前爲止，我們都是從個體層面去檢視業力運作的方式，然而在這個篇章中，我們將會從團體層面探討獨特的業力運作方式，以及我們如何運用共同的智慧之幣。

在我們靈性發展的弧線上，我們曾經輪迴至許多不同的國家，經歷過幾乎所有的種族，參與過世界主要的宗教活動，以便體驗生命的豐富多樣性、解決我們的個人業力，並共同參與社會活動。在某種程度上，文明的歷史也是我們自己的歷史，我們的參與對社會各方面所產生的影響，就叫作共業。

共業意指一群人共同承擔相同的業力，但並非適用於任何團體。一群憤怒的暴民可能會採取行動，然而這並不能作爲共業的例子。爲了理解共業的意義，我們將團體定義爲由兩個或兩個以上的人所組成、充滿神聖力量的組織，進而賦予這個團體本身靈性的生命。這時，這個團體就變成了神聖計畫的一部分，開始產生宛如個人般的業力。

共業是生命的一部分，也是我們學習如何以有組織、富成效的方式共同努力。人們經由攜手合作的努力，以各自不同的文化和社會創造出文明的世界。人類所有偉大的成就，不管以何種方式完成，都是共同努力的結果。

組織，是靈性生命中所定義的特徵之一。靈性世界極為井然有序，由靈性階級組織組成的神聖政府，以一種獨一無二的合作方式管理著一切。同樣的情況也反映於塵世。今日，我們生存於其中的文明世界，即是建立於過去世世代代所貢獻的神聖靈感之基礎上；而我們自己，也將是未來更偉大、靈性發展更為進步的文明先驅。

業力法則運作於團體的方式，跟運作於個人的方式是一樣的。如果一個團體發動一項毀滅性的行動，就得付出代價；如果它發起一項正面的行動，就會享受成果。不同之處在於，團體是一個自給自足的實體，個人雖然亦對組織整體的福祉有加分及減分作用，但是背負這項業力標記的則是這個團體本身。換句話說，如果一個國家的領導者發動一項不利於國家的行動，這個國家全體都得背負該領導者行為後果的業力重擔。

共業的運作有點像是國營企業。國營企業不為任何人所擁有，雖然它是由人所創辦的，但是它本身即有其存在的實體。國營企業的股票可以為人所有，本身也有管理階層及員工。一間國營企業如果運作良好、為特定目的而存在，可以比它的創辦者生存得更久，而且繼續蓬勃地發展下去；同時，只要它是為靈性目的而存在，甚至會有共業的產生。

家庭也有共業存在。當兩個人結婚時，會接受到來自神聖造物主神聖認可的賜福。在結婚的其他靈性利益中，還有一項就是夫妻開始變成一個團體在運作，意味著他們開始形成了共業。如果這對夫妻建立起一個家庭，家庭中所有的孩子也會成爲這個團體業力的一部分。家庭是任何社會中基本的單元，家庭愈健全，社會就會愈健全。從業力的觀點來看，家庭是讓我們的種族和國家連結在一起的紐帶。

並不是所有團體的存在都有著靈性的目的。沒有靈性目的的團體，本身也不具備神聖的力量。舉例來說，恐怖組織並非神聖計畫的一部分，因此不會有共業產生，但絕對會有個人業力的產生。這類團體確實有自己的能量，但那是一種黑暗的能量，這就是爲何有些人會臣服於他們的魅惑之下，他們把黑暗之光與神聖力量搞混了。鬆散的組織團體也不是共業的一部分。舉例來說，文化本身不會產生自己的業力，而是運作於所屬種族與國家的業力之下。

共業有個極爲諷刺的地方，尤其是當我們談到國家和種族時，受到業力影響最大的人，往往是與造成業力的前人幾乎無甚關聯的後代子孫！這讓我們對於上天如何運作神聖的公義，感到極爲困惑。以個人層面來說，如果產生壞業力的人是你，那麼它就會回到你身上，而非你周遭的人；但是如果一個國家的政府發動了一項毀滅性的行動，通常要等到這個國家的後代子孫，才會感受到該業力的影響。

爲什麼我們必須爲前人的罪愆付出代價？乍看之下，這似乎不怎麼公平，但是神聖造物主會這麼運作有許多原因。首先，即便業力擺盪回來時通常是宜早不宜遲，但當團體愈大時，就得花上愈久的時間才能讓業力完全地擺盪回來，因此，業力通常不可能那麼快就成熟結果、回到原來的那個世代身上。其次，業力法則是公正無私的，共業即意指大家一起付出代價以及承擔後果。再者，如果個人得爲共業負責，團體的領導階層永遠無法去承擔這樣的業力重擔。我們已經了解個人行爲可以產生多少業力，如果我們將其倍增多次，業力將會重到個人無法承受。切記，無論那些握有權力的人如何看待或行使權力，他們仍然只是許多人的代表。

最後，事實上，共業是爲了保護團體中的個人。記住，業力是和諧的法則，當業力回到我們身上時，我們可能會感受到的痛苦，是神聖造物主讓一切回歸平衡的方式。拿人體當比喻來說吧，許多細胞聯合起來組成並維持人體，我們的身體因爲許多細胞的共同努力而茁壯，而非個別細胞的活動。如果惡性細胞在身體的某些部位占了上風，我們就會生出像是癌症之類的疾病，影響的不僅是個別細胞，更可能威脅到整個人體的生命。因此，爲了維持身體整體的和諧與平衡，我們得保護個別細胞的生命。同樣地，共業爲了維持團體整體的和諧與平衡，也必須維持這個團體中的個人健康。

那麼，共業是否意味著個人不需爲其行爲負責？誠然，你不需爲團體的行動負責，但是你仍然必須爲自己個人的行爲負責。倘若你在一家牽涉不法活動的公司上班，即使你察覺到這家公司的作爲，都不需爲其負業力上的責任；但是，倘若公司要求你參與某些不法的行爲，而你也確實參與了，那麼當然，你不僅要負法律上的責任，也要負業力上的責任。

另一個非常重要的特色是，至高無上者會運用共業來爲個人解決業力。假設你產生了負面的金錢業力，你可能會發現自己轉世到一個正經歷著嚴重金錢共業的國家，藉此償還你個人的金錢業力。即便你與這個國家的情況並不相干，然而藉由共業，你被給予機會以解決自己的金錢業力。不論表面上看起來怎樣，上天永遠會以對你最好的方式來解決你的問題；藉著如此艱難的經驗，你被給予機會去學習你的課題、重建你的生命，對你來說毫無損失。

國家的業力

我的靈性導師伊內茲．赫德，在許多靈性的主題上都是極有說服力且富於表達的講者，包括業力。當談到國家的業力時，她闡明如下：

> 我們要了解，地球上所有國家的業力，是因為我們欠我們的民族、我們的州、我們的國家業債，乃至於我們的城市。我們經由政府欠下這項業債，這就是我們對民法應負的業力。

國家業力是國內業力的一種形態，處理的是一個國家內部的事務，意指我們住在一個國家、一個州、一個城市中，就必須要分擔它們的共業；這也意味著，我們都虧欠我們所居住的地方業債，我們都有責任作出貢獻去改善它。

雖然我們常交替使用country及nation來指稱國家，但事實上它們並非同一件事，一個國家（country）是一個自治的政治實體，有自己經國際正式認可的國土及主權政府，能夠不受外界干預地管理公共政策及公共事務。另一方面，一個民族（nation）是一個文化上緊密結合的一群人，但是一個民族不必然會擁有自己的國土及主權政府；而當它擁有自己的國土及主權政府時，我們才稱它作一個「國家」或是一個「民族國家」。此時，這個國家才會產生自己的國家業力。

爲了更深入理解國家的業力，讓我們先回顧一下國家的靈性目的爲何，以及與這個議題有關的文明本身。《泰晤士世界歷史》（*The Times Complete History of the World*）一書的作者理查・奧弗里（Richard Overy），是人類學和考古學學者，教導我們：「人類的轉變……從打獵、捕魚到務農，從游牧到定居，形成了整個人類歷史上最具決定性的變革。」

然而，這項促成我們今日所知的城市及國家發展的人類巨大變革，並不是自己發生的，而是由關愛的神聖造物主決定每個人類發展階段的開始。文明本身，是因神聖的推動力爲促進人類發展神聖力量而誕生的；即使是現在，神聖造物主仍然在幕後引導著文明的發展。然而，在靈性的影響及人類的自由意志之間，仍然必須取得平衡，業力即由此而來。

一個國家的靈性目的，是爲了對整體文明運作有所貢獻，國與國之間可作爲彼此互相制衡的體系。如此一來，文明的活動得以維持在正確方向，以免某個國家獲取的權力過大。但情況並不總是如此。

當文明剛開始發展時，人類只有一個民族、一個國家、一種聲音，那是一個黃金年代。遺憾的是，人類對於文明所帶來的力量處理得不怎麼好。如同聖經故事《巴比倫之塔》（Tower of Babel），即暗喻人類變得高高在上，犯下了可怕的罪行，很快就累積了沉重的業力，於是神聖造物主選擇將人類分成較小的、較易管理的團體；經過這段時期的掙扎，世界上首批國家於焉誕生。

國家的變化動力

爲什麼有些國家發展得繁榮興旺，有些卻掙扎著求生？因爲國家既然以一個共同體的方式運作，它就跟個人一樣，會有自己的靈性天命。有三個決定性因素會強烈地影響國家發展，在這三個元素的共同運作下，就形成了國家的變化動力：

- ●這個國家在神聖計畫中存在之目的
- ●這個國家的人民整體之發展
- ●這個國家所面對的國家業力

有些國家存在的目的，是爲了培育較年輕的靈魂。我所謂「較年輕」的意思，是指這些靈魂尚未經歷像其他靈魂那麼多次的轉世輪迴，自然，這些靈魂會反映出這些國家的共業。在這種發展狀態的國家，沒有什麼不對之處，因爲它們有其不可或缺的靈性功能。許多發展中國家必須面對的挑戰，就是會被野心勃勃的領導者、以及剝削其資源及人民的其他國家所利用。

有些國家的天命，就是要成爲文明的先驅，因此在這些國家中，自然會有發展程度較高的靈魂去促成這樣的目的；一旦這些國家完成使命之後，可能就會逐漸淡出舞台，或者繼續扮演一個人類力所能及的良好典範。

也有些國家的發展達到高峰之後，又重重地跌了下來，然後因爲某些國家的業力而進入衰退期，一直要等到業力被償還完畢，才會再度興盛。有些國家則因爲沉重的國家業力或是其靈性目的已不復存在，因此完全地消失或是被其他國家所同化。

內戰是一種戲劇化形式的國家業力，這種業力是在一個國家的政府中出現無法調和的分裂。革命則是國家業力的一種極端情況，因為政府本身變得太過腐敗無能，以致人民不得不採取行動。這些類型的國家業力不是使國家更好，就是進一步使問題複雜化，有時還會產生新的業力。

民間法律及神聖律法

一個國家的政府有責任照顧人民，不論是道德上或是業力上，都有義務這麼做。因為政府是引導市民共同命運的力量，就該為這些事情負責，包括：工作機會、提供穩定的經濟環境、社會服務、教育、文化進步、宗教及個人自由、公民之間的平等、健康照護、保護人民免受國內外的侵擾等等。政府可經由其治理的方式，亦即它所制定的法律以及執行那些法律的方式，達成上述使命。所有政府部門都是共業的一部分，也都必須分擔國家的業力。

從靈性的角度來看，沒有任何單一種的政府類型比其他類型來得更好。一個國家的政府類型，可反映出其人民性情及靈性天命為何；如果運作得當、沒有貪污腐敗的話，神權政體或是君主政體也可以運作得跟共和政體或是民主政體一樣好。所以，一個政府是否成功，決定性因素在於其人民及領導階層的素質。倘若一個政府真正為人民服務，那麼它必然會繁榮昌盛。

我們塵世的政府，想要反映的即為神聖的政府。塵世的政府愈能貼切地反映神聖的政府，就愈能實現它的潛能。除了人民的道德品質，政府還可以藉由所制定的法律及政策來實現這一切。民法本欲反映的，就是神聖的律法。當一個國家的民法愈能反映神聖的律法，這個國家就會繁榮昌盛；

如果不能的話，國家便會遭受苦難。幸運的是，如果民法的運作違背了神聖律法，而我們對其並無置喙之地，那麼我們就不須爲其擔負業力上的責任；神聖造物主並未要求我們違反民間的律法。然而，如果我們對這些法律的制定確實有選擇權，那麼我們就得負起業力上的責任。

人們從事服務國家的活動，但不需背負個人業力的例子，亦所在多有。軍人在指揮人員的授權下上戰場，只要他們不是以違背良心的方式行事，就不用擔負任何的個人業力。律師不會因爲幫有罪的客戶辯護而產生業力，即使他們知道客戶有罪並設法打贏官司，因爲律師有保留公平審判的權利；但如果這個律師別有用心、操縱法庭、收受賄賂，就會產生嚴重的業力。警察只要不貪污，就不會因爲執行工作而產生不利於個人的業力。

領導者的業力

身爲領導者是一種殊榮，也是一種恩典。從共業的角度來看，領導者即爲帶領、引導團體行動的人。既然會產生共業的團體是神聖計畫的一部分，那麼領導者無疑也是神聖計畫的一部分。當耶穌受審時，彼拉多（Pilate）不想定他的罪，敦促他站出來爲自己辯護，並說：「你豈不知，我有權力將你釘上十字架，也有權力赦免你？」而耶穌回答：「你沒有絲毫權力可以定我的罪，除非你的權力來自天上。」

領導者的權力來自上天。我們所擁有的領導者，注定要成爲我們的領導者。也有人原本並非要成爲我們的領導者，後來卻變成領導者；不過這種情況並不常發生，就算有，時間也很短暫。我們可能會抱怨某個領導者的表現或是決定，但不論好壞，會有這個領導者是我們的共業。當然，我們還是必須經歷選擇領導者的過程，但是這麼做的用意，其實是去完成我們在神聖計畫中所扮演的角色。

當領導者宣讀他或她的就職宣言時，就會被授予一道特別的神聖之光，在他們的任期中予以協助，並且在業力層面協助他們處理相關事務。這道神聖之光以一個美麗的白色球體方式呈現在心臟中央，作爲與至高無上者聯繫的一個接觸點——領導者會接受到來自至高無上者的特別協助，促使他們完成目標。這些領導者會被小心地照看著，也會被啓發去做出正確的決定；然而即便如此，他們仍然擁有自由意志。

一個團體可能會有像亞伯拉罕·林肯般的偉大國家領導人，或是像聖雄甘地般開悟的種族領導者，也可能會有極爲開放或極爲保守的領導者。偶爾，若是共業太過沉重，卑賤或甚至邪惡的靈魂會得到許可而成爲領導者，使得一個國家爲獨裁者所控制；德國在阿道夫·希特勒時代，就有過這樣的經歷。

最常被問到的大問題是：領導者要爲他們的行爲負責嗎？不幸的是，有太多的領導者都未能實現他們的潛能，扭曲了「領導」眞正的意義，並造成許多負面的業力。領導者當然要爲他們的行爲負責，沒有人可以免除於生活的靈性法則之外；然而，因爲他們是領導者，我們必須把牽涉其中的共同及個人業力都納入考量。要知道，共業指的是把團體視爲個人，但並非任何單一個個人；不論團體中的個人做了什麼，都是由團體去背負其共同的業力。

舉例來說，某個選擇讓國家參戰的總統或國王都會跟你說，送軍隊上戰場是他們所做過最艱難的決定。有時候，戰爭是正義而必要的，這種情況下，即便領導者清楚明白自己正把軍隊送上戰場，也不會產生絲毫負面的業力。

但是如果這個總統或國王以既得利益為出發點，發動戰爭作為侵略的手段，毫不考慮這項行動的後果，那麼這個國家及這位領導者都會產生業力。這個國家可能會經歷嚴重的經濟危機，或是後代子孫可能會遭受別的國家無情地侵略。

至於這個領導者將會產生最沉重的個人業力之一。舉其中一例來說，這個領導者必得轉世到最糟的環境中，經歷在專制暴虐統治下的生活，以及在此過程中喪失寶貴生命的感受。此外，這個靈魂還必須經歷多次的轉世以重建其品格，並且償還其間必然會產生的所有個人或人際關係上的業債。通常要花上好幾個世紀的轉世，才能償清這樣的行為所產生的業債。這就是為什麼神聖造物主極為謹慎地處理領導人的業力，盡一切所能避免這樣一個不幸的後果。

而在共業的層面上，這個領導者也需背負其業力。日後，這個領導者必得再次輪迴為領導者，或許會身處於某些艱困的時期，以償還他或她所欠下的共業。他們不必償還業力給每個因過去集體行動而受害的人（這幾乎是不可能的事），但是他們必須在一個相當於過去他們犯下罪行的情境下，對自己身為領導者的作為加以補償。

動機一直是決定業力嚴重程度的重要因素。舉例來說，一個總統決定參戰，因為他認為這是正確的事，即便事實並非如此；在這種情況下，國家和個人還是會有業力產生，但不至於那麼嚴重。

但如果是另一種情況，比方說戰爭一開始是必要的手段沒錯，但情勢急遽地失去控制，某個國家遂代表被壓迫的一方介入協調，然而這個國家的目的只是爲了利用當前局勢，追求它本身的既得利益。若是這種情況，這個國家反而會產生業力，而不是去消弭業力。

事實上，領導業力，特別是國家的領導者，是最爲複雜的業力之一，因爲有太多因素牽涉其中，包括：一個國家的天命爲何、它過去的共業、它注定該完成的目標、它的人民及領導者的作爲，以及它與其他國家的互動情況，都必須納入考量。

當領導者的作爲並未以國家的最佳利益爲考量時，身爲公民的我們能做些什麼呢？如果你對於一國總統或政府的作爲不表贊同時，你的責任就是表達你的不滿；表現公民的心態並盡力改善社會，是很重要的。更重要的是，要尊重領導者所宣讀的就職宣言。不論你個人感受爲何，領導者仍然是居於代表國家整體的地位。

從業力的觀點來說，在代表國家的議題及決策上，你必須有自己的立場。你或許無法改變共業的結果，但是你會因爲忠於自己的信念而得以捍衛你的正直與誠信，不致於產生任何個人的負面業力。

以二次大戰前德國可怖的情況爲例。假設你是這個國家的公民，但並不贊同當局的政治行動。誠然，你若一直待在德國，自然免不了必須分擔這個國家所產生的共業；不過，只要你始終捍衛你的正直與誠信、不認同當局的做法，即便那段期間你不得不捲入其中，仍然不會產生任何個人的業力。但是倘若你認同當時那扭曲偏差的政治形態，那麼你不僅要分擔共業，還會產生個人的業力。

換言之，你可能無法改變一個國家走向什麼樣的道路，但是對於你自己在國家事務中所扮演的角色，則有著完全的掌控權，而這部分也是你所需擔負的個人業力。你看出這其間的區別了嗎？

底線在於：盡你所能，以正面的、有建設性的方式去啓發、影響你的領導者。多參與你的城市、州、乃至於國家的事務，你將會有所作爲。你應該要有的體認是，不論國家的業力或是天命，你都是其中的一部分，因此對於自己如何參與其中，你都應負起相當的責任。在任何的時事現象或問題上，對於應該採行的最好、最符合道德及最崇高的做法，要做出你自己的決定。切記，你並非單靠自己的力量在做這件事；事實上，所有的國家都在上帝的照看之下，神聖造物主極爲用心地在導引國家及國際間的事務。爲我們的領導者祈禱吧！要做到有效地領導國家，實非易事。

在其他所有需要做出共同決策的領導者形態中，領導業力的運作方式是相同的：執行長決定公司的決策，宗教領導者決定宗教的規範，法官和陪審團達成裁定和判決，立法者通過新的法律或是修訂舊的法規——所有這些領導者都爲個人的行爲負責，但是共業是由這些團體本身所承擔。切記，代表整個團體行事的領導者並不孤單；如果一個組織已贏得其本身的神聖力量之光，它就會成爲生命神聖計畫的一部分，神聖造物主也會縝密而周延地引導它。這意味著，神聖造物主根據各種情況下的業力範圍，照管著每個法庭案件、每條通過的法律、每項團體的行動作爲。

我們都會在某些時間點上被賦予領導者的試煉，而通過這樣的試煉，是我們靈性成長的一部分。如果你發現輪到自己被召喚去服務他人時，榮耀那樣的召喚，並且盡己所能地服務那些將自己託付於你的照看之下的人們。

一個暴君的輪迴故事

現在，讓我們來看看這個生命之書中的轉世故事，以及領導者的業力是如何地運作。在這個故事中，我們將聚焦於個人交錯衍生的業力以及它與領導地位的關聯性，而非共業的部分。

這個轉世要帶我們回到久遠之前的埃及古王國時期，第五王朝的法老王吉德卡雷·伊塞西（Djedkare Isesi）。當時是埃及動盪不安的時期，幾個內部問題正侵擾著這個國家的安寧，但其中最關鍵性的，就是一次嚴重的乾旱，導致農作物收成不如預期，也造成埃及民間騷動不安。

法老王吉德卡雷開始統治時，還相當年輕，他立意良善，抱著極高的期望想改善這個國家。遺憾的是，當困難接踵而至時，他的解決方法往往並未經過深思熟慮。日子一天天過去，吉德卡雷變得愈發嚴苛專制。有些人仍然對他很忠心，但是當他開始制定難以遵循的法律時，有許多人也開始憎恨他。為了控制人口數及食物消耗量，吉德卡雷下令夫妻只能生兩個孩子；而為了鎮壓分歧的意見，他更毫無緣由地下令處死人民。吉德卡雷的顧問有著很好的想法，但吉德卡雷不願採行他們的意見。有次，吉德卡雷的要臣在與鄰國交涉的議題上給了他十分中肯的建議，然而他在盛怒之下，竟將這名大臣刺死。此舉令他日後深感懊悔莫及。

這些做法與手段不僅未能改善國家的問題，反而給國家帶來更多的煩擾不安，然而吉德卡雷認為，強硬就是解決問題的方法。另一個國內的問題，則是如火如荼進行中的宗教改革；宗教改革有助於權力的分散，使得社會中某些有影響力的階層能夠獲取權力與動力。與其樂觀其成，吉德卡雷卻感到備受威脅，並設法更加強他的掌控。雖然吉德卡雷去世時還相當年輕，但因他年幼即繼位，所以在位時間相當長。其後繼位的法老王做得比吉德卡雷好，但是其他條件同時也發生了變化，改善了人民的生活。

誰會成為一個國家領導者，這樣的決定幾乎都是國家業力使然，而非偶發事件。有時候，國家的業力會讓這個國家出現一個嚴峻的領導者，但是吉德卡雷的情況並非如此。吉德卡雷本應有相當不一樣的作為，他天資聰慧且滿懷抱負，一開始亦頗上軌道，帶領著國家走上正確的方向；但是當難題接連到來時，他就開始犯下錯誤。就像我們所有人一樣，吉德卡雷也有自己的性格取向；遺憾的是，在這些困難時刻，某些較不理想的個性特點就被激發了出來，導致他的領導每況愈下。

在吉德卡雷成為領導者的這一世之前，尚與幾個轉世有關聯。關鍵性的一次轉世是在古時候的中國，當時他管轄著一個省份，轄區比他後來在埃及那個轉世所統治的土地要小得多，然而在這一世，吉德卡雷做得很好，讓他贏得了許多好業力。在中國的這一世，吉德卡雷極為仁慈寬厚。有趣的是，當時亦不乏艱困時期，而且也有類似的內部問題產生，但當時吉德卡雷處理得當，不但扭轉頹勢，更使得他的轄區步上軌道。因此，吉德卡雷日後身為法老王，其實是應該要將他原有的才能及技巧運用於規模更大的埃及王國。

但是，發生了什麼事？是什麼問題使得這位優秀的領導者變成專制的暴君？首先，我們應看到的重點是，雖然吉德卡雷採取高壓統治，但他原來的立意是好的，動機只是要讓這個國家變得更好，而非別有用心或是為了個人私利。若非如此，他的業力將會更為加重。使他失去自我控制的原因，要追溯到來自稍早兩次轉世的靈魂業力，當時他出生於中東，是一個很成功的商人，有一種凌駕於所有人之上的神氣，處理生意上的交易也十分強硬——並不殘酷，但頗為無情。因此吉德卡雷雖然大展鴻圖，變得極為富有，但也連帶地產生了靈魂的業力。這種如同當法老王時所面對的壓力，激發出他性格上的缺失。這項性格缺失的浮現是不可避免的，但是如果吉德卡雷有在這方面用心的話，以他的能力，完全足以駕馭這部分的自己。

那麼，吉德卡雷要如何面對並解決他的業力呢？我們還是必須將共業與個人業力分開來看。由於他的動機是良善的，因此他為團體所採取的作為，並不像他個人的作為般業力深重。身為領導者還可以有些例外，但是身為一個人，他就跟其他所有人一樣，要為自己的行為負責。好在他的出發點是良善的，而非出於個人的私利，因此他的業力才沒有變得愈發不可收拾。當然，他還是有應得的業力。

法老王之後的下一個來世，吉德卡雷出生在古敘利亞，這一次的大環境，仍然是一個遭逢艱困時期的國家。吉德卡雷生於豪奢的富貴之家，但屬於某個與人民對立的團體，內戰一觸即發。吉德卡雷在這一世中並未展現出良好的品格，甚至一度因為出於嫉妒而殺害了某個他所愛的女人，給自己製造了更多的業力。這一世的吉德卡雷並不快樂，在動盪不安的情勢持續惡化下，他失去了財富，貧困潦倒地結束了他的人生。雖然當時他還很年輕，卻因為政治背景而被殺害。這一世，吉德卡雷親身體驗到因別人錯誤的統治而受苦，是什麼樣的感受。

在敘利亞這一世之後，吉德卡雷很快地轉世到古羅馬時期。這一世，吉德卡雷注定要去面對並解決以前對人民太過嚴苛所產生的個人業力。這一次，吉德卡雷仍然出生於富貴之家，從事許多的商業貿易活動；一開始他似乎還頗為親切友善，但很快他便對生活感到厭倦，於是私底下開始在金錢方面占人便宜。

吉德卡雷有過兩次慘不忍睹的戀情，讓他看清楚了自己處事方式的缺失，於是他開始做出改變，努力讓自己能夠更為寬厚待人，盡自己所能地彌補前世所犯的錯誤。過了幾年，吉德卡雷遇到一個女人，給了他極大的幫助，於是他們結婚了，也生了一個小孩，過著幸福美滿的婚姻及家庭生活。當吉德卡雷結束這一世時，已經克服了性格上的缺失，也解決了這部分的個人業力。

在這之後，吉德卡雷還有另一個轉世是出生於高盧，也就是現在的法國南部，他跟一個女人結了婚並且十分關愛她；這個女人不是別人，正是他在埃及那一世中所殺死的那位大臣。事實上，吉德卡雷與那位大臣曾經一起轉世多次，而且相處甚歡，因此，吉德卡雷對於自己在盛怒之下殺害了那位大臣的行為，始終深感懊悔，並且非常企盼能有補償的機會。所以在這一世，吉德卡雷幫助這個女人度過一段極為艱難的日子，也為她做出許多犧牲，讓他得以償還自己之前的個人業力。在法老王那個轉世中，吉德卡雷殺害那位大臣的行為，並非是基於他身為領導者必須執行的公務，而是在盛怒之下所產生的個人行為，因此必須被視為是一種個人業力；而那些被國家政府正式處以死刑的案例，除非牽涉到權力濫用，否則一般來說都屬於共業。

集體關係的業力

我們都知道，國家及團體不會獨自運作，而會經常地彼此互動，就像人與人之間會產生互動一樣。這意味著如同人與人之間會產生人際關係業力，團體與團體之間一樣會產生集體關係的業力。愛的相同課題不僅適用於個體，同樣也適用於團體。榮耀並尊敬其他團體是我們該做的事，團體必須學習如何彼此相處、一起合作，並且尊重彼此的差異。倘若我們欺負、侵害、誘騙、不適當地影響或操縱其他團體，業力就會因而產生。

集體關係是關於相似的團體如何互動，如國與國、宗教與宗教、種族與種族、公司與公司，以及家庭與家庭；也有關於社會中不同的團體如何互動，如政治團體、經濟團體、宗教團體、種族團體、文化團體。在文明的規劃藍圖中，社會的每個部門都注定有其必須扮演的角色，這樣才能截長補短、相得益彰。如果一切運作得當，就會產生驚人的綜效及美好的業力。政府藉由民法賦予人民平等，宗教及文化團體提供個人信仰及表達的自由，商業團體促成團體間的互助合作並創造社會的物質需求。

促成團體間產生成功的關係，關鍵就在於動機。意識形態只有在被人們的素質與誠信運用時，才能發揮作用。團體間若想達成成功的互動，就必須採行「己所不欲、勿施於人」的黃金守則。雙贏的局面，是讓團體學習到集體關係業力所教導的靈性課題之唯一方式。

讓我們舉教會與國家的關係爲例。源於百年來的爭奪與衝突，今日，大部分國家都採行明確的政教分離原則，然而還是有若干社會欣然接受政教合一的關係。在這種情況下，集體關係業力如何運作呢？

首先，讓我們釐清教會與靈性理想之間的區別。我們對於教會的定義是指一個被正式認可的、有組織的團體；教會與國家的關係，則是指一個特別的宗教組織以及它與一個特別的政府之間的互動。這與一個把社會建基於靈性或宗教意識形態上的國家，或是國家宗教，都是截然不同的。

舉例來說，美國即經特意規劃，旨在保持政教事務分離，以及不要有國家認可的宗教以維護宗教表達的自由。然而，美國卻是牢固地建基於靈性理想上，特別是基督教的理想；「上帝之下不可分割的一個國家」概念，就是美國建國的基石，也反映出這個國家的道德生命。

如果一個國家設立在宗教組織與政府活動涇渭分明的情況下，那麼每個團體都必須尊重這樣的差異。如果一個團體不當地影響另一個團體，就會產生負面的業力。我們都看過這樣的例子：宗教領導者不當地施壓並影響政府，負面的業力遂隨之產生。

然而，倘若一個政府欣然接受政府事務與宗教的結合，那麼兩個團體間就產生了一種緊密合作的關係，不會有任何負面業力產生。在業力上來說，一個政府以這種方式設立並沒有什麼不對；甚至有的社會是由宗教領導者轉變爲政治領導者來治理的，跟一個總統或國王治理國家沒什麼不同。在這種情況下，業力會轉變，因爲宗教的組織或領導者現在變成了政治領導者，共業會開始在全民的層面上運作。當然，領導者仍需對神聖法則負起責任，如果他們爲一己私利而濫用權力，絕對會產生共業。

戰爭及征伐的業力

戰爭的業力是共業中最戲劇化的形式之一。我們都知道戰爭的可怕，然而甚至在戰爭中，都有靈性動力的存在。戰爭是人類造成的罪惡，但有時卻是一種必要之惡。諷刺的是，某些時候戰爭反而帶來進步，其他時候則會帶來衰退，端視戰爭行爲背後的動機爲何。

當戰爭的發動純粹是一種侵略及征服的行徑時，自然會對開始這項侵略行爲的國家帶來災難性的業力影響，往往到頭來，這個國家的後代子孫也會經歷到被他國侵略的痛苦。然而當戰爭是作爲一種防禦行爲時，就不會有任何負面業力產生，如同我們每個人遭受攻擊時都有自我防衛的權利，當一個國家遭受他國攻擊時，自然也有防禦自己的權利。

一個國家代表另一個國家進行交涉，有時候是必要的。如果A國看到B國並未善待人民，那麼A國即有幫助B國人民之靈性的權利，即便這意味著軍事行動的產生。我指的並非是出於利益考量而干涉某個國家的國內事務，而是對於一個犯下重大罪行的政府所發動的制裁，這樣的罪行包括種族滅絕或集體屠殺、奴役人民、肆無忌憚地入侵周邊弱小鄰國等。事實上，對於伸出援手的國家來說，介入仲裁的行爲會爲自己帶來好的業力，不過，這個國家本身當然要具備足夠的軍事手段與能量，否則反而會讓自己陷入危機之中。

即便戰爭及征伐並非好事，有些時代卻似乎是因爲征戰而促成了文明的發展，這又該怎麼說呢？我們看到亞歷山大大帝、羅馬帝國、成吉思汗的征伐，實際上對於文明的推動都有相當大的幫助，藉由征戰的手段，他們統一了世界各地。查理曼對歐洲的基督教化，使他平定了野蠻的游牧民族，促進了歐洲大陸的文明蓬勃發展。這些情況會有什麼樣的業力呢？

對這些錯綜複雜的情況來說，我們無法下結論一言以蔽之。然而，爲了促成文明在神聖計畫中的發展，上天有時的確允許征戰的發生；遺憾的是，我們必須知道，有些團體除了以武力對付之外，別無他法。當你面對某個叫做「劈顱者」的維京海盜時，你無法要求這樣一個靈魂乖乖地放下武器，展開另一種全新的生活方式，即便是爲了他好。有時候，文明成長的痛苦是很劇烈的。在這些情況下，個人的業力還是會產生，畢竟這些征戰仍然是屬於侵略的行爲，但有趣的是，這種情況往往不會有負面的共業出現，因此這些國家遂得以繁榮發展，甚至蓬勃興盛。

種族的業力

種族的業力是一項極令人著迷的研究，因爲它涉及最古老的共業之一，以及人類本身的進化史。在有文明及宗教之前，就有人類的存在。人類學家和古生物學家的傑出成果，爲我們開啓了嶄新的視野，讓我們能夠從一點一滴的證據中了解我們這個物種的複雜歷史。雖然還有很長的路要走，但是可追溯至百萬年前這段生命的豐富歷程，已然浮現在我們面前。

「種族」（race）這個字指的是，將人類根據外觀上的特徵以及共同的祖先區分爲不同團體的概念。數世紀以來，對於人類的差異性之理解產生了極大的變化。被提出的問題是，種族彼此間是否在生物學上存在著眞正的區別，亦或是較偏向於一種環境因素以及一種社會學上的建構，以理解人類生理上的差異以及在不同文化中的發展。

以宇宙哲學的觀點來說，雖然我們都是相同的物種，但是明確而獨特的種族的確存在，也都在人類靈魂的進化中扮演著關鍵的角色。每個種族都是神聖的，並爲了配合該種族中的靈魂性情及演進的計畫而存在；所有的種族在上天眼中都是平等的，每個種族也都有其本身注定要完成的靈性目的及神聖命運。

所以，爲了讓你更了解種族的業力如何運作，我將爲你簡短地概述宇宙哲學所教導的種族靈性歷史。這是一個牽涉極廣、崇高而宏偉的題目，闡明許多目前科學尚無法認定的原理。

概括而言，宇宙哲學教導我們，人體是由上天所設計的，正在經歷其本身的演化及改進過程。

在人類形體的實體設計上會經歷七大時期，這些時期一般被稱作「根種族」。這個用詞雖好，但很容易被誤解，因為我們所說的根種族並非人類的某個特定種族，而是指一整個時期或是周期，意即所有落在某個廣泛分類的時期或周期中的人類形體發展。這些時期或周期中，又有七個依序相繼出現的次種族，發展成為我們所知的真正種族。

從最前面兩個根種族周期發展出來的個別種族，是原始的非物質形態，但是仍然運作於物質世界中；這些種族早已不復存在，至今，什麼都沒有遺留下來。一直到第三個根種族周期中，也就是被稱為利莫里亞（Lemurian）的時期，首批的人類形體始出現於地球上，這個漸進的過程開始於大約一億八千萬年前。雖然這些剛開始的人類形體與類人猿的生物十分相似，但是他們並不屬於動物界。人類從一開始就有自己的演化過程，有別於地球上其他生物，包括猿在內。

在七個根種族中，據說我們目前是處於第五個根種族或第五個周期內，也就是被稱為雅利安（Aryan）的時期。雅利安這個名稱，其實是用來指稱這個根種族，但一直被嚴重誤解並誤傳。從人種學來說，在梵文中有「高貴」之意的雅利安人，指的是最初的印歐語系或是原始印度波斯語系的游牧部落。然而就第五個根種族來說，雅利安一詞，指的並非僅是屬於這個周期的種族名稱，而是包括了在第五個周期整個期間之內的人類發展。從靈性角度來說，現今所有的人類都可說是雅利安人，因為不管我們的靈性發展層級如何，我們的外形全都帶有來自第五個周期的演化特徵。

第五個根種族之後，我們還會經歷兩個周期，使我們的形體繼續不斷地演化、精進，直到地球終成靈性通達者所居住之星球為止。

這七個周期的發展有重疊，我們今日所見的人類種族即由此而來。我們現今的種族，是從第四及第五個根種族周期中發展出來的。最古老的一些種族，他們的外形當然已經歷過數百萬年的演化與精進，而較年輕的一些種族則帶有他們本身的特徵與特質（詳見下頁圖）。

所以，回到業力這個主題上，種族會產生共業嗎？當然，他們必定會產生共業。因爲種族是極爲獨特的團體，帶有他們本身的神聖力量之光，也是神聖計畫的一部分，所以他們必然會產生共業。基本上，種族共業的運作與其他類型的共業是一樣的，種族中個體的作爲也會影響到整個種族的共業。種族的變化動力也與其他類型的團體動力一樣。你出生爲什麼種族，是你神聖命運的一部分，讓你得以去學習這個種族所面對的特別課題，並且共同承擔這個種族的業力。

如同國家的業力屬於一個國家的內部事務，種族業力也是與該種族團體之內的人們如何共同合作有關。正如我們所知，同一個種族之中，往往不同的部落或團體彼此會產生衝突，這就是種族業力的例子。

然而，種族業力仍有與其他共業不同之處。舉例來說，你可以改變國籍或是宗教信仰，但是你無法改變你的種族。在你轉世的這一世中，你都得棲身於這個有著種族特徵的形體中；不論好壞，你都得經歷你自己的種族循環經驗。此外，其他類型的共業與該團體的領導階層都有著極爲密切的關聯，然而以種族來說，雖然也會出現領導者，但影響並沒有那麼地全面，不像其他類型的共業，因此在種族業力的產生上，種族之中個體的作爲反而更爲重要。

一個種族會有自己的種族神靈，人民則在其指引下實現種族的天命。崇拜種族神靈的文化並不

截至目前為止的根種族及其周期

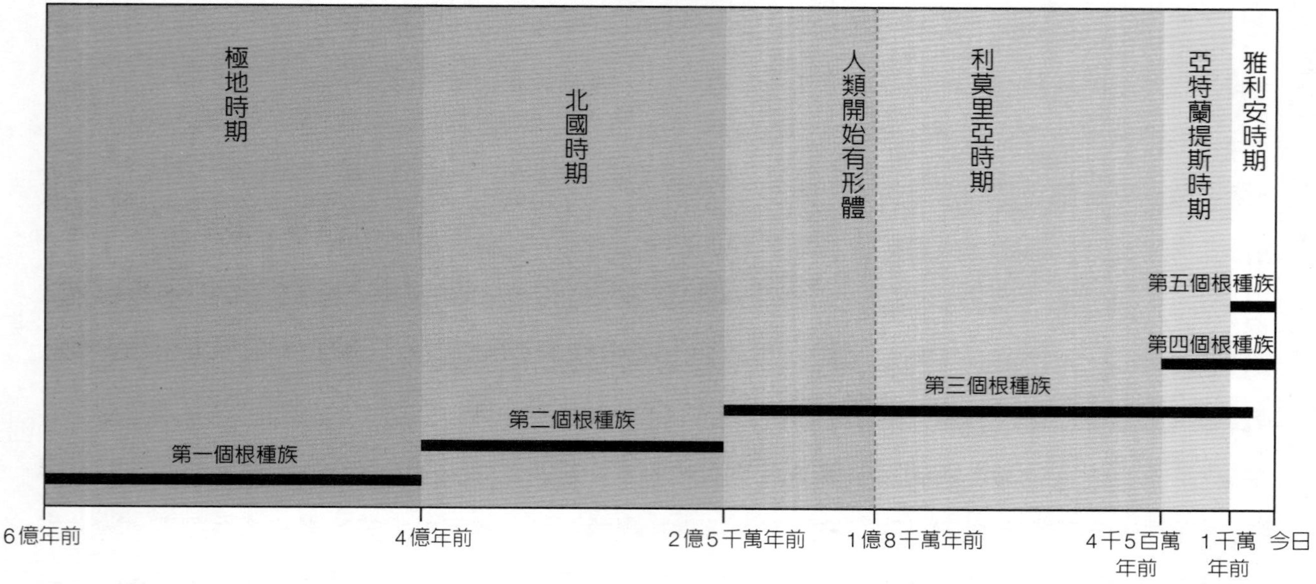

宇宙哲學以上述圖表說明根種族演進發展的過程。使用根種族的術語時，請將宇宙哲學所識別的種族，與現代根據文化、地理及外形特徵以辨識人種的方式，加以區別。

存活至今的種族，皆為來自第四個時期的七個次種族，以及來自第五個時期的五個次種族，共組成十二個靈性種族。雖然他們不在同時期起源於世界各特定地區，但現在全球各地都有他們的蹤跡。

第四個根種族 — 亞特蘭提斯時期
- 第一個次種族 — 羅阿人（Rmoahal）（非洲）
- 第二個次種族 — 特拉維利人（Tlavatli）（南美洲）
- 第三個次種族 — 托爾鐵克人（Toltec）（亞特蘭提斯）
- 第四個次種族 — 突雷尼人（Turanian）（中亞）
- 第五個次種族 — 閃米特人（Semite）（中東）
- 第六個次種族 — 阿卡德人（Akkadian）（中東）
- 第七個次種族 — 蒙古人（Mongolian）（亞洲）

第五個根種族 — 雅利安時期
- 第一個次種族－印度（印度河流域）
- 第二個次種族－阿拉伯人（中東）
- 第三個次種族－伊朗人（中東）
- 第四個次種族－塞爾特人（歐洲）
- 第五個次種族－日爾曼人（歐洲）

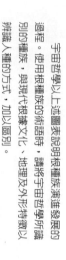

少見，這些文化將種族神靈當作自己的神明，藉以榮耀他們的神聖職責。有時候也會有人類的種族領導者出現，聖雄甘地就是最好的例子。我們總認為甘地是一個精神上的領導者、甚至是政治上的領導者，因為甘地在這些領域都有極大的影響力；但事實上，甘地並沒有任何宗教立場，也沒有擔任任何公職，他的力量其實是來自他所代表的印度人民，以及他們為爭取平等的奮鬥。另一個種族領導者的絕佳實例就是馬丁．路德．金，他幫助自己所屬的種族脫離了最艱難的業力之一。

正如靈魂必須經歷各式各樣的人類經驗，你也注定必須經歷各類的種族。而當你生於這些不同的種族中時，就要去分擔它們的共業。你可能在任何的種族循環中遇上你的種族業力，並且完成這樣的業力課題，但情況並非總是如此。有許多時候，你會在同一個種族中不斷輪迴，直到你學會去理解那個種族中的手足情誼；也有些時候，你會從一個種族轉世為另一個種族，端視你的業力紀錄表而定。

如同其他類型的共業，神聖者也會運用種族業力來為個人解決業力。要記得，種族業力的影響也不一定會由始作俑者來承擔。你身為種族團體的一份子所經歷的福禍，有時候可能與你個人的業力有關聯；其他時候，你必須忍受的艱苦則是來自於你所分擔的種族命運。這是成長過程的一部分，而神聖造物主也總是會對這一點加以平衡。如果你必須經歷一段與業力無關的艱難時期，那麼你就會因此掙得靈性的存款，用來抵免其他與此無關的業債，你仍然毫無損失。

今日，我們該如何看待種族呢？以寬容及尊敬來看待種族間的差異性，不需變得跟別的種族一樣，讓每個種族都能實現它注定該完成的使命，因為在神聖計畫中，我們全都有自己該扮演的角色。身為種族的一份子，你有部分的任務是要去榮耀你的種族，同時要有超越種族的視野，了解我們全都屬於上天的大家庭。血源的聯繫再親，仍舊比不上靈性的聯繫；你是上帝的火花，超越任何的人類形體之上。

宗教的業力

宗教的業力指的是一個特定宗教組織的共業。靈性的理想適用於每一個人。然而，一旦這些理想被包含並受限於某個教義或信條之中，成為一個可辨識的宗教組織，它就會擁有自身的神聖力量，並且成為神聖計畫的一部分，然後，它也會開始產生自己的共業。如同任何的團體，宗教也必須為它們的作為負起業力上的責任。有人可能會認為，宗教團體本身都經過精心規劃，因此其作為應屬無可非議；然而我們經常看到的是，宗教團體很容易就犯下跟其他團體一樣的錯誤。

宗教團體的目的，是為了啓發人們生命眞正的目的以及人類與上天的關係，啓迪我們以更健康、更有成效的方式與他人相處，展現寬容與耐心。作為社會的一份子，宗教提醒我們，文明本身終究只是靈性進展的一項工具。宗教的眞實形態是要給予我們自由，並且帶出我們自然而然的道德感與發乎情、止乎禮的行為標準。宗教之美，遠超乎我們目前的認知範圍，不但帶領我們發掘生命的奧祕，更允許我們去想像一個遠比眼前所見的、更偉大的至善以及更偉大的生命。在這方面，宗教可說與偉大的藝術有著相仿的目的：帶來願景並啓發人性。

宗教的關鍵在於信念。如果你一開始就不相信某個宗教所主張的靈性理想，那麼這個宗教就行不通。地球上所有眞實無欺的宗教之誕生，都是神聖計畫的一部分。在每個宗教的實踐中，都有著人類要學習的課題，藉由信仰，你的生命會得到方向及目的。

宗教組織往往缺少能體現宗教眞正意旨的崇高理想，這是一個悲哀的事實。它們不但沒有保持開明與寬容的心境以接受嶄新的靈性啓發，反而陷入教條與教義中，扼殺了眞正靈性理想的命脈；而這些靈性理想，原是他們被託付以體現的眞義，如此一來，就會有共業產生。而對於這些宗教的會眾來說，缺乏寬容心態也無法促進他們靈魂的靈性成長。

世界的宗教經歷了一段時期的變革，不但許多人重新檢視他們的靈性信仰，許多宗教組織也展現更大的彈性，以因應人類不斷轉變的性質。一行禪師的哲理被廣泛採行：「我們人類，可以藉由許多傳統中最好的價值而得到滋養。」

那麼，宇宙哲學與宗教之間有什麼樣的關係？它們有混和之處嗎？當然有。宇宙哲學並不是一個宗教，你沒有任何理由需將宇宙哲學排除於你的宗教實踐之外。同時，如果你確實想要，改變你的宗教信仰或是不遵行一項特定的宗教習俗，也沒什麼不對。宗教是一種選擇，代表你有著崇敬上天的自由。

如果你正在進行某項特定的宗教修行，最重要的就是要盡你所能，忠於該宗教法則的實質精神，而非字面意義，因爲你的目標是去體現這個宗教所代表的靈性理想。每個宗教團體中都有其信條，別將這些信條與宗教的靈性目的搞混了。

在你的靈性思維中，你不會希望自己有著封閉保守的心態。宗教提供了一條通往上天之路，但是不可能解答生命所有的奧祕。無所不能的是上天，宗教再怎麼激勵人心，都不可能包含上天完全的榮耀。如同海倫娜·布拉瓦茨基〔H. P. Blavatsky，編註：布拉瓦茨基夫人具有超驗能力，於一八八八年出版《祕密學說》，首先採用「新時代」（New Age）一詞〕所言：「沒有宗教能超越眞理。」我們對於靈性生命的理解已有相當大的進展，但是還有更多需要學習之處。至高無上者稱地球爲幼兒園星球，意味著在完全理解上天的靈性生命這方面，我們仍是有待學習的幼兒。

今日，宗教的任務就是要一起來了解每個宗教所飲之甘泉，全都來自於同一個靈性的泉源。上天並未特別偏愛哪一個宗教。每一個宗教都經過規劃，以便迎合所欲教誨的人們所需，並且符合這些人的氣質性情，同時帶出靈性生活的不同面向。宗教亦是作爲文明整體的靈性發展之一部分。所以爲達成這些特別的目的，宗教原本就應該富有極大的彈性。

我們今日所見與宗教有關的僵化和掙扎，不論是內部問題還是宗教彼此間的情況，都與這些宗教設立的初衷有所牴觸。宗教本身並非其目的，而是作爲服侍上天的工具。就像國家有的興起、有的消失，皆取決於其本身的業力及目的，宗教也是一樣；它們的適應與改變，端視它們所提供予人類的目的與服務而定。

樹立良好的榜樣

面對並處理共業時，盡你所能去樹立一個良好的榜樣。不論團體怎麼做，要堅持充分地實踐你本身的道德操守。到頭來，這畢竟是你個人的選擇；不管別人怎麼做，你還是得爲自己的行爲負責。

在你的社區、宗教及種族團體中，保持主動積極的態度。對文化及國家有影響的決定，也會影響到我們所有人，在這過程中，我們都可以發揮作用、盡一份心力。在共業的大傘下，沒有人是微不足道或無關緊要的。

有時候，你也會看到不平等和不公義的現象。盡你所能去改變、矯正這些現象，但是不要太快就作出結論，要盡可能從各種不同的觀點了解這些現象，因爲我們很容易會被一時的熱情沖昏頭。有時候，這些現象的背後有著更大的力量在運作。如果你可以改善這些情況，就去做，盡人事之後即聽天命，其他部分就留給上帝吧。

盡我們所能以產生好的共業，在這一點上，「雅典誓言」（Athenian oath）說得最好：

> 我們絕對不會以不誠實或怯懦的舉止，爲我們的城市帶來恥辱。
>
> 不管是單打獨鬥或並肩作戰，我們都會爲了理想以及這城市的聖物而奮戰。
>
> 我們敬畏並遵守這城市的法律，將盡全力激發等同於上述敬畏及尊敬之情的力量，對待那些在我們之上、傾向廢除它們或蔑視它們的人。
>
> 我們將更加致力於激發公眾的公民責任感。
>
> 以所有的這些方式，我們將留傳予這城市的，不僅不會少於它所留傳給我們的，反而會更多、更加美好。

12
全球的共業

全球化時代最大的好處之一，就是讓人類對自己有更確切的理解：儘管彼此之間存在著差異，我們事實上是一個民族、一個星球。在早期，很難想像世界的一部分會跟另一部分有關聯，人們也較爲孤立而封閉，不會旅行至世界其他地區，或是與其他地區的人們產生交流。現在比之以往，我們更能夠了解，其實我們全都來自於同樣的發源地，彼此之間並沒有我們曾經以爲的那麼不同。雖然我們尚未達到四海之內皆兄弟的境界——其實我們早已有能力達成，但毫無疑問的，在文明的發展上，我們正來到一個前所未有的轉捩點。人類將何去何從？業力在這過程中又扮演什麼樣的角色？

沒錯，是有著全球共業這麼一回事！如同國家業力與國家的活動有關、種族業力與種族的作爲有關，全球共業也與整體文明的集體活動有關。在神聖計畫中，人類終究注定要齊心協力，雖然存在著多元多樣化的差異，但仍然必得團結一心、共同努力。全球共業反映的，正是我們能否達成合作無間的目標。全球共業無疑是最包羅萬象、涵蓋範圍最廣的業力之一，因爲它牽涉到全人類的進化過程。以全球的層面來說，我們經歷過好些人類史上最光輝燦爛的光明時刻，然而也不乏好些最黯淡無光的黑暗時刻。

正如其他團體的變化動力，文明的靈性天命、人類的意識層級，以及累積的全球共業，都會對文明的事件及活動造成影響。偉大的發明、發現及藝術作品，舉凡能將人類意識提升至新的層級，都是全球的天命及好的全球共業之例證。不朽的藝術家像是貝多芬、米開朗基羅、李奧納多·達文西，可能出生並居住於某個特定國家，但是他們對人類的貢獻卻是無遠弗屆，早已超乎其本國的國界之外。文明贏得的好業力，使它得以擁有如斯偉大的成果，一切都因此而受益。

偉大的發現也是一樣。偉大的發明及發現，都是文明被賦予的部分天命。當艾薩克．牛頓、阿爾伯特．愛因斯坦、湯瑪斯．愛迪生取得他們的重大突破時，不僅是在科學領域上有所突破，更是在人類意識領域上的重大進展。這些重大事件都經過神聖造物主的精心安排，以便有助於人類的靈性開展；這些事件，同時也必須在全球共業允許的情況下才能發生。

遺憾的是，我們有許多全球性的挑戰，也都與全球共業有關。諸如飢荒、疾病、文盲、貧窮、毒品、受壓迫的勞工、奴役，都是難以解決的全球局勢，業力皆在其中軋上一角。

縱觀古今歷史，不乏許多運作於全球共業層面上的事件實例。亞歷山大大帝的征戰、成吉斯汗、羅馬帝國、基督教十字軍東征、殖民主義的統治，不論是好是壞，都是跨越全球、產生全球共業的歷史大事。

爲了讓你了解全球共業的運作，我想用三個令人印象深刻的全球共業實例，陳述人類的三大課題。在檢視這些例子時，切記全球共業並不會取代我們個人的業力，我們對全球業力的參與，獨立於我們個人業力之上。同一時間，也會有不止一種類型的共業在運作：全球的、國家的、宗教的、種族的業力都可以同時並存。神聖造物主的工作著實不易，祂慈愛而精心地規劃所有的業力，以保持人類朝正確方向前進。

我們把這三大實例與課題稱之爲：

●與二次大戰有關的全球共業：選擇良善、捨棄邪惡的課題

●與非洲有關的全球共業：團結與合作的課題

●與中東有關的全球共業：選擇上帝、捨棄金錢的課題

文明的靈性歷史

在進一步說明這些全球共業的實例之前，我必須先回過頭來，提供你一些關於宇宙哲學所教導的文明歷史之看法。因爲宇宙哲學對於世界歷史有其本身的觀點與見解，對全球共業的理解極爲必要。

正如我們每個人都有一本生命之書，記載了我們的靈魂在靈性發展經驗中所經歷過的事件，人類自己也有一本生命之書，依序記錄文明從開始至今的事件及活動。這是一項多麼驚人的記載。但是在地球上，我們只能運用手邊可掌控的實體證據。而關於文明的歷史，我們愈往回追溯，紀錄就愈模糊不全；一旦我們來到沒有文字記載的年代，除了從考古學遺跡拼湊出的零星碎片，歷史就完全地靜默無語了。一大段史前時代的歷史，似乎已無法挽回地遺失了。

然而，在人類的生命之書中，人類的歷史被鉅細靡遺地保存了下來。我們每個人身上，其實都能發現歷史之書的倒影——它存在於我們自己的靈魂經驗中，在我們所棲身的人類形體基因中，更在文明的集體無意識層面中。

作爲宇宙哲學訓練的一部分，我有幸窺見人類這本神聖的生命之書。在觀看我被允許接觸的部分時，我很驚訝地發現，我們的靈性歷史竟是如此地包羅萬象；我也發現，文明竟可回溯至比我們

目前所知更為久遠的年代。得知傳說中的文明，像是亞特蘭提斯及利莫里亞，竟是擁有豐富多樣歷史的眞實所在，是多麼令人驚喜！

更加不可思議的是，看到這些早已被遺忘的文明與現在的世界竟有如斯關聯——文明背負了這些遠古時期的烙印，不論是某些人類最爲光芒耀眼的時刻，亦或是某些最爲巨大的掙扎與奮鬥的時刻。

現今世界上每一個文明國家，都虧欠史前時代文明無可估量的感恩之情。雖然這些遠古時期的知識至今已不復存在，我們仍然可以感受到它們的業力所帶來的影響。在知識與文化方面，倘若沒有那樣豐富多樣、極其古老的過去之影響，我們根本就不會擁有今日的成就。當我們終於理解人類的起源比我們原以爲的時間更爲久遠時，也該是我們終於理解文明本身也比我們原以爲的時間延亙得更爲久遠的時候了。

雖然在考古學的紀錄上，仍然存在著許多問題以及令人困惑難解之處，普遍認同的最古老文明，應可回溯至大約六千年前、發源於美索不達米亞的蘇美文明；大體上，文明普遍被認爲是開始於世界的這個部分。

而在那之前，根據考古學上的發現，原始的社會和城市可回溯至更早的九千到一萬三千年以前，顯示人類已過著定居的群體生活、耕種土地、馴養動物，是文明重要的先驅性指標。早於一萬三千年以前，考古學上的跡證指出，人類仍以狩獵與採集爲生。然而在這裡，我們也可從克羅馬農人的藝術作品（可回溯至兩萬五千年到四萬年前之久），看出其中漸趨複雜精巧的跡象。

順著時間軸再往回走，據信大約五萬年前，人類的演化往前躍進了一大步，進化出更高等的腦容量，得以構思並發展文明。再回溯至十萬到十二萬年前，化石紀錄顯示，首批就解剖學上來說完全屬於現代人的人類，即「智人」（Homo sapiens），早在五十萬年以前就已經出現了。

再往前更進一步推演，我們可以找到早期人類最初始的證據，亦即「直立人」（Homo erectus）的存在。在這段時期被發現的有石頭製成的簡單工具，顯示我們祖先在百萬年前所展現出來的獨一無二智慧，是有跡可循的。最初的原始人類（一種與人類而非猿類有更緊密關聯的生物）出現於大約七百萬年前，據信是由兩千萬年前一種舊世界常見的類人猿生物演化而來。

宇宙哲學並沒有對這許多的發現與時間點提出質疑，相反地，它只是指出人類歷史之久遠，更早於這些科學發現之前。宇宙哲學與科學不同之處，僅在於它對這些發現有不同的闡釋。

從宇宙哲學的觀點來說，在人類發展的多樣性以及這樣的發展爲何會發生這些方面上，目前考古學的發現無法描繪、剖析出一個眞正的橫切面。如果我們檢視五萬年前的人類生命，將會發現一個驚人而多樣化的世界，有許多靈魂過著狩獵和採集的生活，但也有些靈魂過著更爲先進的生活。誠然，尙未有既定的考古學證據能夠支持這樣的主張，但是文明的生活形態在當時的確與原始的生活形態並存。

所以，讓我們倒轉影帶，以一種涵括全景的角度來檢視文明如何一路走來，以及遠古時代的事件如何對我們今日的文明作出諸多貢獻。在與你分享並說明這些事件時，我無法對這一切提出實證，只能訴諸於你本身的直覺，因爲在你靈魂遙遠的歷史中，曾記錄了某個時候你曾參與的史前時期事件。或許在檢視這些史前時代以及它們所代表的世代時，最好的方式，就是宛如你正在審視文明本身的前世。

宇宙哲學告訴我們，人類發展的每個階段都經過神聖造物主的引領及指導，雖然人類必須靠自己邁向靈性道路，但在這條道路上的每個腳步，都會有上天慈愛之手的陪伴，一切都不是意外或偶發事件。這意味著從我們的身體到我們的靈魂，每一方面的發展，都是生命宏大計畫的一部分。

約當一千八百萬年前，人類開始了在地球上的形體進化。目前科學告訴我們，人類是從原始人類或是早期的人類形體演進爲智人；然而宇宙哲學則教導我們，一開始就有兩類人種同時在發展：原始人及智人。智人的身體是爲了發展較爲先進的人類靈魂而設計的，而原始人及早期其他類型的人體，則是爲了容納那些尚未準備好棲身於智人形體中、較爲年輕的靈魂。

這些最初的人類的確很原始，有著類人猿的模樣，但是打從一開始，他們就與動物界有所區別。人類有其自身的智慧及意識，能感受到家庭血緣關係的緊密聯繫，在小團體中可以一起合作，甚至擁有最原始的語言。

數百萬年來，人類源自智人這條進化路線的不同種族周期，出現於地球各地；根據神聖計畫的安排，這是爲使人類對即將到來的文明作好準備。在此同時，另一條源自較爲原始的人類發展路線之進化，也在進行中；這條進化路線在數百萬年後終於尼安德塔人（Neanderthal），即原始人的最後一條進化路線。

大約八十萬年前，智人這條進化路線的發展已然成熟，爲文明到來做好了準備。有些教授宇宙哲學的學校認爲，文明的發展比這個時間點還要來得更早；但是就人類的發展路線而言，根據至高無上者的教導，是這樣一個時間範疇沒錯。

神聖造物者將不同種族的成員聚集於非洲內陸某處，啓動了最初的文明：人類被給予最早的統一語言、社會秩序、正式認可的婚姻，以及領導權。最重要的是，就全球共業方面來說，神聖造物主給予了人類自身的集體力量之光。自此，人類便開始了團體合作，也開始產生全球共業。

這是最初的文明，只有一種聲音、一個國家、一個民族，是一段原始但美麗的時期。此時還沒有馴養動物及農業出現，也沒有我們今日所想像的文明出現，人們仍過著狩獵與採集的生活，但是他們同心協力，並且學習到任何文明均不可缺的關鍵之一——互助合作。

接下來的二十五萬年，始於非洲的文明逐漸向四面八方擴散至世界各地。從靈性角度來說，非洲仍然是人類文明的中心，但是對於互助合作的理解已經是世界通行的運作準則，人類也因此產生了好的全球共業。

大約五十萬年前，第一次重大的悲劇降臨於人類身上。代表非洲國家及種族的領導者們變得太過自負且野心勃勃，認爲與其跟其他種族合作，還不如去統治、支配他們，於是他們自行開始屠殺當時較爲弱小的種族，造成許多血流成河的衝突及苦難，人類很快就陷入了困境。

於是神聖造物主決定，最好的解決之道就是將這些種族劃分開來，讓他們各自發展自己的文化及國家，如此一來，降臨於非洲的大災難將不至於擴散到世界其他地區。這是一段艱苦的時期，因爲大多數人並不了解這樣的分裂從何而來，以至於許多的聲音及許多的國家，取代了以往的一種聲音與一個國家。全球共業依然存在，但現在更多了新的國家共業。在這次分裂之後，人類開始繁榮並且逐漸成長，而非洲則從此陷入了黑暗的紀元。

接下來大約二十萬年前，第一個成熟的文明開始出現在太平洋中，一片被稱爲利莫里亞的大陸。這是第一個有民間律法、馴養動物及農業的文明；更重要的是，這裡的人民對生命有著成熟的靈性理解。文明的下一個階段再度發展得極爲緩慢，新的文明形態花了十萬年時間才發展出來，並且傳播至世界各地。在這段時期，人類的發展極爲多樣化：絕大部分的人類靈魂仍然過著相當原始的生活，但是有一部分人類已經開始過著更爲先進的生活了。

到了大約十萬年前，亞特蘭提斯的文明崛起。這個文明剛開始微不足道，但很快就發展得光輝燦爛、博大精深。就在這個時期，人類被賦予了靈性的恩賜，理解到物質生命是由靈性法則所支配，由此開啓了科技之門。靈性發展的全新階段興起，並與文明緊密結合。今日，我們認爲靈性與科學是兩回事，但是在亞特蘭提斯時代，科學家認爲物質生命是神性的具體化及外在表現，並根據這項原則形成它的法則。隨著時間的推移，這樣的知識使得亞特蘭提斯人展現出驚人的科技成就，有些甚至還遠超乎我們現今能力所及。

接下來的數萬年，一個擁有眞正強大的靈性及科技力量的成熟文明就此出現。大約五萬年前，亞特蘭提斯已達到其本身所具備的力量巔峰。然而就在這個光榮的時期，另一場巨大災難又降臨在文明身上，罪魁禍首就是驕傲。在亞特蘭提斯大陸，某些國家領導人開始迷戀於本身的靈性力量及天賦，於是利用自己偉大的天賦去謀取個人的私利，而非用以改善文明；這就是邪惡的濫觴，因爲有些人是在意識完全清楚並完全了解自己作為的情況下，犯下可怕的罪行。於是一場善惡之戰（延續至今日），在大約五萬年前亞特蘭提斯大陸的岸上就此展開。

到了大約三萬年前，亞特蘭提斯成熟的文明已播散至世界各地。然此同時，亞特蘭提斯的邪惡勢力也在增長。到了大約兩萬五千年前，這股勢力更是銳不可擋，許多人加入了邪惡陣營，而其他人則並不了解情況的嚴重性。到了大約兩萬年前，經過一連串可怕的爭鬥之後，這些邪惡的靈魂接管了亞特蘭提斯，這是史前時代中最為黑暗的轉捩點。在接下來的數千年中，這些腐敗的靈魂終於統治了世界上大多數國家。由於當時的藝術及科學僅掌握於少數人手中，因此造成了文明急遽衰敗。

到了大約一萬一千年前，一場大災難擊潰了亞特蘭提斯以及世界其他地區，帶來了毀滅性的地震及洪水，不但淹沒了亞特蘭提斯，更摧毀了世界。我並非地質學家，無法解釋亞特蘭提斯下沉的原理等技術層面的部分，但根據現代的板塊構造理論，普遍的認知是：使一整片大陸在這麼短的時間內完全沉沒，從地質學上來說，這樣的事件是不可能發生的，因為地質板塊從一端移動到另一端的速度極為緩慢，並不會上下劇烈地起伏。

然而這樣的假設前提是：沒有其他運作中的地質過程，是我們未曾察覺到而有所遺漏的。但我們的確有著被淹沒或半被淹沒的陸地之相關實證，像是太平洋的西蘭迪亞大陸以及印度洋的凱爾蓋朗高原，也明確地將陸地及其所屬地質板塊區別開來。然而，亞特蘭提斯大陸的沉沒，顯然並非正常板塊運動的結果，而是我們尚未得知的其他自然過程所造成的。

淹沒亞特蘭提斯的地質過程，牽涉的不僅是地質板塊本身的內部活動而已。至高無上者告訴我，那些板塊並不堅固，地球內部壓力改變，就會導致部分板塊升降；這樣的事件，已經有一萬一千年沒有再重演過，因此我們今日很難想像怎麼可能會有這樣的情況發生，然而它就是發生了。亞特蘭提斯不是第一個遭遇這種命運的大陸，極可能也不會是最後一個。從地質學上來看，我們現在是處於一個極爲平靜的時期，對於今日文明的繁榮發展可說是功不可沒。

在個人方面，我毫不懷疑亞特蘭提斯的眞實性，因爲我曾經到過那裡。在我某一次的前世中，曾轉世於亞特蘭提斯，就在它被淹沒前的那段時期，我與其他數百萬人民擔負著相同的命運。在那個災難性的一世，我出生於亞特蘭提斯大陸東岸，在這個島嶼大陸上有好幾個國家，其中最進步的一個國家，就是位於東岸的波塞頓（Poseidon）。亞特蘭提斯文明剛開始的偉大進展，就發生在波塞頓，也使得波塞頓成爲世界文化及知識中心。不幸的是，這個國家也一樣，已經被腐敗與邪惡腐蝕到核心了。

我在那一世是個女孩，出生於一個美好的家庭，我的父母在靈性上的發展很先進，從小就教導我宇宙眞理。他們就像是高等層級的同修，傳授專門知識給我這個女兒兼學徒。不幸的是，他們不屬於當時的主流統治階層，反而是那些人的眼中釘。當時的波塞頓是個頗爲奇怪的國家，因爲它在很久以前就已然墮落腐敗，所以原本擁有的靈性及物質榮耀皆已被削弱、縮減；然而，它仍然擁有相當程度的成熟文明。

當時的統治者稍微放鬆了原本對人民的壓制，因此只要人民不挑戰當局的權威，就能過著還算正常的生活。而像是活人獻祭及其他暴行，都是司空見慣的事；但有些時候，還算是相當平靜。神聖造物主總會找到方法，讓文明得以度過這些艱難的時期。當時亦有好幾小塊地區發起反抗行動，希望能推翻腐敗的當權者，遺憾的是，這些行動都功虧一簣。

當我三十歲左右時，父母告訴我將有一場大災難會降臨在亞特蘭提斯。當時已有傳聞說會有這樣的事發生，但大多數人都沒當眞。我一開始也覺得難以置信。不僅如此，父母還告訴我，我的天命是留在波塞頓，幫助其他靈魂度過即將到來的嚴峻考驗——即便這意味著我必須面對死亡。我同意留下來。對我們所有人來說，這是一個最艱難的時期，因爲我的父母有他們的天命，他們必須離開波塞頓，協助文明在災難後存續下去。

我的父母終於離開了。那時候，我已經有了自己教授宇宙哲學的一所小學校。很多學生也都倉皇地逃離了，但有一些跟我一起留了下來。有些波塞頓的領導者雖然腐敗，但他們擁有的超自然力量可以感應即將來臨的厄運，因此也紛紛四散逃逸了。許多先進的靈魂也都選擇離開，因爲他們必須在日後收拾文明的殘局。然而在亞特蘭提斯末日前夕，數百萬人民幾乎渾然不知即將發生什麼事。

決定命運的時刻開始於接近傍晚的時候，劇烈的地震開始搖晃大地，一開始並未持續很久，但是接連不斷地一再發生。雖然以前也發生過地震，但是從沒有過這樣強度的震級以及重複的頻率，波塞頓宏偉的建築及神殿都開始搖搖欲墜。

到了第二天早上，這個我所居住的城市已經幾乎被夷爲平地了。人們以爲最糟的時刻已經過去，但是這一天居然發生更多的地震，而且甚至比之前更加猛烈。地面也開始急劇地裂開，在地表上製造出巨大的裂縫。伴隨著這些地震的，是可怕的巨響。我不確定是什麼原因，總之在某個時間點，開始下起了傾盆大雨。到這時爲止，人們已經完全陷入了歇斯底里的狀態，所有的社會秩序感也都已經被沖刷殆盡。隨著這些搖晃與震顫，可以看到山丘開始崩塌，樹木開始傾倒，河流也開始改道並氾濫成災。到了第二天結束時，大地開始劇烈地上下震動。我知道，這個現象一旦發生，一切就即將結束了。

已經無處可逃，也沒有地方可以躲藏，因此我帶領著一群人到地勢較高的地方去祈禱。我們看得到海洋，此刻，海水已經變得凶猛且詭譎多變。試圖移往內陸也已經毫無意義。當然我很害怕，但是即便我知道即將發生的事，仍然抱著一絲希望，祈禱波塞頓或許能夠倖免於難。

到了第三天的下半天，我看到陸地已經慢慢、慢慢地往下沉，從白天到夜晚持續地下沉，直到我們所有人全都淹沒在汪洋大海中。到了翌日早晨，波塞頓及整個亞特蘭提斯大陸都已經沉沒於大西洋中了。

跟其他所有人一樣，我也在那天失去了生命。但是因爲我盡了自己的責任，幫助許多靈魂在他們的最後一刻安心解脫，所以我已然完成這一世的使命，使我自身的進化到達了一個美妙的巔峰。

許多人可能會持不同意見，強調亞特蘭提斯會沉沒是因爲它的罪惡，但事實並非如此。亞特蘭提斯被淹沒只是個自然發生的事件。主要的難處在於它在沉沒前，文明已經開始衰敗，無法重返昔日榮光了。

經歷這次災難的摧殘後，神聖造物主立即開始協助文明重建的工作。但是，人類此時已陷入困境；與其重返之前的榮耀，人類反而陷入了混亂而迷惘的時期。邪惡雖然失去了統治權，但是光明與黑暗間的爭鬥對抗一直存在，使得重建往日的文明相當困難。遺憾的是，人類愈來愈往下沉淪，終於完全失去了往昔的知識及獨一無二的歷史。在世人的眼光中，如今的亞特蘭提斯及利莫里亞僅淪爲神話與傳說。

神聖造物主仍然協助重建文明。爲了防止亞特蘭提斯的災難重演，這一次，文明將無法窺見物質生命的靈性智慧，這方面的知識將會被加以保留，直到文明能夠證明自己有能力、足以明智地運用這樣的力量爲止；而在此之際，某些靈魂將成爲人類古老祕密的守護者。文明則必須在沒有靈性指引的情況下，學習如何駕馭生命的物質元素。因此，再度興起的文明，亦幾乎未曾意識到自身曾經擁有過古老的歷史。

就這樣，文明發展成爲我們現在所知的樣貌。文明得以在數千年間迅疾地躍升至今日的成熟面貌，原因無他，只因爲人類是踏著前人曾經走過的腳步在往前邁進。今日，我們的社會很快又會重新發現關於過去的偉大眞相。我們正站在一個轉捩點上，如果處理得當，就能重返昔日的榮耀，帶領文明攀上前所未有的巔峰。

那麼，爲何那麼多已發生的歷史都沒有留下讓我們今日唾手可得的紀錄呢？首先我要說的是，知識終究會浮現。考古學的存在也不過兩百年之久，還有許多空間可以容納驚人的科學新發現。

然而，還有一個原因造成我們沒有史前文明的確鑿證據——業力。事實上，是業力爲這整段歷史蒙上了一層面紗，阻止我們對這些時期的意識浮現出來。要等到這項共業被償清之後，知識才會準確無誤地再度浮現，文明也才會與其本身古老的過去重新結合。

在此，容我這麼說，亞特蘭提斯及利莫里亞的文明發展曾經如此地光輝燦爛，今日，整體文明的發展已遠超過它在地球上的任何時期。地球上目前的人數以及靈性之光都比以往更多，雖然人類彼此間靈魂的進化，曾經存在著巨大的鴻溝，但現在，那些鴻溝正迅速地閉合，人類可說比以往任何時代都要更爲團結一致、休戚與共。

與二次大戰有關的全球共業

第二次世界大戰，無疑是世界歷史上最戲劇化的事件之一。如果你把歐洲及亞洲的衝突算進去，估計有超過六千萬人死於二次大戰中。二次大戰改變了文明的結構，造成這場戰爭的經濟、政治、社會氛圍都被仔細地研究過，然而問題仍然存在：爲什麼？爲什麼這場戰爭會發生？從靈性角度來看，慈愛的上天怎能允許一場如此具毀滅性的戰爭發生？若說這場戰爭有其注定要達成的目的，那又會是什麼呢？

首先我要說，我對於在這場戰爭中奮戰及喪生的所有人，抱持著最崇高的敬意。我的兄弟菲利普服務於巴頓將軍的第三軍團，是首批去幫助解放那些來自納粹集中營裡的靈魂之人。我的兄弟喬治是海軍，經歷過與日本的戰爭，也是在廣島核爆後首批抵達該地的人。

我們所說的二次大戰，在人類靈性發展歷史上，是最具決定性的時刻之一。雖然自由意志是二次大戰如何發展的決定性因素，但二次大戰其實是全球共業。事實上，與二次大戰有關的業力，是一種跟整個時代有關的業力。這樣的業力包括有第一次世界大戰、經濟大蕭條、第二次世界大戰及冷戰，其中尚包括了共產主義的蔓延、衝突與鬥爭，以及非常現實的核戰威脅。所有這些事件，都有著緊密的靈性關聯。造成這些事件發生的業債，一直到柏林圍牆倒塌，才算告一段落；而即便到了現在，都還有若干要素尚未解決。重點在於，二次大戰是平衡古老業力的重大事件，如果同盟國失敗了，今日的世界將完全改觀。

如果全球業力是文明整體的作爲，那麼在過去的世界歷史上有什麼樣的集體作爲，能產生一個對二十世紀有如此巨大影響的事件？歷史上曾有許多征戰的例子，但這足以解釋二次大戰及其所涵蓋的一切事件嗎？

爲了解開這個謎團，讓我們檢視眼前所呈現的重點爲何。第一，二次大戰是一個眞正的、規模空前的全球性戰爭；第二，善惡之界涇渭分明，出現了拯救人類免於暴政的呼籲；第三，黑暗而扭曲的幻象主宰著軸心國的力量，這不僅是征戰而已，還有一股對黑暗的探尋，驅使數百萬人追隨它，甚至爲它而死；最後，二次大戰是一場現代化的戰爭，有著極爲先進的武器及科技參與。

如果我們把這些要素放在一起，一場全球性的善惡之戰於焉成形，其中，精良的武器被運用來對付有組織、有動機的對手。這些要素給了我們揭開全球共業之謎的線索。然而，這項業力源自於以前的哪一個事件？在已知的歷史中，我們找不到足以解釋這項全球共業的事件。但是如果檢視才剛探討過的史前歷史，我們很快就會看到一件全球性的大事，程度相當於二十世紀所發生的這些災難事件；我所說的，就是亞特蘭提斯的滅亡。

聽起來可能很奇怪，使得二次大戰發生的全球共業，就是爲了平衡亞特蘭提斯悲劇的業力？從亞特蘭提斯的衰亡，我們看到一個高度進化的文明選擇了邪惡，在那場善惡大戰中，邪惡戰勝了良善。試想，倘若希特勒贏了第二次世界大戰，並依照他個人的喜好去重整世界秩序，可以想見在亞特蘭提斯滅亡之後的文明會是什麼模樣。在亞特蘭提斯時代，人類的重要課題就是要選擇良善而捨棄邪惡、選擇正確而捨棄錯誤；遺憾的是，當時的文明並未通過這個課題的考驗。

神聖造物主必須等到人類社會的重建已成氣候、科技的進步也已幾近與亞特蘭提斯相同的水平時，才能讓亞特蘭提斯的業力再次輪迴、回到原點。二十世紀開始，即提供了這樣一個機會。

二十世紀之初，人類社會正步入一個黃金時期。工業時代讓人類得以擁有全新的生活水準，科學及藝術也朝卓越的新方向發展得欣欣向榮，而各式發明的劇增，更讓世界天涯若比鄰。靈界計畫的啓動，即將帶來一個靈性開悟的新世紀，世界的前景看來光明而美好。遺憾的是，那些位居要職的人有著不同打算，他們看到征服全世界的空前良機，因此在業力上觸發並釋放了亞特蘭提斯古老業力的完整力量。

事實上，二十世紀的這些悲劇事件原可不必發生。即使有全球共業存在，如果文明能夠配合得更好，業力雖然還是會來，但影響將不致於那麼激烈；如果世界已經提升至靈性更爲進化的境界，業力也會大幅地減輕。邪惡再次將魔掌強加於文明之上，而文明也再次受到召喚，必須在善惡之間作出選擇。

幸好這一次，人類通過了考驗，未讓邪惡戰勝。雖然文明仍需面對冷戰及核燃料交換的威脅，但藉著二次大戰的勝利，那股自二十世紀初即開始蠢蠢欲動的毀滅性動力已被破壞；一直到蘇聯瓦解及柏林圍牆倒塌，亞特蘭提斯的業力才算是更進一步地四散離去。

那麼，那些死去的數百萬人呢？他們都是爲了償還業力嗎？若是如此，他們償還的是什麼樣的業力？在見識過戰爭令人無法想像的慘狀後，許多人失去了對上天的信心。這些問題開啓了業力最錯綜複雜的一個領域。我花了許多時間去探索與我們的個人業力同時運作的共業，原因之一就是爲了正確地回答這些問題。

讓我們回到共業最基本的原則之一：受到共業影響最大的人，往往是與造成業力的前人幾乎無甚關聯的後代子孫。這代表死於二次大戰的人，並非那些製造出這項共業的亞特蘭提斯人。那些亞特蘭提斯人的靈魂，早已償還了個人的業力。花了這麼漫長的時間才再次輪迴到原點的業力，是與亞特蘭提斯事件互相關聯的共業。然而，亞特蘭提斯的共業所呈現的課題——選擇良善、捨棄邪惡，也是我們的現代文明得面對與駕馭的必然課題。

這裡還有另一個關於業力的基本原則，就是神聖造物主會運用我們所經歷的、並非源自舊業力或是出於我們個人過錯的經驗，去解決我們其他方面的業力。請記住這一點。世界充滿著動力的變化，有時候厄運就這麼發生在我們身上，並非每件事情都是業力使然。然而即便在這些情況下，上天還是會對這一切加以平衡；神聖造物主一直都在照看著我們。

遵循著這樣的原則，一旦文明無可避免地即將走向一場重大戰爭時，神聖造物主就會用那些事件必然會產生的後果，作爲大規模地消弭個人業力的方式。換句話說，那些死於二次大戰中的人，並不是在償還與亞特蘭提斯時代有關的個人業力，但是因爲他們不可避免地必須承擔二次大戰的共業，神聖造物主遂利用這項共業，幫助他們消除其他方面的個人業力。你可以想見在那段時間中，被清除及償還的業力規模有多大。

這也告訴我們，沒有任何死於二次大戰的靈魂是白白犧牲的；即便是在那段可怕的時間，每個靈魂仍然都有被照顧到，沒有任何例外。這一點又帶我們去理解二次大戰中一個更令人難以接受的部分——納粹對猶太人的大屠殺。

大屠殺是亞特蘭提斯的業力使然嗎？許多人受苦至死，然而爲什麼被挑中的是猶太人？他們是在償還業力嗎？有些人說，我們不能試圖去回答這樣的問題，最好別干涉。然而，大屠殺是所有人類的一個課題，從宇宙哲學的角度去了解其涵義是很重要的。

神聖者曾教導我，大屠殺並非業力使然，而是現代人類蠻橫殘忍、令人無法想像的暴行。大屠殺產生業力，且這業力尙待償還。如同猶太教教士拉比優納森．傑肖姆（Rabbi Yonassan Gershom）在其感人的著作《越出塵囂》（*Beyond the Ashes*）中，曾經這麼敘述：

在處理業力時，落入一種「責怪受害者」的心態，是很危險的。不論在這一世或前世犯下過什麼樣的罪行，都沒有人「應該」受到虐待和折磨的對待。

有時候，苦難就這麼發生了，大屠殺可說是最可怖、最令人震驚的實例之一。然而至高無上者再三寬慰我，死於大屠殺的每個靈魂，在那一世的業力都可因此而被免除。不管是任何常態的或是無關的業力，只要是他們這一世必須處理的業力，都會因爲他們必須忍受的這項極端苦難而得以清除消弭。就算是像大屠殺這麼恐怖的事件，上天還是會在其間取得平衡。從長遠的大局看來，並沒有任何損失。

我想在此亦帶出一個重要的論點，那就是，整體來說，對猶太民族的迫害並非業力使然，而是另一個因自由意志的作爲而產生全球共業的例子。正如任何其他團體在其靈性發展的過程中，所有人都必須共同分擔這個團體的錯誤與業力；然而從宇宙哲學的觀點來看，猶太民族，如果你願意的話也可稱之爲猶太靈性，在神聖計畫中扮演了一個明確且不可或缺的角色——一個尚未被實現的部分。

另一個對於大屠殺的誤解，認爲是由於某些猶太領導者在耶穌受難中所扮演的角色，導致猶太民族犯下了最早的業力罪行，這是毫不正確的說法。若說有任何一個團體必須爲此負起共業的責任，也應該會落在當時採取行動的當局，也就是羅馬人頭上。但情況亦並非如此。沒錯，耶穌生爲猶太人的確有其神聖的目的，然而我們必須謹記，耶穌的到來並非只爲一群人，而是爲整個世界、爲提升全體人類而來。遺憾的是，耶穌過早死亡造成了業力的產生，但這是一種全球的業力，是全人類所需負起的責任。如果當初的文明接受了耶穌在人類進化中所扮演的角色，開悟的新紀元應該早就已經到來了。

亞特蘭提斯的共業已接近尾聲。我們仍需面對它的影響，因爲另一項全球共業目前仍在運作中。但是這整個期間總算輪迴到原點了，而到底還要花上多久時間才能夠徹底解決，只有上天知道。所幸，地球「新的一天」即將到來；雖然在那一天到來之前，我們仍需經歷許多的掙扎與奮鬥，但是它就快來了。到那時候，我們終於可以讓某些古老的罪愆得到安息，世界則可以令人難以想像的美好方式蓬勃成長。

與非洲有關的全球共業

非洲是個謎。非洲是地球上最古老的所在之一，也是文明的搖籃，更是某些最多樣化生命形態的發源地，自然資源極爲豐富。擁有這麼大的潛能，任誰都會認爲非洲應該是世界文明的中心，然而今天，非洲卻是有人類居住的大陸中最不發達的一個（我們在此所說的是撒哈拉以南的非洲地區，譯註：撒哈拉以南的非洲又稱漠南非洲或黑非洲），有著全世界最高的貧窮率，資源要不就是未被充分運用，要不就是常被其他國家利用來謀利，應有的成長或教育遠遠不足。數世紀以來，非洲人民必須忍受某些最艱辛的磨難以及人爲的暴行。雖然有些人極爲關注非洲人民的困境，但世界上絕大多數人似乎對此問題漠不關心。爲什麼非洲擁有這麼多潛能，而實現的目標卻這麼少？

非洲有一個偉大的夢想——充分發展，全面加入現代化國家的行列，享有繁榮成長及各式機會。爲什麼這個夢想還沒有被實現呢？許多運作中的力量可以被辨認出來，包括疾病、冷漠，以及腐敗墮落；而在整個非洲歷史上，殖民統治、奴隸制度、內部鬥爭、領導不力、國際壓力等種種因素全部湊在一起，導致非洲人民無法如其所願地成長進步。

在這裡，我們又再次地面對古老的全球共業，而且是所有共業中最古老的業力之一。要了解與非洲有關的全球共業，我們得倒轉影帶，回到文明初期、當上天將不同種族聚在一起開啓文明的時候。

正如我們才剛於人類短暫的宇宙哲學歷史中所學到的，文明的開始，較之於目前科學所認可的時間點要來得更爲久遠。文明開始於大約八十萬年前的撒哈拉以南非洲內陸。當時，神聖造物主將不同種族中經過挑選的成員聚集在一起，啓動了文明的宏大計畫，共有十一個種族齊集一堂。這個初期文明的領導者，是第三根種族周期的成員（詳見第十一章），並有來自第四個根種族中的第一個次種族、被稱爲羅阿人〔發音爲「羅梅爾」（Romel）〕種族的支持。在宇宙哲學上來說，現今我們一般所稱的黑色人種，即屬於古老的羅阿人。第三根種族周期的靈魂強大而自豪，然而在那些遠古的年代，驕傲自大成了他們墮落的原因。當時，我們稱之爲白色或淺膚色的人種，尙屬較爲年輕的種族，並非當時文明的領導者。

數十萬年來，文明蓬勃發展。在此可以再說明一次：當時我們所稱的文明，跟今日所認爲的文明並不相同，沒有任何如我們所想像的進步農業、建築或是複雜精巧的事物，人類仍然以授獵和採集爲生。在那個時期，文明的重點在於合作，人類學會如何在規模較大、較有組織的團體中一起合作，而不是像以前一樣，僅在較小的家庭單位中單獨作業。

大約五十萬年前，該是時候輪到某些其他的種族來擔任領導者、扮演他們在文明發展中的角色。但是當時掌權已久的種族十分固執，包括羅阿人，拒絕讓出他們的權力。令人遺憾的是，這些古老的種族大占其他種族的便宜，特別是現今白種人的祖先們；他們犯下了極度殘忍的暴行，在恣意妄為的心態下，他們失控地殺戮、以酷刑折磨他人，形成早期的奴隸制度。因爲情況變得愈發不可收拾，神聖造物主不得不將這些種族分成不同的國家，以避免再造成更多的業力。如果在文明發展過程中能夠避免這場悲劇的發生，人類當可以比現在更爲統一的方式發展下去。

人類分裂成不同的國家之後，非洲墜入了黑暗時代。從那時起，非洲經歷了風風雨雨、興衰沉浮，至今尚未重拾其最初的榮耀——這是它注定要完成的事。雖然棲身於那些古老軀體中的靈魂早已遠去，也早已還清了所有的個人業力，但這段漫長的時間以來，這項全球共業仍然一直留存在人類集體的無意識層面中。這是因爲要償還非洲的全球共業，人類得再次完成文明的非洲計畫所開始的工作——互助合作。是非洲的悲劇造成文明分裂成不同國家，因此在非洲的全球共業完全地輪迴到原點之前，人類必須再次展現它能夠像一個國家般共同合作，如此，非洲才能重拾全面的榮耀，實現其在神聖計畫中所扮演的角色。

正如大部分難以解決的業力類型，有良善存在，也有邪惡存在；有舊業債的解決方法，但也有新業債會產生。過去的業力不能作爲現在惡行的藉口。隨著其他種族的興起，包括歷史記載中我們稱之爲白色人種的種族，尚未解決的非洲共業之最後階段，也終於完全地擺盪回原點了。然而，白色人種施加於黑色人種的殘酷行爲，亦產生了新的、尚待償還的業力。

非洲注定會有什麼樣的命運呢？它會憑藉自身的力量，緩慢但穩步地持續壯大，再度浮上世界舞台。雖然眼前困難重重，但非洲仍將再度崛起；它得花上這麼久的時間，是因爲神聖造物主必須等到人類再度準備好重聚一堂、重建偉大的手足情誼，如同它最初開始時一樣。身爲一個文明，如果我們瞧不起自己的兄弟姐妹，就無法眞正地進步。其他缺乏同情心的國家必須改變，因爲共業教導我們，我們都是整體的一部分。非洲的重新崛起將是最後一個信號，顯示這世界已確實準備好再度團結合作；它同時也是最後信號之一，象徵這世界「新的一天」已經到來。

與中東有關的全球共業

中東確實位於全世界的十字路口，是現代文明的搖籃，也是世界三大宗教的發源地，更位於某些最豐富的石油儲量上，讓它獲取了巨大的財富。然而，中東也是一個謎，雖然擁有珍貴的歷史價值及戰略位置，中東仍然充滿著緊張對立的局勢及鬥爭對抗的氣氛。

與中東有關的全球共業，並不是中東自己造成的。誠然，有與種族、國家、宗教有關的各種共業，但中東的鬥爭對立情勢，反映的是一種對全球各國都有影響的業力；而諷刺的是，這項全球共業並不是由任何國家、種族或宗教起的頭。這個暗中爲害的敵人，是來自內部的潛伏，使其更難以被察覺。

爲了了解這項業力，我們得先檢視世界財務金融的動力變化。今日，文明比它在歷史上的任何時期都更爲富有，雖然財富分配並不平均，但幾乎每個國家的生產力都在提升。然而，愈來愈繁榮的現象也帶來了新的動力變化與挑戰。我們該如何處理這樣的繁榮與富裕？我們了解它在我們生命及靈性進化過程中占有什麼樣的位置，還是我們就這樣被它的魅力所迷惑？

與中東有關的全球共業，是一個有關金錢的課題——選擇上天，而非金錢。隨著文明持續地建立起它的財富，變得愈來愈繁榮富裕，要如何學著去駕馭，就看我們自己。我們的任務，是要學習如何運用這股強大的力量去服侍上天、並將文明帶往新的高峰，而不是變得自滿而放縱。這是人類目前所面對的集體考驗。如果人類通過這項考驗，就越過了最後的障礙之一，得以邁向靈性開悟的新紀元；如果不幸失敗，就有更多的艱難困苦等在後頭，直到我們終於學會這項課題爲止。

與中東有關的全球共業，並非是古老業力再度返回，而是產生於我們目前這個時代。由於世界動力的變化，文明不必再等待一段漫長時間才能讓業力輪迴到原點，現在要發生得比以前快多了。

打從一開始，金錢即以某些形式成爲文明的一部分。但是，金錢以往從來沒有占據過如此重要的位置，也沒有達到過如此巨大的比重；同時，也從來沒有那麼多與文明的財富有關的決策，是根據個人的經濟所得而定。隨著世界已朝向全球化時代發展，社會的經濟部分也隨之得以享有它的若干豐碩成果。

然而，社會的商業及金融部分所享有的巨大財富及影響力，並不意味著要用來過度或不當地影響國家以及社會其他方面的決策；但現在我們親眼所見的情況，正是如此。經濟成爲一種統治的工具，用以操縱人民而非服務人民。有些人說，今日的金融弊病，是實施經濟制度（資本主義）的結果；但是，資本主義本身是中立的，是資本主義的濫用才造成這麼多問題。資本主義賦予個人權力，給予那些辛勤工作且表現優異的人，金融方面的報酬及獎勵。同時，資本主義讓國與國之間用以往不可能做到的方式，在財務金融上彼此互動。資本主義爲這一切帶來潛力，得以爲人類謀求更大的福祉；但另一方面，它也可能被嚴重地濫用。資本主義制度的危險性在於，那些擁有金錢但肆無忌憚的人，可以輕易地利用金錢帶來的權力，不擇手段地去支配、掌控他人。

經濟層面的提升，同時也帶動了一個非正式的、超乎個別公司與企業的經濟階層興起，最大的威脅即由此而來。在這個階層中，有些人是好人，然而有些人則是爲了個人的目的而行使巨大的影響力。這些腐敗的靈魂不會在公眾面前現身，也不會公開他們全部的財富，他們藉由最邪惡的手段，強行攀登上經濟階梯。某種意義上來說，他們發動了一場無聲的經濟政變，並藉此操控全世界許多的財務金融大權。

這些幕後主使者可能住在某個國家、在某個文化中被撫養長大，但他們並不忠於任何國家或文化。他們的聰明才智足以周旋於人民的律法之間，並認爲他們就是自己的法，可以一意孤行、不需顧慮到別人。這些人以爲他們才是現代社會中眞正的貴族階級，然而事實並非如此。他們所做的，是利用其巨大的財富、影響力及權勢，達成個人邪惡不當的野心。爲了控制全世界的財富，他們發動了一場巨大的爭鬥。

有些研究這個主題的人相信，這場全球化運動是由這些幕後主使者所發動，用以建立他們自己的世界秩序。但事實並非如此，是神聖計畫讓這個世界凝聚在一起；這本是件美好的事情，意味著我們終於能夠宛如一個偉大的民族般再度地共同合作，也意味著每個人都會更加地繁榮富裕、擁有更多的機會。遺憾的是，這些幕後主使者試圖扭曲神聖計畫，以創造出一個極權主義的世界秩序，並成爲這個世界的統治者。

這些靈魂的作爲，並非神聖計畫的一部分，卻對社會上許多方面的領導者產生了極大的影響，共業遂由此介入。太多的國家、人民、種族、宗教、企業都已屈服在他們的影響力之下，太多人亦已承諾效忠於這些人，不但與其爲伍，且欣然參與他們的活動，因此而產生了沉重的業力。

中東的戰略地位，使它成爲所有這一切事件的核心。它所存在的緊張對立，是由於人爲的惡化，目的則是爲了使世界的這個部分保持不穩定的局勢。中東在財務金融方面所產生的巨大影響力，使它成爲飽受各方覬覦的對象。即便是我們今日所見的恐怖行動，也是一種人爲的操縱刺激，以作爲暗中顛覆這個地區以及全世界的工具。

未來，中東還有許多艱難的路要走。造成世界衝突的最大潛在威脅，就是來自這個地區，這早已不是祕密。然而，中東在文明的神聖計畫中，扮演著一個極爲關鍵的角色。中東爲爭取和平的奮鬥，並非僅是一種區域性的奮鬥；事實上，中東的和平將是一個信號，象徵著全世界亦即將走向和平。

不論是在集體層面或個人層面上，我們都有義務去學習將上天置於金錢之前的課題。有些人會說這不過是夢想罷了，人類從來就逃不過自己的貪念。但事實並非如此。誠然，我們還是會有經濟上的挑戰，但是金錢在社會事務上的強勢主宰地位，可以、同時也必須成爲過往雲煙。對於這項全球性的威脅，許多人已挺身而出，甚至奮戰而死；而今天，有更多人正在挺身而出。

對於眼前這項猖獗蔓延的貪婪、全球共業，你能做些什麼呢？首先，要知道神聖造物主正用心地解決這項問題，祂已經佈了許多局，而且會繼續這麼做，因此你不需因爲今天的挑戰而過分擔心或心灰意冷，因爲上帝一直與我們同在，我們並不是單打獨鬥的。把你的專注力放在上天以及你自己應該完成的人生目標上，並遵循你個人最高的道德標準過日子就好。

同時要注意這世界正在發生的事。你並不是無助的過河之卒，事實上在生命的宏大計畫中，有著你必須扮演的角色。如果磨難接踵而至，也不要喪失信心，難關總會過去的。在金錢事務上，盡你所能做到公正、誠實——即便別人不這麼做，並且要對自己的神性有信心。這個世界，終將擁抱手足情誼以及和平的到來。

文明的未來

正如地球上的每個靈魂都有自己的天命，文明本身也有其天命。有些人爲文明的未來，刻劃出一幅暗淡無光的悲慘遠景，這反倒較像是人類對於自身恐懼的寫照，而非神聖造物主爲我們所規劃的前景。對於人類的未來，神聖造物主所刻劃的遠景，要比人類自己所想像的樂觀許多。人類以及地球上所有的生命，在靈性的進化發展中，即將突飛猛進地往前跨躍一大步。這場靈性的復興，將會影響我們所有人，並爲文明帶來「新的一天」。只不過這一天不會自己發生，爲了讓它發生，必須運用我們所有人的集體意志力。

我們都知道，這世界存在著許多令人極爲憂煩的難題。即便如此，今日世界的處境，比之以往漫長的歷史，已經要好得多了。隨著世界各地的關聯愈發緊密，世界可說變得愈來愈小，因此從某種更廣泛的意義來說，我們正朝著一種團結意識邁進。世界經濟正在崛起，也爲我們所有人提供了更加繁榮富裕的機會；更重要的是，我們看到了人類意識的蓬勃發展，比之以往，我們現在不但更加了解世界上所發生的事，也更加了解我們自己。

然而在達到那美好境地之前，還有許多挑戰等著我們。有些人說，在靈性開悟來臨之前，一定會先發生一場《聖經》中所說的世界末日善惡大戰。在某種意義上來說，這場戰爭已經開始了。沒錯，好日子到來之前，苦日子總要先度過。在二十一世紀，我們可能會經歷的災難性事件，包括有經濟衰退、戰爭，或許甚至還有另一次世界大戰。但願我們能夠避免若干或者全部這些事件。然而，不管接下來大約數百年的時間中會有什麼樣的挑戰等著我們，一個這世界前所未見、更加美好的未來，就在前方等著迎接我們所有人到來。

第四部

消除你的業力

13

面對你的業力

在這個篇章中，我們將聚焦於幫助你去面對並解決你的業力。這裡提供的建議和技巧，是多年來實行及觀察的結果，非常有效。但我必須澄清：解決業力沒有聰明、簡單、快速的過程，面對業力需要誠摯的努力及辛勤的工作；但美妙之處在於，上天永遠會給你力量及工具，去解決你所有的業力挑戰！

業力的技巧可分為兩個一般的領域：準則和工具，可有效地辨識並處理業力的挑戰；冥想及能量技巧，則可淨化並提升受業力影響的意識及氣場。

我們都會犯錯，這是很自然的。在追尋你的生命道路時，你不該害怕犯錯；困難之處在於，你得從錯誤中學習。當你無法從錯誤中汲取教訓時，就會不可避免地重複犯下相同的錯誤。我的靈性導師們告訴我，他們看過許多人在不同轉世中，犯過十次到二十次相同的錯誤！

每個人都帶著未竟之業來到塵世。你的靈魂轉世到肉體的形態，不是為了學習前世沒能學會的課題，就是為了學習屬於它的人生架構及靈性進化的課題。你在這一世的經驗，不過就是你生命之書中的一章，你不能只從一次轉世（不管那是怎樣的一次轉世）的觀點，去評斷或是理解你生命歷史的全局。你總是會帶來好的業力，也會有需要償還的業力；不管你的業力紀錄表上記錄的是什麼，你都無法從自己的業力中逃脫。

檢視自己的過錯並面對自己的業力，需要極大的勇氣。我們都會不由自主地傾向躲開、迴避不愉快的事。然而最困難的事情之一，就是去理解：身為一個進化的靈魂，這些事你全都做過。在你多次的轉世中，你做過偉大而崇高的事，也做過不怎麼美好的事，這些都是成長過程的一部分。幸運的是，上天會給你勇氣去面對任何的挑戰；沒有無法被原諒的罪愆，也沒有無法被克服的困難。

要辨識業力並解決業力，你必須先釐清下列四個同時運作中的變化動力：

1. 你的人生目標
2. 自由意志的展現
3. 靈性發展的過程
4. 業力或是過去作爲的影響

試圖將你所有的經驗都塞進一套小而制式的框架中，是一大錯誤，這樣的觀點會扭曲你對生命眞實樣貌的看法。你不是一個只有單一面向的人，生命也不是只有單一面向，而是有許多動力同時在運作，才造就你生活在其中的各種條件。有些人將業力法則作了最極端的理解，認爲每一件事的發生，都是因爲業力的存在。這個想法是完全謬誤的。並非生命中的每一件事，都是業力使然。

有些人則採取另一個極端的看法，認爲每一件事都是注定好的，生命中所發生的任何事都是上天的意旨，我們不過是上天手中的棋子。不論我們是生或是死於某種疾病，不論我們是否跟這個人結婚，不論我們這一生是成功或失敗，全都是上天的決定，我們的自由意志無法克服這樣的宿命。這樣的觀點也是偏頗的。並非我們生命中的每一件事都是神聖計畫的展現，因爲神聖計畫並不是會自己發生的，而是我們得去促成並參與其中，才能使它發生。我們在這世界以及自己生命中所見到的，應該是我們能將上天的計畫實現到多好程度之展現。

還有些人將自由意志作最極端的理解，認爲命運中的所有元素，每一刻都是自己創造的，你的命運完全由你的自由意志所決定。遵循這個理念，在一定程度上你就可以自己掌控命運。這樣的觀點也是一面倒。誠然，自由意志是實現你的目標之觸媒，但你並非單打獨鬥；如果人們能夠看見生命靈性維度的規模，他們馬上就能了解，在這一切背後支持我們的力量是多麼地巨大、多麼地浩瀚無垠。

最後，我們必須牢記的是，生命中的某些經驗，不論好壞，只是我們在靈性成長過程中必經的一部分。它們並非業力使然，而不過是一種學習經驗，讓我們得以從親身體驗中，更深入地探討生命的動力是如何地運作。

辨識自由意志

自由意志是你成功或失敗的關鍵。憑藉你自己的意志，你創造出生命中的種種情境，這些行動將使你更接近人生目標，亦或使你與其漸行漸遠。因此，面對並解決業力的第一步，就是要確定你沒有再製造出「新」的業力。

當你基於自由意志而開始一項行動時，自然會產生相對的影響，連帶產生業力。經由自由意志產生的新業力，跟由過去作爲產生的舊業力，兩者是不同的。你過去所做的事已成定局，沒辦法改變。如同奧瑪珈音（Omar Khayyám，編註：一〇五〇～一一二二，波斯著名詩人、天文學家和數學家，寫過多首膾炙人口的「魯拜」，即波斯的四行詩，後集結爲《魯拜集》一書）極富詩意的表述：

冥冥有手寫天書，
彩筆無情揮不已；
流盡人間淚幾千，
不能洗去半行字。

過去的業力，你必須面對並處理，才能得到解決。雖然有些技巧有助於減輕若干負擔，概括說來，你還是得通過滌罪之火的試煉，別無他法。如果你逃避不去面對你的業力，它還是會回來，而當它回來時，你將會面對比現在更艱難的處境。

至於新的業力，最棒的是你能夠去控制它。此時此地，你可以完全地掌控自己的行動。在辨識新的業力時，首要之務就是：**檢視你的動機**。

要極爲謹慎地檢視你爲什麼要做某件事。在付諸行動之前，自問你的動機是什麼：是自私自利，還是對別人有幫助？會不會傷害到別人？會不會傷害到自己？這項作爲對你的人生目標是否有貢獻？業力法則將會根據你作爲背後的動機，決定你會產生什麼樣的業力。舉例來說，拿預謀殺人跟自衛殺人相比，自衛殺人是爲了保護自己，所以不會產生負面的業力。自衛殺人的動機跟預先計畫好去謀殺他人並且執行這些計畫的動機，是截然不同的。

在檢視動機時，還有一件事要注意，就是別合理化自己的行爲。我們常會爲自己的行爲找藉口，以隱藏我們眞正的動機，但是當你爲自己的行爲找藉口時，只是在欺騙你自己，製造出更多的業力。沒錯，你當然可以想出讓你的行為看起來很合理的各種理由，但你只是在自欺欺人。你必須回頭看自己真正的動機為何。

讓我跟你分享一個故事，是我的靈性導師伊內茲幾年前告訴我的，也是一個與業力有關的動機之絕佳實例。

有一個富有的鰥夫，我們稱呼他為米歇爾。米歇爾的太太突然過世了，使得他必須獨自將他們的獨子撫養長大。米歇爾是個性格剛強的男人，但由於他對妻子的驟然離世過於哀慟，以至於將全副的愛都放在唯一的兒子身上。因此在物質條件方面，米歇爾盡一切所能地揮霍在兒子身上。你可以想見，這個被溺愛過頭的兒子，長大之後會變得多麼地自私自利，他成了父親沉重的負擔，也成了所有親朋好友的恥辱。

米歇爾不希望兒子因為想要任何東西而受苦，也不希望兒子經歷他自己經歷過的艱苦和貧困；他希望對兒子來說，一切都是輕鬆而順遂的。在撫養兒子上，米歇爾認為自己的動機是一種付出、給予的渴望。

當米歇爾的兒子長大後，娶了一個跟他很像的女人——任性放縱又自私自利，他們就像兩個長不大的孩子。有一天晚上，這個兒子跟他的妻子喝得醉醺醺的要開車回家，結果發生了車禍，兩人因而喪生，留下兩個父母雙亡的孤兒。身為祖父的米歇爾又得承擔起撫養兩個孫子的責任，他很愛這兩個孫子，他們也愛他。諷刺的是，這兩個孫子的年紀，差不多就跟他喪妻時的兒子一樣大。

就這樣，米歇爾開始負責照顧這兩個孫子。隨著年歲漸增，他看出自己在兒子身上所犯的錯誤，並發誓絕不在孫子身上犯下相同的錯誤。米歇爾從自己的處境中發現了極爲諷刺之處：他從孫子們身上得到了愛和尊敬，而他自己的兒子卻拒絕給他。

現在，米歇爾從自己這一生的業力模式中，看清了一些事實。雖然米歇爾當時認爲滿足兒子物質上的愉悅是爲了他好，但事實上，米歇爾只是把這個年輕人寵壞，養成他自私自利的個性。米歇爾慷慨的背後有些自私的成份，因爲他慷慨的給予，其實是帶給他自己比較多的快樂，然而他並沒有想到，怎麼做才是眞正對他的兒子好。這樣的動機，使得他的給予成了一種自私的行爲，當然就得爲此付出代價。

這時你可能會問，既然這父親賺了這麼多錢，爲什麼不能按照自己的意願去花這些錢？畢竟，我們說的不就是他的兒子嗎？這仍然不脫動機的原則問題。如同伊內茲的眞知灼見指出，在這個故事中，毫無疑問，米歇爾愛他的兒子。但是當你付出時，必須是無我的，也不應該期待你的付出會有什麼回報。如果你的付出是出於自私的心態，就會得到自私的結果；付出愛，並且把自己放在對方的處境中爲他設想，你就會成爲兩人之間的生命之流，並且獲得回報。

這就是米歇爾要學習的課題。他沒有約束他的兒子，是因爲他也沒有學會去約束自己天性中較爲低劣的部分。試問，如果你自己都沒能養成好的紀律，要如何教導別人愛的紀律呢？

在這裡要說明的一點是，雖然米歇爾溺愛他的兒子，但兒子的缺點並不是由父親的業力所造成的。米歇爾的兒子本來就聰穎過人，也有自由選擇的權利；遺憾的是，他並未運用自己的意志去實現那樣的選擇，否則他的人生將會截然不同。

所以，回到我們的故事。你可以想像，米歇爾以正確的方式撫養孫子們，因而償清了他在業力紀錄表上的若干業力。他以愛和紀律撫養兩個孫子，使他們成為很有教養的孩子，每個人都樂於與他們相處；長大之後，他們更成爲傑出優秀的年輕人。因此，雖然米歇爾寵壞了他的兒子，但是他痛改前非，代之以愛和紀律去教導他的孫子們，也因爲這樣而抵銷了他跟兒子所產生的業力。

認清你的目的

在解決你的業力時，你必須先將業力和目的區分開來，因爲這是兩件不同的事。業力是由你自己的作爲所造成、是你必須去承受的結果；而目的，則是你在生命計畫中必須扮演的角色。目的無時無刻都在發揮它的影響，而你的業力，不是驅策你前進以達成目的，就是延遲你達成目的的時程。你該如何認清你的天命，並釐清哪些作爲（或是無作爲）是自由意志使然、還是業力使然？

你的目的，是你生命中涵蓋一切事物的主題，是你必經的道路，也是你的終點。自由意志，則是靈性道路上驅策你前進的原動力；而業力在這條道路上，會爲你製造出各式各樣的狀況與情境。當你在人生道路上遇到困難時，可能會輕易地感到氣餒、走往岔路或甚至就此放棄。

在你轉世之前，你在彼岸即已得知自己這一次來到塵世的目的爲何，因此在你的意識某處，你已經知道自己該當完成什麼事。生命的挑戰以及你本身的好惡傾向，都會造成模糊與混淆，使你無法認清這個目的；然而，你的目的還是會一直在那兒，等待成長萌芽那一天到來。

你的人生目的是明確而獨特的。當你出生於一個特定的身體、地區、以及時間點時，你的目的即與這些條件以及你所出生的時代，脫離不了關係。你的天命可能會以恢宏的規模展現出來，譬如成爲國家的領導人或是成就偉大的科學發現；但也可能以更爲私人的方式呈現，譬如成爲母親，一位偉大的女家長，引領新的靈魂來到塵世並鞏固社會的家庭單位。

最常見的情況，就是要花上你整個人生的時間，才能夠達成你的目的。如果某個目的提早達成了，那麼就有更多的目的會提供給你，讓你去達成。沒錯，若說到你的人生目的，是沒有退休這回事的。

要了解你的人生目的，關鍵就在於服務。自問你如何能將對生命、對人類、以及對上天的服務做到最好。將個人置之於度外片刻，去感受生命更偉大的格局。不要只追尋你想要的事物，還要去追尋對你的目的最有助益的事；即使此目的尙未明朗化，只要你保持開放的心胸，神聖造物主將會給你指引。

有時候如果你心中已有預設的答案，可能會阻礙你去接收、感受眞正的解答，因爲你會被情感衝動及傾向所蒙蔽。如果你眞的想請求神聖造物主的協助，就必須放手，放棄那樣的預設；倘若上天就是生命、而生命是美好的，那麼即將展現在你面前的答案，也只會是對你最好的至善至美。如果你緊抓著問題的結果不放，就無法得到解答。除此之外，你眞正該做的，是告訴上天你想要什麼，而上天在你開口之前，就知道你的需求了。因此，你不是爲了上天而請求，你是爲了自己而請求，爲了讓你自己與上天已爲你準備好的神奇目的，產生更爲緊密的結合。如果你一直在尋找你的目的，但似乎一直沒有答案，那麼可能是你還沒有把這問題確實地放到上天的聖壇上。

另一個可能阻礙你與目的產生聯繫的原因，就是缺乏耐心。生命有其節奏，神聖計畫只會在神聖的時機爲你揭曉答案。然而，當我們覺得結果應該在那兒卻又看不到時，往往會失去勇氣和希望。因此，不論結果是否立即在我們面前顯現，我們仍需以無比的信心向前邁進，相信生命的計畫正爲我們展開。

有些學習宇宙哲學的學生會把靈性成長與命運目的搞混。靈性成長是達成目的的一種工具。靈性上的覺醒，並不必然意味著你必須脫離自己現在所從事的工作；這不僅是因爲你本應在生活的熔爐中鍛鍊你的靈性勇氣，在許多時候，你還會藉由工作去達成自己的生命目的。

你如何識別業力？

我有一個朋友叫瑪麗，住在加州的麗浪多海灘市。瑪麗是一個很了不起的靈魂，擁有非常不可思議且極爲成熟的靈視能力，也可以看到相當深入的氣場，然而她的人生卻極爲艱辛。她有個嚴重虐待她的母親，並且在她非常年輕的時候就強迫她結婚。瑪麗的丈夫也一樣虐待她。當她懷孕時，丈夫甚至把她從一道樓梯上踢了下去，導致她不幸流產，背部也因而受了重傷，傷勢嚴重到她不但必須忍受持續的疼痛，還得坐在椅子上才能睡覺。

一個像瑪麗這樣美妙的靈魂，爲什麼會有一個這麼坎坷的人生？瑪麗私下告訴我，不必替她擔心，因爲在她某個神祕的靈視中，她看見了自己爲什麼會有這麼多折磨與苦難的原因：原來在某一個前世，瑪麗是一個印度的黑魔法師，而且傷害了許多人，其中被她施虐最甚者，就是她這一世的母親及前夫。

了解你的業力是什麼，有助幫你度過這些困境，而不致於去抗拒它們或使情況更加惡化。我們絕大多數人都沒有具備這種靈視的能力，無法識別出是否有業力在運作，因此，我們並不總是能夠知道自己所面對的某個情況是否爲業力使然。

當你必須面對未來人生道路上的種種艱辛、卻對於這些磨難從何而來完全不復記憶時，特別令人感到萬分煎熬。但這也是靈魂在償還業力時，必須忍受的部分磨難。舉例來說，一個靈魂不會記得它曾經在前世殺害了這個人，所以必須爲此飽受折磨；然而，只要這個靈魂經歷過這樣的磨難，即使並不明白苦難從何而來，還是能夠學習到無價的課題，並且得以解決前世的業債。

事實上，並沒有什麼簡單的指標能識別某種情況是否由業力造成。若說要爲業力找出簡單的標記，可能的變數實在太多了。如果某個情況一再重演，沒錯，這可能是一個與業力有關的跡象；如果你對於某個情況感到十分挫敗，而且不論你怎麼做，結果都是徒勞無功地又回到了原點，這也可能是一個與業力有關的跡象。有些時候，業力會說來就來，完成出乎你的意料之外；但是，突如其來的事件或是財富的逆轉，也並不總是由業力所造成。所以當這樣的事情發生時，明智的做法是先退後一步，仔細地檢視眼前的狀況。

幸好你不必擔心如何找出你的業力，因爲你的業力會找到你。你的業力，是由比你個人更爲偉大的神聖智慧在掌控，所以神聖造物主會設下條件，將你的業力帶進你的生活中。一般的經驗法則是：你的業力愈快回到你身上，你就愈容易去解決；如果要花上很久的時間才回到你身上，你就愈難去解決。因此，倘若這一世所產生的業力能夠在這一世得到解決，會比留到來世再處理要好得多。

即便並非你人生中的每件事都是業力使然，而且你可能也無法確定自己所面對的某些狀況是否跟業力有關，倘若你意識到某件事情可能是由業力造成，那麼你最好這麼做：把這個情況當作是業力使然，如此一來，你就會以最謹慎的方式來處理。事實上，不論是否關乎業力，你都應該以全副的靈性武裝來面對任何深具挑戰的處境。

面對並解決業力的關鍵是自問：**我的課題是什麼**？

所有與業力有關的狀況都是你的老師。當你面對業力時，你會藉由學習到必須從這樣的狀況中才能學會的課題，去解決這個業力；你會不斷地面對這樣的狀況，直到你完全地解決，並且學會你必須學習的課題。這是無法逃避的。你必須不斷自問：「我必須從這之中看出什麼？我應該採取什麼樣的行動？」如果你樂於接受傾聽，至高無上者將會告訴你；在你得到答案之前，千萬別放棄詢問。

藉由某個業力情況所呈現的挑戰，你會被給予機會去強化某個性格特質，或是察覺到自己某些以前從未察覺的面向。舉例來說，某個有著嚴苛丈夫的妻子，必須面對的是極爲強大的業力試煉。不論你信不信，這個男人會是她的導師；如果她沒有一位強硬、嚴厲的監督人，她就無法在她的靈魂中發展出某些必要的特質。如果她的丈夫過於溫和寬容，她只會變得懶散，無法學習到堅強的性格，也無法爲自己挺身而出。

為此目的面對你的業力，是讓你得到救贖的關鍵。業力是一個成長的過程。想想看，你會從成功中還是從失敗中學到更多？失敗是極為痛苦的經驗，也是最偉大的老師。你必須為你是誰以及你的境況負責，因為是你自己造就了你的過去、創造你的現在，並且持續地在開創你的未來。正如聖奧古斯丁所言：「每個聖人都有過去，每個罪人都有未來。」

如果你還不清楚自己該做些什麼，就必須訴諸你自身的最高標準與最佳準則，採取你認為在該處境中最好的做法，並培養自己的道德正義感，但在此同時，可別將自己隔絕於對靈性生命更偉大的理解之外。

同時要注意，別去評斷或干預別人的人生，以免將他們的業力也背負於你自己身上。不要批判任何人，也不要為他們做決定。舉例來說，如果某對夫妻的婚姻有問題，其中一方正考慮離婚並徵詢你的意見時，別為他們做他們自己該做的決定。你可以寬慰或者開導他們，幫忙鼓舞他們、讓他們擺脫沮喪抑鬱的情緒，將他們引導到一個可以為自己做決定的狀態。如果你幫他們做了決定，就會涉入他們的業力，並且還得承擔他們的業力。結果，你不但得處理自己的業力，還得應付他們的業力。

如果你替他人冒了這個險，就等於是削弱了這個人承擔業力的能力，那麼你就必須為其業力負起相當的責任。即使這個人無法把某件事情做得跟你一樣好，你還是要給予他們空間，讓他們自己去做這件事，唯有這樣，他們才能夠藉這個機會學習與成長。這並不是說，你應該完全不管他們或是不給予他們任何協助，這意思是，你不該幫他們做他們該做的事。

有些人認爲，他們可以等到另一個來世再來解決這一世的業力，但這並不是一個好主意。沒錯，雖然我們生命中總會有第二次機會，但是你若在這一世就被給予機會去面對當下的業力，這是有道理的；因爲你如果等到另一個來世才要去解決你原本在這一世就可以處理完的業力，到時候，你的業力只會變得愈發艱難。因此，現在就去對付業力是最好的方法，之後，你就可以將它拋在身後，繼續你的旅程。

你一直都有面對業力的力量

上天帶你來到塵世，是爲了成就你的志業。不管你注定要遭遇什麼樣的挑戰，神聖造物主都會賦予你靈性的工具以克服這些挑戰。如果你得面對艱難的家庭業力，你可能會被賦予特別的力量，展現出非比尋常的耐心或是偉大的天賦，幫助你超越困境。如果你得面對財務金融方面的業力，你可能會被賦予一個聰穎又敏銳的頭腦，幫你想出賺錢的點子。不論你面對什麼樣的業力，你都會被賦予相對應的才華與能力，去處理這些業力所帶來的艱難挑戰。當然，你必須運用這些才華與能力，而不是在困境之中磨磨蹭蹭、曠日廢時。

你的態度可以讓你超越困境。你不總是能控制人生中的各種狀況，但是你能控制自己對這些狀況的反應以及處理的方式。從靈性角度來說，重要的並不是發生在你身上的狀況，而是你如何處理那些狀況。這是解決所有業力的關鍵所在。

當你面對嚴峻的業力考驗時，就如同面對生命中的任何挑戰一樣，你必須展現相同的內在力量及悲憫心，並且召喚自己所有的靈性力量。我有一位親愛的朋友，同時也是我多年來的學生，已經遭遇三次陷入癱瘓的嚴重中風。或許有人會問，爲何這樣一個靈魂會有如此的遭遇？這是業力使然沒錯，但是透過這樣的考驗（最後終於奪去了她的生命），她展現出一種驚人的決心，繼續她的靈性修行。她正面的態度雖令人心碎，卻也著實鼓舞人心。運用靈性力量幫助自己度過艱難的業力，這就是一個最好的例子。

有時候，你會面對極爲艱鉅的業力，將你的耐力推到極限。在這些情況下，你得展現出非凡的耐心及毅力去處理。切記，不論生命中某個挑戰是多麼地艱鉅，你都必須展現出相同的、在任何情況下都會展現出來的靈性道德上的正直。

舉例來說，如果你置身於一樁受虐的婚姻中，然而你意識到這是業力造成的，那麼，你是應該維持這樣的婚姻關係，繼續忍受對方的虐待，還是應該選擇離開呢？

每件事都應該按照本身的狀況來判斷，因此，要做出適用於所有業力情況的總括性論述，是相當困難的。以一般的經驗法則來說，應該先設法尋找解決之道，而不是先離家出走。你不會想要躲避你的業力，因爲業力會再回來找你；如果你的課題還沒學會，業力就還沒被解決。話雖如此，就算情況是業力使然，也不代表你只能躺在那裡忍受對方的虐待，什麼也不能做。如果你處於一段受虐的關係中，而你已經盡一切所能去改善，情況卻並未好轉，而且變得愈發令人無法忍受，那麼即便這情況是業力造成的，你仍然必須採取決定性的行動。

切記，重要的不是那個情境，而是你是否能夠從那樣的情境中學習到你的課題。如果你的課題是去展現寬厚與耐心，你就必須展現出這些特質；如果你的課題是要堅強、爲自己挺身而出，你就必須展現出你的勇氣。如果有人虐待你到危及生命的地步，你自然必須擺脫那樣的處境，因爲你必須保護自己。藉著離開一個類似那樣的處境，即便這項業力尚未被完全解決，你的離開將有助於減輕業力，否則這項業力也有可能會變得更糟。

你如何得知自己的業力已消除？

當業力帶給你的某種困境從你的生命中消失時，你就可以知道自己已經解決了這項艱難的業力。它就是不復存在了。你不需要再憂心那個狀況，也不會再面對它了！

舉例來說，你有長期的財務問題，這是由於金錢業力所造成的，雖然你已盡一切努力，情況似乎仍未見好轉。但是經由你多方的努力，即使情況尚未得到明顯的解決與改善，你卻已經在不知不覺中解決了舊的金錢業力。而當你消除了那樣的業力、也學習到與業力相關的靈性課題時，你就會自然而然地走出那樣的財務困境：你可能會得到期盼已久的工作，也可能會得到一筆意外之財；不論是什麼樣的好運，都代表這項業力考驗已告一段落。同時，這項業力不會再回頭找你，除非你又開始重蹈金錢業力的覆轍。

當然，只要你一直努力耕耘，好的業力也會跟著你。舉例來說，如果你掙得好的人際關係業力，你就會在生命更廣泛的領域中繼續建立好的友誼，以更美好、更燦爛的方式，加強你的愛之流。良善的作爲會激發偉大的作爲。

業力的指引

業力是一個起點，而非終點。不管你發現自己置身於什麼樣的業力情境下，都是扭轉頹勢的起點。這是神聖造物主將生命帶回平衡的一個調整過程。

如果你發現自己說出這類的話：「我本來就應該受這樣的苦，因爲這是業力。我本來就應該要遭受這些折磨。」要注意，業力不是這樣運作的。你如果以這種想法行事，可能還會因此而產生業力，因爲你逃避了某些你應該去做的事。業力不是讓你用來逃避、藉此不去面對人生挑戰的藉口。

你來到人世，是爲了成就你的志業。你的境遇多麼悲慘並不重要，因爲不論如何，神聖造物主皆視你爲珍貴且必要的一員。當你與你的目的步調一致時，祂會將萬事備齊，一起協助你成功；而當你抗拒不從時，掙扎和衝突就會因而產生，並成爲你靈性成長的一部分，將你帶回和諧一致的步調。這種情況屢見不鮮。據我了解，大概只有百分之五十的時候，我們有眞的達成自己來到人世該當完成的目的。這讓我們了解到，其實我們必須加倍努力去完成上天給我們的任務，並且如實、坦誠地面對自己的業力。

下列是一些關於業力需謹記在心的重點。

留意你的課題

業力所呈現的情況就是你的老師。當你面對業力時，要自問：「我的課題是什麼？」留意你在這種情況下應該要做的事，你應該如何處理呈現在你面前的課題。

面對你的業力

不論你多麼努力地嘗試，就是無法逃避你的業力。你有時候是可以延遲它，但這不可避免之力終究會回到你身上，而且會比之前來得更沉重。所以，最好是在業力呈現於你面前時，就能夠去面對並處理。

你被給予的一定是你有能力處理的業力

不管你產生了多少業債，上天不會在同一時間給你過多的業力，超乎你能處理的範圍與能力，因爲如果這麼做，就失去了幫助你在靈性上成長的目的。除非你自己加重、惡化了你的業力，才會讓它有時候看來像是難以承受。

你帶來的好業力也會跟著你

我們都會帶來好的業力，我們需要這些靈性的力量去駕馭自己軟弱的一面。

業力是公平的

不論生命有時候看起來是多麼地不公平，因果的整體重點就在於生命的平衡。若是某些人看起來像是已成功地逍遙法外，那麼他們在未來的某個時候，一定會與他們的業力不期而遇。又或者，若是某人的生活看起來像是深受上天的恩寵，這並不是什麼只給這個人而不給別人的特別恩賜，而是因爲這個人已從過去的錯誤中學習到他的課題，現在遵循著靈性法則的生活，並且正在收穫他掙得的成果。

不是每件事都是業力使然

有些人會採取一種業力的宿命論觀點，認爲每件事都已成定局，我們無法做任何改變。這眞是錯得再離譜不過了。我們全都得面對、處理業力的未竟之業，並非生命中的每件事都是業力使然。

業力不是你逃避人生挑戰的藉口

有些人會把業力呈現的處境當作不採取行動的藉口，什麼也不做，只會說：「這就是我的業力。」你應該要主動積極的解決業力並採取行動，去學習這樣的境遇呈現給你的課題。

不要評斷別人的業力

對於別人所面臨的業力處境加以責難或妄下結論是很容易的，但你只需對自己的靈魂負責，而不是別人的靈魂。要了解你自己的業力都不容易了，更何況對別人的業力驟下評斷——即便那人確實有業力在他身上運作。重要的是你學到了什麼課題，至於別人的課題，就留給他們自己去搞清楚吧。

14

有效處理業力的四項要點

開始處理業力這項崇高的任務時，你可能會覺得茫然而毫無頭緒。你或許明白自己的處境艱難，但同時有那麼多件事都在進行，想搞清楚該先做哪件事或是該採取哪個正確的做法，似乎頗爲困難。在這一章，我會提供你四項要點，幫助你一開始就走上正確的方向。這些要點不必然得按照下面所列的順序來進行。不管其順序爲何，只要你的業力任務囊括了這些要點，你在面對並解決業力時就會大有斬獲。這四項要點就是：

1. 詳實記錄。
2. 冥想和祈禱。
3. 自問：「我的課題是什麼？」
4. 開始做對的事。

詳實記錄

當你面對任何挑戰，特別是與業力相關的情況時，花點時間回過頭來評估一下自己目前的困境，不論何時都是個好主意。有時我們會在缺乏通盤考量的情況下，以不加思索的直覺反應去面對挑戰，反而造成問題叢生。既然你已經讀過這些篇章，我希望你能遵照每一章最後所列出的指導方針，檢視自己的業力模式。現在，我建議你開始每天做記錄以掌握自己的想法，給自己時間從不同角度去看待事情。花些時間做記錄，並且盡可能地享受這個過程。

檢視現在的作為

在檢視因過去作爲而可能造成的業力之前，最好先檢視你現在的作爲。如果你不斷地在無意間製造新的業力，就很難不爲舊的業力所束縛。因此，藉由改變現在的作爲以及這些作爲背後的動機，你便得以驅除任何可能產生的新業力。除了這項作爲本身給予的賜福，你將得以更清楚地看透自己過去的業力，以及應該學到的課題。

我會建議你找時間做一張自己的業力工作表，在這張工作表上，爲不同類別的業力列出各自的標題，如同我們在書中探討過的：金錢、職業生涯、人際關係、靈魂、身體、大自然，以及靈性的業力。在每個標題之下，詳細記錄你現在所採取的作爲。你可以遵循第二篇中每一章最後的指導方針去記錄，也可以按照自己的方式做記錄。在這項自我檢視中，要注意的是你自己做了些什麼，而不是別人做了些什麼；這些作爲可以是你起的頭，也可以不是。不要去評斷、修潤或詮釋這些行爲，只要盡可能把它們清楚而客觀地列出即可。

一旦列出來了，你就可以開始檢視你的動機。「動機」（motive）這個字來自拉丁文的「行動」（to move）。召喚你採取行動的，就是你的動機；你爲什麼會去做你正在做的事？誠實地面對你自己。這無關乎粉飾你的作爲、或是苛責你所意識到的自身缺點，而是要誠實以對。除了你之外，沒有人會看到這張列表。我們大多數人都不是在有意識的情況下，選擇去採取有害的行爲；然而，自私自利與個性喜好會讓你的自我蒙蔽、無視於自己眞正的動機，最後，你就會合理化自己的行爲，以掩蓋這些行爲背後眞正的動機。爲自己的行爲找藉口很簡單，但這麼做只是在自我愚弄，因爲藉口這張清單可以無止盡的開列下去。除非你能看清自己並不崇高良善的動機，否則你將會陷入像是永無止盡的業力循環之中。

在做這個練習時，如果你發現要誠實地評量自己眞正的動機相當困難，或是你亦認知到自己某些作爲或許不是最好的、但是又無法確定該怎麼做，這時候，詢問自己這個問題：「在這樣的情況下，什麼是最好、最崇高的做法？」當你問這個問題時，要有心理準備，因爲答案可能跟你當下想要採取的做法並不一致。我們往往會讓自己的情緒與心情支配動機，然而這種做法可能會衍生出許多問題。舉例來說，可能某人傷害了你，你在氣憤之下也想要以牙還牙；但如果你是基於憤怒而採取了某項行動，即使你認爲自己極爲理直氣壯，也還是會造成新的業力。

要接受我們自己做某些事情的眞正動機並不容易。我們要麼就是不想去知道我們所做的事可能對自己及別人都不好，要麼就是讓我們的喜好去決定自己的動機。我曾經爲一位女子提供諮詢意見，她當時同時與兩名男子交往，兩個人都想跟她結婚，因此她陷入了兩難，覺得自己好像兩個人都愛，搞不清楚該嫁哪一個才好。

這位女子直截了當地問我，我認爲哪個男人比較適合她？我跟她說，告訴她要嫁哪一個人不是我該做的事，這是她必須自己決定的事。我能做的只是根據這兩個人的氣場，讓她了解他們是什麼類型的人。如果她眞的要結婚，要嫁給誰應該是她的決定。

這兩個男子，一個比她年輕，熱情又性感，雖然工作並不那麼穩定，但顯然能夠在肉體層面滿足她；另一個比她年長些，沒那麼熱情，但無疑是個可信賴的人，有一份極好的工作，對她用情至深。同時，兩個男子都長得一表人才，使她更難以抉擇。

隱秘不純的動機，使得這名女子無法看清事實。她不曾眞正自問，什麼是她該採取的最好做法、誰是對她最好的人；她也絲毫未曾質疑過自己的動機。結果就是，她更被那個年輕男人的肉體吸引力所迷惑。這名女子本身在性方面就極具吸引力，所以她找了一個在這方面可以與她匹敵的對象。但是部分的她顯然感受到內心的矛盾，否則她不會向外尋求協助。

只要她開始更清醒、更冷靜地去檢視情況，她就會恍然大悟，對她來說，那個年長的男人才是對的人。這無關乎安全感或是打安全牌，因爲她自己的收入就很不錯，生活也過得多采多姿；而是，她會看穿自己某些錯誤的推論，了解自己與那個年長的男人有著更多的共通點。事實上，她的確是愛著他的。

最後，他們終於擁有一段美滿的婚姻。他們常常一起旅行，而每當我見到他們時，他們總是洋溢著歡樂的氛圍，在一起時也總是樂趣無窮；除此之外，他們之間也終於在肉體層面上發展出美好的關係。更重要的是，她花了時間更深入地檢視並探究自己的動機，因而通過了一項重要的靈性試煉。如果她讓自己追隨短暫的激情，可能就會錯失這個她注定要與其結婚的對象。

如果你把個人的情感先放在一旁，然後自問什麼是最該去做的事，神聖造物主就會幫助你，產生對每個人都好的結果，而你的作爲亦將產生好的業力，並且增強你的氣場及意識。姑且不論情況的發展是否如你所預期，重要的是你做了對的事。如果你已盡己所能運用了一切所知及方法，那麼能夠要求你去做的事，也不過就是這些了。

業力工作表

一旦你開始花時間檢視自己現在的作為及動機，就準備要開始檢視過去可能潛在的業力。業力可能在這一世、或者從前世返回到你身上。但在這張紀錄表上，你不需要試圖去了解過去可能發生過什麼事的細節部分，重要的還是這句話：你要誠實地面對自己。

面對業力的事實，需要極大的勇氣。但是，承認過去的錯誤，並不代表要去擁有或是包容那些錯誤。你所犯的錯誤以及個性上的缺點，都不被囊括於永恆的你之中，而僅是傳遞出若干你應該加以克服的特性。罪愆或錯誤的判斷將使你下地獄且永不超生，這種想法完全謬誤，而且違背生命眞正的本質。當然，你必須彌補自己犯下的錯誤，但還是那句老話：沒有無法救贖的罪愆，你永遠會有贖罪的機會。

在另一張工作表上，列出如同你檢視自己的動機時所列的類似標題，記錄下可能的業力情境。如果你想要的話，一樣可以遵循第二篇中每一章最後的指導方針做記錄。此外，這有時也能幫助你從更廣大的角度去檢視人生的格局。以下是一些建議：

1. 列出你人生中痛苦受創或是印象深刻的時刻。
2. 列出你人生中重要的轉捩點。
3. 列出使你人生變得更好或更糟的重大決定。

4.列出你人生中似乎一再重演、不斷反覆的模式。

業力情境的可能徵兆

一旦你做好自己的業力紀錄表，先選出一個最顯著、特別的情況。你可能有好幾個想著手解決的領域，但是一次處理一件事，你才能夠了解這個練習的動力變化，也才能夠給自己更大的成功機會。

此刻的問題是：這個情況與業力有關嗎？在問這個問題時，你面對的是一個難解的謎題。如果你並沒有靈視的能力，同時「自然的仁慈」又使得你對於前世種種不復記憶，你要如何得知哪一件事是業力使然、哪一件事不是？就算你眞的知道了，你又如何得知自己需要改進、修正之處爲何？

這些問題都沒有簡單的答案，但有幾件事要牢記在心。首先，在你意識層面的某處，你完全了解自己的業力爲何，因爲在你來到塵世前，它就在你面前展示過了，也已存在你的氣場及潛意識中。因此，從直覺層面來說，這一切是怎麼一回事，其實你完全一清二楚、了然於心。當我舉辦以業力爲主題的研討會時，結果著實令人感到驚異。當參加者願意花時間、眞正專注於這個主題上時，他們多能對自身所發生的一切有相當精準的理解與掌握度。所以在這趟偉大的歷險中，唯有誠實與毅力才能帶你往前走得更遠。

其次，你並非單獨一人在進行著這項靈性的工作，在這條道路上，你所踏出的每一個腳步，都有著上天以及靈界的陪伴與支持，即便你並未察覺祂們的存在。不論你的業力多麼沉重，神聖造物主都會跟你一起努力，讓你得以圓滿成功；而藉由你眞心誠意的努力與合作，你將得以與其建立緊密的靈性聯繫。

再者，藉由探討輪迴與業力所獲取的特別知識，不但會增加你的靈性意識，更會自動產生正面的效果，有助於解決你的業力。而且到最後，沒錯，有時當你遇到業力相關的情況，可能會生出一種明確無誤的洞察、啓示或是內在的認知，留意這些跡象，因爲這可能是至高無上者透露給你的訊息。

那麼，找一位靈性諮詢師來協助這些業力情況，如何？如果你能夠找到對的人，當然會有很大的幫助。但是，我非常不建議以回溯前世的方式去辨識業力，原因將在第十五章概要地說明。

總而言之，若你意識到某件事情可能是由業力所造成，最好的方式就是把這個情況當作是業力使然。因爲不論某個情況是業力使然、還是單純的困境，你都會運用到許多相同的靈性方法去解決。對一個不斷進化的靈魂來說，其特徵之一，就是能採取一種寬大坦蕩的觀點來看待所有的情況。因此，不管其他人怎麼做，如果你每次都能夠採取最佳的途徑，對所有情況來說都是較好的解決之道。

話雖如此，我仍想提供你一些與業力情況有關的可能徵兆——只是可能而已。這些並非是不容變通的嚴格規定，而是有幫助的提示及指導方針。

可能的業力徵兆包括：

1. 面對某個像是晴天霹靂的意外，被狠狠地迎面痛擊。

2.遇到某個令人困惑的難題，你完全無法給予符合邏輯的解釋。
3.在某個情況下感到徹底地挫敗，好像不論你怎麼做，一而再、再而三，結果還是一樣。
4.在情感上，對於某個人或是某個情況有著不合常理的憤怒或執迷。（一般來說，如果某個困境並非業力造成，就不會像業力的情況般對你造成那麼大的困擾，因爲不會有前世的聯繫使得情況更加惡化。）
5.生活中不斷出現重複的事件或行爲模式，看來似乎並不是你所造成的。
6.經歷無法解釋的擔憂及恐懼。
7.擁有親密的、激烈的關係，不論好壞。
8.與生俱來的天賦及才能。
9.先天的缺陷，無法解釋的身體疾病。

冥想和祈禱

一旦你辨識出一個可能的業力領域，並想要努力去解決時，你最重要的工具就是冥想和祈禱。第十五章將概述業力如何顯現於你的氣場中，第十六章則會提供你十二個很棒的冥想方式，可以滋養你的靈性能量、幫助你度過許多與業力有關的狀況。當然，你在任何時候都可以進行冥想，然而一旦你辨識出某個狀況是業力使然時，冥想就會變得特別重要。藉由氣場的運作，你將會建立起驚人的靈性力量，對解決你的業力將產生極大的助益。

自問：「我的課題是什麼？」

一旦你開始運作於靈性的能量上並建立起更多的力量時，必然會開始從全新的角度看待一切。此時，就是問自己這個重要問題的好時機：「我的課題是什麼？」業力相關的狀況就是我們的老師，而你的工作就是去搞清楚自己該學習的課題爲何。事實上，這狀況會持續至你學到了你的課題、業力也被解決了之後，才會被解除。

有時候，你可能會發現自己在某個情況下，避開了你應該要去學習的眞正課題。切記，你的課題只與你有關，與別人無關，因爲那是你要設法去修正自己所犯的錯誤，而不是別人犯下的錯誤。因此在尋找你眞正的課題時，不需要表現得太過拘謹。

當你命中正確的答案時，將會感受到一種發自內心的平靜感。這並不代表每件事都被解決了，但你內心會有股沉靜的感受，認知到自己正朝著正確的方向前進。有時候，你可能會認爲自己已經找到正確的答案了，但仍然深感苦惱憂傷；這往往是個跡象，顯示你尚未學習到眞正的課題。

要學習的課題，可歸結爲基本的生命原則：學習仁慈、寬恕、寬容、忠於自我、慷慨大方、更有愛心、有始有終、更和平、更享受生命、樂於學習、有耐心、有同情心、運用天賦、更誠實、爲自己挺身而出、展現堅忍不拔的毅力、更有效地管理事務等等，諸如此類，不勝枚舉。

然而，課題往往會針對特定的某些人及某些情境。誠然，仁慈是一個應對每個人展現的特性，你的課題可能是要對某個特定的人展現仁慈。唯有這麼做，你才能夠學習到某些仁慈極爲重要的特性，否則你便無法學到。又或者，你可能必須在職場上爲自己挺身而出、堅持自己的理念；你可能在家還好，但在職場上就顯得過於被動，因此這項業力的試煉會跟著你，直到你學會在職場上捍衛自己的信念。業力的課題會誘發出你自身的缺點，而這些缺點，正是你想要關注、留意的，而非去評斷或責難它們。

在研討會中做這個練習時，很有趣的一點是去注意到，即便當人們知道了自己的業力是什麼，往往還是難以理解這項業力的情況要呈現給他們的課題是什麼！一個實例是一個有家庭問題的女人，覺得家人都毫無理由地對她刻薄而無情，特別是她的母親，可說是這一切的始作俑者；更甚者，針對她而來的這種不友善態度，似乎還延伸到她直系親屬圈以外的其他親人也都這樣對待她。她爲此感到憤怒不已，覺得自己成了犧牲品。

在這個女人探索業力的過程中，至高無上者向我透露，她與家人的情況確實是由業力所造成的沒錯。在她某個生於歐洲的前世中，當時她是一位男性，是家中權威的大家長，因爲過於投入自己的事業，以致完全不顧家庭，對待家人極爲冷淡並漠視他們的存在。在那一世，他的女兒（他最忽視且不予理會的一個）就是她在這一世的母親。而她的父親雖然並未參與她的那個前世，但是她在另一個前世中也欠了他業債：雖然境況不同，但情節是類似的。

因此在這一世，這個女人必須同時償還這兩個人的業債。她的父母對這樣的業力關係並不知情，只是下意識地激發了他們對她未解的怨恨——即便她是自己的孩子。家中其他人看到父母的態度則有樣學樣，遂形成了「她是壞女孩」這樣的情境。

事實上，她在這一世是個好女人，顯然也已經克服了與那些前世相關的性格缺失，但就是尚未解決她與父母之間的業債。

如果你面對這樣一個情況，你認爲自己的業力課題應該是什麼？

我的這個學生，最先想到的是爲自己挺身而出、捍衛自身的權利。她認爲自己不該再忍受家人這樣冷酷無情的對待，尤其是她的父母，因爲她是一個好人，不該得到這樣的待遇。但你認爲這是她要學習的課題嗎？

對這個學生有更深入的了解後就會發現，她本來就是個性外向的人，爲自己站出來發聲對她來說毫無困難；使她感到挫敗的，是她的家人這方面，特別是她的父母，因爲她對他們所做的努力似乎總是徒勞無功。

因此，爲自己挺身而出，顯而易見並非是這項業力要教導她的課題。如果她在前世曾經冷淡無情地對待她的父母，那麼在這一世，她的業力課題就是要對她的父母展現仁慈寬厚。她眞正要學習的課題不是以牙還牙，而是要以無條件的仁慈寬厚來回報冷淡無情。要接受這樣的做法，對她來說並不容易，因爲她尚未完全明白寬恕是多麼強大的力量。

因此，即使有靈性的引導與協助，過了好一陣子，她還是無法做到，所以她與家人仍然磨擦不斷，也持續爲自己造成莫大的困擾。又過了一段時間、上了好幾期課程，她才慢慢領悟自己這項業力課題其中的智慧。即便如此，要開始用一種全新的態度和她的家人相處，仍然需要極大的意志力才做得到。終於，她逐漸地開始對家人展現仁慈寬厚，不管父母怎麼對待她；雖然這個方法尚未完全扭轉家人對她的態度，但是這已經改變了她自己的態度，因此，這個情況也不再像以前那樣嚴重地困擾她了。

這個例子教導我們，業力課題試煉的是我們的決心與毅力。更重要的是，結果也不總是唾手可得，或是以我們所希望的方式解決。但是在解決你的業力過程中，你將學會更能掌控自己。在這個例子中，即便她的家庭尚未與她完全和好，她也已經償還了她的業債；在未來的某個時候，雙方的嫌隙將會自動消失，業力也會完全解決。

開始做對的事

認清你的課題，是呼籲你去採取行動的一項召喚。如同俗話所說的：「確認問題就等於贏了一半。」但是呢，要直到你完成這項任務，才算眞正打贏了這場戰役。這是面對業力的眞正考驗。你不能坐在那裡觀望，以爲用善意就可以完成這項任務；你必須盡最大的努力才能成功，不過，上天已經給予你完成這項任務的天賦與才能了。

堅持貫徹你的生命課題，意味著你的生命將因此有所改變，你也期待去做出這樣的改變。這代表著，你要去掌控某個曾經擊敗你的情勢。你身邊的人可能不了解你想進行的改變，而希望你能夠回歸到他們所熟悉的行爲模式，所以你必須保持堅定不移，才能夠貫徹初衷。

一旦你決定要採取的行動，需要極大的意志力才能執行這項行動。意志力會將你的善意就定位，直到眞正的成果出現在你眼前爲止。你必須展現穩定且一致的意志力，因爲這既然是你的生命課題，你就必然會遭遇到重重阻礙，而這些阻礙都是在考驗你，看你能夠從生命課題中學到多少東西。要知道，對那些對你友好的人展現仁慈寬厚是件簡單的事，但是要對那些對你滿懷敵意的人展現同樣的仁慈寬厚，絕非易事。這才是你眞正的試煉。因此，在學習掌控業力的過程中，你必須展現能屈能伸的極大彈性。

有時候，你已經明白了自己的生命課題為何，但是並沒有運用必要的意志力去貫徹，直到完全學會這項課題。結果你就會感到沮喪氣餒、理想破滅，開始覺得這項任務或許壓根就不是你的生命課題，或者覺得這樣的事情根本就是無法克服的。這些都是無稽之談。這只是一個跡象，顯示出你必須要增強你的意志力。

生命課題可能聽起來很簡單，但是要說動你開始去執行並不容易。從飛機上俯瞰，即使是最高的山峰，看起來都像是觸手可及；但是從平地去攀登，則是截然不同的一幅景象。「有耐心」聽起來很簡單，卻可能要花上一輩子時間才能學會這個課題。美好之處在於，當你眞正學會了某個業力情況呈現給你的課題時，這情況就會從你的生命中消失，你會鞏固生命中的另一個面向，距離開悟的終極目的又更進一步了。

15

氣場與業力

身為一位靈視者，在對於業力各方面的理解之中，最令我著迷不已的一項，就是能夠觀看到業力能量在氣場中的運作。在《改變你的氣場，就改變了你的人生》（*Change Your Aura, Change Your Life*）以及《氣場的療癒力量》（*The Healing Power of Your Aura*）兩本書中，我概述了人類氣場複雜而巧妙的世界，舉凡我們所思考、感覺以及執行的每一件事，都會散發出一種代表它自己的靈性能量，顯現出不同的色彩和光芒：這就是氣場。氣場就像是靈魂的藍圖，因為它顯示出我們如何運用上天無窮的力量。

你最初產生足以完成任何事情的靈性力量之處，就在你的氣場之中。如果靈性力量存在於你的氣場中，也必然會出現在你的生命裡；尤其當我們說到業力時，這個原理再正確不過了。當你產生業力時，同時也產生了一股與業力模式相對應的能量，不論好壞，都必然會對你的氣場產生影響。在學習你的業力課題時，你有部分工作就是要去修復氣場中的相關能量。因此，為了有助於你面對並解決業力，一個重要的關鍵就是運作你氣場中的能量。

業力如何顯現在氣場中？當你出生時，你會帶來自己的氣場，那是你經由靈魂進化過程掙得的成果。有些人生來就有非常明亮的氣場，而大部分人則沒有這麼強大的氣場。這些氣場顯示出你在前世發展、成長的結果。如果你在某個前世曾是一個寬厚慈愛的人，那樣的能量延續到這一世時，會以一種深玫瑰粉紅的能量展現出來；如果你在某個前世曾是一個令人憎恨、滿懷惡意的人，那樣的污點也會被帶到這一世來。值得慶幸的是，至高無上者會在你轉世前，為你清除掉某些黑暗的污點，給你第二次機會；然而，負面能量的核心仍然會存在，因此，修復那些能量就成為你的工作。

這些能量在你出生後，很快就會出現在你的氣場中。在你成長到七歲時，這些能量會與你的氣場更緊密地結合在一起。所以，這就是爲什麼孩童從很小的時候就會有某些傾向或是癖好，因爲他們從前世的經驗中承襲了靈魂的特質及靈性的能量，才來到這一世。即便是一個孩童的小身軀，棲身於其中的卻是一個完整的成人靈魂。因此，若想檢視你前世的特質，一個方式就是去觀察你童年時期的自然傾向和行爲。氣場就是一個最佳例子，它可說是一部編年史，記載了你生生世世的業力能量模式。

從前世帶來好的能量，最明確的例子之一，就是氣場中稱之爲靈性區域的部分。靈性區域可以在一個人頭頂上方大約六十公分處被觀察到，以七條弧狀的光帶出現，看起來就像是一道彩虹；當它在演化、發展時，看起來最美麗。靈性區域與你的前世——那些你曾經致力於發展開悟意識的前世——相連結。

當你開始靈性演化之初，那些光帶是白色的。一旦你那不可思議的神祕部分開始覺醒時，你便開始掙得靈性之光；這股能量有若干會進入靈性區域的光帶中，於是開始呈現出變化多端的美麗色彩。在你的下一次轉世，你就會把這個靈性區域一起帶來，才得以連結這股靈性的力量，繼續你那不可思議的神祕發展。靈性區域愈明亮，代表這個靈魂的演化程度愈高，表示他或她已經經過多次轉世的努力，掙得了這股神祕的靈性之光。

我們都有這樣的靈性區域，只是發展程度及強度不盡相同。諷刺的是，擁有高度進化靈性區域的人，往往並未接通那樣的能量；雖然能量就在那兒，但是他或她就是還沒去利用到他們本質中的那個部分，代表在這一世，這個靈魂尚未完全回收來自前世的靈性力量。

靈魂的印象

在氣場中，胸腔中央有一個脈輪，恰如其分地被稱爲心輪，或是亦可依照西方神祕主義的傳統，稱其爲赫爾密斯中心（Hermetic Center）。赫爾密斯中心是所有凡人俗務的能量核心。你所有的活動，都會與這個中心產生能量的連結；這代表著你的工作、人際關係、財務狀況等各方面，都會與這個中心內部有所連結。因此，在你氣場中的這個部分會有大量的活動在進行。

更重要的是，赫爾密斯中心是「靈魂的座椅」。請花點時間思考一下這句話。當你轉世時，你的靈魂經由心輪，與肉體生命產生了連結，所以，心輪能夠吸收生命所有最直接的第一手經驗。現在，你的靈魂也正在吸收你所經歷的一切——好的、壞的、或是不好不壞的每一件事。

如果業力與作爲有關，那麼在赫爾密斯中心與你所引發的業力能量之間，無疑存在著一種強烈的關聯。業力能量會以幾種方式呈現出來。爲了幫助你解決業力並實現天命，神聖造物主贈予我們每個人一項最獨特而精妙的禮物，也就是所謂的「靈魂印象」。這些靈魂的印象可以透過靈視能力觀察到，就圍繞著心臟正中央，它們是基於那些曾經出現在你的「人生織錦」（詳見第二章內容）上的印象而形成的，每一個印象大約有直徑兩英寸大小，投射出好的及壞的業力、你應該完成的事、你生命中重要的人物等等。在某種意義上來說，你這一世的故事，其中重要的元素都會被展示在這些靈魂印象上。

這些靈魂印象以環形方式圍繞著心臟中央，與其大約有四十五公分的距離。每個靈魂印象都被自己放射出來的能量圍繞著，有些靈魂印象有著明亮的能量，有些則沒那麼明亮。較明亮的靈魂印象，代表好的業力以及你注定要實現的成就；較陰暗的靈魂印象，則代表困難及未解的業力，也是你注定要去解決的。你雖然帶著這些靈魂印象出生，但是一直要到大約十二歲的年紀，這些印象才會顯現出來。這些靈魂印象極爲特別，但是想看到也很困難，唯有具備極爲成熟的靈視能力，才能夠觀察得到。

靈魂印象給予你完成靈性任務的力量。你的靈魂印象會有家庭成員、生命中的重要人物、重大事件，以及職業生涯。誠然，並非每一件事都在其中，但你生命道路上的許多要素都已經涵括在內了。當你走過正常的生命歷程時，你將會遇見符合靈魂印象的那些人，也會遭遇符合靈魂印象的那些機會及處境。而當你遇到這些人事物時，與其相關的靈魂印象就會變亮。雖然你並未意識到這些靈魂印象的存在，卻可以感受到它們的提醒及敦促。

舉例來說，如果你欠某人業債，那麼你可能會有一個關於這個人的靈魂印象，在這種情況下，這個靈魂印象將會被一種陰暗的能量所圍繞，顯示這是一項必須被償還的業力。當你遇到這個人時，你們之間可能會齟齬不合、難以相處，但只要你堅持去幫助這個人，相對應的這個靈魂印象就會開始發亮；而當業力被償清時，能量就會變得極爲明亮。如果這個人還在你的生命中，這個靈魂印象也會繼續存在；如果在業力解決之後，這個人已走出了你的生命，這個靈魂印象也會跟著一起消失。

倘若與某人或某個情況的業力尚未被解決，那麼與其相對應的靈魂印象也會繼續存在。即便是你或是你欠下業債的人死去，靈魂印象仍然會繼續存在，等到另一個來世再去解決。在某些情況下，業力可以在彼岸解決，但是大部分的情況是，你必須再度轉世、再見到那個人，才能平息你們之間的業力糾葛。

那麼，你這一世的作為也會顯示成為靈魂印象嗎？沒錯，誠然，靈魂印象帶來的是前世的要素，但是你表達自由意志的方式也必然會對這些印象造成影響。如果你表現出某項人道的作為，而不是出自你的業力紀錄表要求你去完成的行為，你就會產生新的好業力，並發展出開悟的靈魂印象：這些都會成為你額外的恩賜。你所做的每一件正面作為都會加到你的氣場中，一般來說，這些新的靈魂印象，會出現在原本形成環狀的核心靈魂印象外圍。

如果你產生了負面業力，也是一樣。你若是欺騙或是傷害了某人，你所產生的業力也會顯示成為一個新的靈魂印象，這就是你的「告密之心」，如同小說家愛倫坡在他懸疑驚悚的故事中所述，一名男子常為他所謀殺的人、其心臟卻仍在跳動的回憶所糾纏。當你製造出新的業力時，盡你所能去彌補你的罪行、清除那些來自你意識層面的印象，讓你不必把它們帶到另一個來世。

這些靈魂印象極為清晰地以圖像闡明你距離自己應該達成的人生目標還有多遠。有時候，你可能會感到迷失困惑，但是你人生任務的模式一直與你同在，每天都在啓發你、驅策你向上。

彩頁圖1是來自於一個眞實的案例研究，描繪一名男子帶著極好的業力來到這一世，並注定要在生物學領域中大放異采。

這裡可以看到他有十二個靈魂印象，顯示出他來到這一世要去表現或是解決的不同動力變化。其他人欠他的業債，並未顯示於這些靈魂印象中；會顯示於此的，是他所製造出來的業力。這些靈魂印象通常會以環形圍繞著心輪，並且以順時針方向排列，代表這些業力與事件將會出現的順序。

這幅圖像描繪出這名男子正處於生命完整成熟的階段，然而他亦尚未完成他的人生使命。靈魂印象圖1顯示，他一開始與父親之間就有著艱難的業力，這是他從前世帶來的業力，在那一世，他自己也曾經是個難相處、嚴厲的父親。這個靈魂印象的能量原本是陰暗的，但是他解決了這項業力，使這部分變明亮了。現在，這能量變成了紫色，顯示他已解決了這項業力，並與父親發展出良好的關係。

靈魂印象圖2顯示的是他的母親，粉紅色的能量指出他與母親之間有良好的業力，並且一直維持到現在。靈魂印象圖3是他的兄弟，圍繞這個印象的銀色光芒指出他跟這個兄弟的業力也很好，這個兄弟在他的生命中一直扮演著支持他的朋友角色。靈魂印象圖4是他的姐妹，圍繞這個印象的淡黃色光芒指出，他與姐妹有著來自前世的艱難業力要解決，在那一世，他曾經是個殘忍無情的兄弟；他已經解決了部分的業力，但是這個靈魂印象的能量仍有些微弱，顯示這項業力尚未完全解決，還有努力的空間，因爲他尚未對姐妹展現出充分的仁慈寬厚，那是他在這一世應該要做到的。

在他展開自己的生活時，他開始遭遇來自某個前世的金錢業力，即靈魂印象圖5所顯示，因爲他在那一世濫用金錢，他爲此苦惱了一段時間，而財務上的挫折，使他從自己工作的基金會挪用了公款，因而製造出一項新的業力，如靈魂印象圖A所顯示。請注意，靈魂印象圖A位在主要的靈魂印象所組成的環形外圍，顯示這是一項新近產生的業力。雖然仍有改善與加強的空間，但基本上，他已經解決了前世原來的金錢業力；不過，在這裡新產生的業力仍然尚待償還。

在這段期間，他娶了第一任妻子，如靈魂印象圖6所顯示。這段艱難的婚姻反映出一項他與她從前世帶來的未解業力，雖然最後他們仍以離婚收場，並未完全解決兩人之間的差異，但即便這個靈魂印象的能量剛開始是陰暗的，經由他爲這段婚姻所作的努力，已相當程度地解決了這項業力；這也是這個靈魂印象正逐漸消失的原因，而他的前妻也逐漸離開了他的氣場——要這麼說也行。他與她仍有若干互動，也還有部分業力的最後糾葛尚待解決。切記，靈魂印象只會顯示出你欠下的業債以及你自己的命運，而不會顯示出別人欠你的業債。在這名男子的第一段婚姻中，雙方都互欠對方業債。

第一段婚姻的經驗，將他一項性格上的缺點——缺乏耐心，明顯地表現出來，特別是在個人事務方面，如同靈魂印象圖7所顯示。這項個性缺失磨練了他多年，最後終於讓他學會如何克服這個部分的自己。因此，即便這個靈魂印象剛開始是陰暗的，現在也已經變得明亮，而且終將完全淡出並消失。

靈魂印象圖8顯示一位對他極爲重要的朋友及同僚，對他的職業生涯幫助極大。這是來自前世極好的業力，一段成果豐碩的夥伴關係。在這一世，這個人也確實對他有極大的幫助，代表他生命中這段艱難的時期已近尾聲。

在這之後不久，他遇到一個女人並與她結了婚。事實證明，他的第二任妻子於公於私對他都有極大的幫助。如靈魂印象圖9所顯示，她在他的命運中也占了一席之地。他們相處得非常融洽，雖然他們沒有小孩，還是過得很幸福美滿。這項能量是從數世紀以前延續而來的，當時他們曾經分享過一段非常快樂的婚姻及家庭生活。他的第二任妻子也跟他一樣在生物學界，並且將會幫助他邁向成功之境。

數年後，他果眞在生物學界發表了一項重大的發現，爲他贏得極高的聲譽；他這個部分的天命，也顯示於靈魂印象圖10中，因爲他有好幾個轉世都浸淫於科學領域中，遂贏得了將這項新資訊帶到塵世的權利。而他仁慈的善行也在此時脫穎而出：他冒著生命危險，從一棟正在坍塌的建築中救出一個孩子，雖然兩人都受了傷，但也都轉危爲安、逐漸康復了；這個事件顯示於他右邊的靈魂印象圖B中。並非每個善行都會像這樣顯示在氣場中，但因爲他甘冒生命的危險，使得他的行爲引發出相當正面的影響，遂產生了這樣一個靈魂印象。

在他生命的這個部分，他也幫助了一個惹上麻煩、遭受不公指控的朋友及同僚。因爲他願意冒著賠上自己名聲的風險去幫助對方，所以贏得了新的好業力。過程雖令人捏把冷汗，但最後他的朋友終於被證明無罪，他的善行遂再一次造成相當正面的影響，於是產生了圖C的靈魂印象。

這名男子的生命現在正走到這裡。我們看到還有兩個明顯的靈魂印象在他的氣場中，不必說也知道，這就是最後兩件會發生在他身上的事；當然還是有其他的事情會發生，但這兩件是其中最爲顯著的。由於他在生物學上的卓越貢獻，他注定會贏得一項榮譽極高的獎項，如靈魂印象圖11所示。而他在晚年時，也注定會將心力從研究轉移到教學領域，去幫助更多的人，如靈魂印象圖12所示。

業力的靈魂能量

氣場中另一個跟業力有關的區域，就是所謂的「業力的靈魂能量」。業力的靈魂能量與靈魂印象不同，可以看到的是，它從心輪的核心往外散發，直接與我們隨著時間所產生的業力能量相對應；它本身則是從心輪湧出、放射出來的各色光芒。你會按照你的作爲，建立起這項靈魂的力量以對應你所產生的好業力，或是減弱這項能量以對應你所引發的破壞性行爲，使得這項重要力量因而被消耗殆盡。好比你有一個儲蓄帳戶，你創造的好業力愈多，產生的靈性力量就愈多，讓你之後可以去動用。

業力能量會對應你所運作的業力類型。如果你掙得好的金錢業力，就會產生與金錢業力有關的強大靈魂能量；如果你掙得好的人際關係業力，就會產生與人際關係業力有關的強大靈魂能量，以此類推。如果你帶著好的金錢業力來到這一世，卻過著輕浮草率的生活，把這樣的好業力揮霍一空，那麼你不僅浪費了那些金錢，更耗盡了好業力的珍貴靈魂能量，而那是你非常努力才掙得的，因此，你必須透過來世的努力奮鬥，才能再重新來過。

令人感到寬慰的好消息是，業力的靈魂能量是你可以完全掌控的事物。相對於業力有某些面向會牽涉到其他人或其他情況等無法被掌控的因素，建立你的業力靈魂能量，不但完全操之在你自己，也是你在運作靈性能量時會先加以關注的焦點之一。

舉例來說，假設你對另一半刻薄無情，自然無可避免地會產生某些壞的業力。如果你在餘生並未償還這項業力，就得在另一個來世爲其取得平衡。你將會因爲刻薄無情而對另一半欠下業債，你也必須學會與那業力有關的課題，同時，你也會耗竭心輪中的業力靈魂能量。所以，除了償還你對另一半所欠下的業債之外，你還得重建與其有關的靈魂能量。

但若是你的下一世，無法跟這個人一起轉世、解決你們之間的業力糾葛，會怎麼樣呢？或許是時機不對，你必須再等到未來的某一個轉世才有機會。誠然，在你對另一半所欠之業債上，因爲木已成舟，你所能補救的部分有限；但透過對他人展現仁慈寬厚並學習關愛他人的課題，特別是在婚姻方面，你絕對可以重建自己被損耗的業力靈魂能量。藉由你的善行，你得以建立靈魂中的力量，並且使這部分的自己綻放耀眼光彩。最後，當你終於可以跟之前不當對待的對象一起轉世、並解決你們之間的業債時，你在靈性上將會處於一個更有利的位置，並且能夠將事情處理得更加完善。

憑藉著你這一世的作爲，你能在建立靈魂能量這方面有極大的斬獲。當一個靈魂經過多世的良善作爲累積了好的業力，這般業力的靈魂能量看起來極爲醒目，甚至可以散發至相當遠的距離。一個成熟並開悟的靈魂，特徵之一就是擁有高度進化的業力靈魂能量。

彩頁圖 2 所描繪的女人，已經償清了她的業債，並達到開悟的境界。經過了無數的努力，她終於脫離了輪迴的必要之輪。外殼所描繪的是一個因果模板，也是靈魂的保護鞘，其外觀是白色的，周圍環繞著一個外層發著光的氣場。這個因果模板會一輩子跟著我們。

從心輪發散出來的是明亮的業力之光。在這裡描繪出這個人所掌握精通的，大約有二十四條散發著各式光線的業力道路。這些道路所代表的各種類型業力，都按自己的方式被加以發展並掌控；其中也有不同的細微變化，以業力自身的力量顯露出來。每一條業力道路都有大約四條從中心放射出來的光線。看看這所有的力量，我們就更能了解爲什麼要花上八百個轉世的時間，才能夠駕馭所有的生命道路、面對所有的業力挑戰。

所有的放射線一路延伸到因果模板的外殼，顯示出這個人已達到高度的精通與熟練之境。它們的振動與力量，雖然很難以插圖的方式展現出來，但的確顯示出已具備了高度發展。即便如此，這裡還是可以觀察到，並非每一條光線都同樣地延伸至因果外殼。這是因爲即使已達到靈性通達者的程度，我們仍無可避免地會在生命的某些方面發展得比其他方面來得好，這視我們的天賦與傾向而定。如果你是在藝術路線上發展你的技巧，那麼這些業力靈魂能量的發展，就會跟好比你身爲熟練的治療者或是科學家有些不同。正如沒有兩個氣場是完全相同的，你所展現並促使自己的業力靈魂之光成長的方式，也是獨一無二的。

對絕大部分仍在建立其靈魂業力力量的人來說，這樣的能量只會延伸到比一半再多一點，而且也不會如此明亮。如果這個靈魂尚未進化，或是因爲沉重的負面業力耗盡了它的力量，那麼這能量雖然不會變得陰暗，卻是會變得極爲薄弱，顯示出若要重建這樣的力量，還有很長的路要走。

在這幅圖示中，請注意在這個人頭頂上有著高度發展的靈性區域，呈現出一條弧形的光帶，有著彩虹般的外觀。靈性區域也會顯示出累積多世得來的好業力。雖然靈性區域並不全然是業力能量，但它仍是經由正確的作爲及施行而獲得的能量。

業力和人生織錦

如同我們在整本書中不斷看到的，就是種什麼因、得什麼果的這個原則。不論我們放出去什麼事物，都會以被放出去的同樣方式回來到我們身上。在氣場中，「放出去」是經由一種業力的行動，這行動會呈現出屬於自己的靈性能量。

當我們開始一項業力的行動時，不僅會產生一種能量，顯現於我們的氣場中，還會把部分的這種能量投射於所謂的「人生織錦」上。人生織錦有許多不同的名稱：阿卡沙（akasha，譯註：akasha是梵文，原意爲最早的生命元素）、以太（ethers）、靈質（spirit-substance）。人生織錦正是最初的物質，生命中一切事物皆源於此。關於這項宇宙物質，有很多能被討論的部分，但與我們對業力的探討有關者，在於人生織錦扮演著有如一種宇宙共鳴板的角色，與我們所有的行爲、思想及情感產生共鳴。從某種非常實際的意義上來說，我們透過氣場產生振動、共鳴的能量，會反射回人生織錦上。藉由這些靈性的以太物質，使我們對生命偉大的展現方式能夠有所貢獻，並且產生了使夢想及想法成眞的力量。

一旦我們引發一股與我們的行爲性質相對應的能量，就會以以太物質的方式釋出，就好像我們把它發送出來一樣。如果這項行爲富有創意、有助於自我提升，它的和諧表現就會經由以太物質反射出去，加諸於宇宙萬物之上，然後再以倍增的美好本質回饋到我們身上。如果這項行爲具破壞性、有害而無益，其能量也一樣會經由以太物質的振動發送出去，但是它所創造出來的分歧失和，就是我們必須加以負責的部分。這有點像是對大氣層的污染，但在這裡則是一種靈性的大氣層；能量會如同我們將它釋放出去的方式，再彈回到我們身上，使得宇宙的和諧與平衡得以恢復。

這就是我們面對業力時，最爲棘手及微妙之處。一旦我們釋出自己的作爲所產生的能量，它就不再爲我們所控制。我們無法說出它會以什麼方式回到我們身上，我們能確定的，就是它一定會回到我們身上。

業力這種還諸己身的作用是由神聖造物主所主導，亦是一項異乎尋常地精微而美妙的過程。神聖造物主精心安排，帶領並引導該業力能量如何擺盪回我們身上；如果沒有神聖造物主關愛的支持，我們累積罪惡的速度，將會快到我們永遠也擺脫不了。

一般的經驗法則是，業力回來得快，要比回來得慢好。業力愈快反彈回來，引發的反應就比較沒那麼嚴重；若業力等了很久才反彈回來，引發的反應就會較爲強烈。業力有點像是一個鐘擺，在業力所產生的這一世就解決，當然會比等到反彈作用更強烈的來世再解決要好得多。這對好業力或壞業力來說，都是一樣的。當我們做了好事卻因故並未感受到效果時，不用擔心，當它們最後回到我們身上時，結果一定會是最甜美的。

有時候當我們正在學習課題時，業力的懲罰會先被保留住，以便給我們多些時間去學習我們的課題。因爲業力若是馬上回到我們身上，我們就會沒有時間去成長或變成熟。有些人會把這段恩賜的時間，錯誤地詮釋爲他們可以爲所欲爲的暗示；他們可能做了某些自己知道是不對的事，但是因

圖1：圍繞著赫爾密斯中心的靈魂印象（第296頁）

圖2：業力受啓發的靈魂之光（第301頁）

圖3：潛意識的前世印象（第309頁）

圖4：結合業力能量（第310頁）

爲沒有馬上受到懲罰，便把這個現象解釋爲上天允許他們繼續那樣的錯誤行爲，卻沒有意識到他們所產生的業力遲早會回到自己身上。

潛意識的形象

從宇宙哲學的觀點來看，潛意識的心智是記憶的座椅。我們在生命中所經歷的每一件事，都被記錄於潛意識中，它就像是電腦中的一個巨大硬碟，記錄的不僅是經驗和記憶，還有行爲模式。它也會把前世的經驗都記錄下來，因爲在我們生生世世的輪迴中，都會帶著同一個潛意識心智來到人世。

潛意識心智的部分被區隔於我們的意識之外，目的是爲了讓我們不致於把前世的事件帶到意識層面的記憶中。這也是爲了我們自己好。如果我們把前世的意識帶回到當下這一世，結果將會使我們自己難以承受；絕大多數人並未準備好接受這樣的經驗，這麼做所帶來的傷害，將會遠大於它所帶來的好處。

潛意識本身就是一項極爲引人入勝的重要研究。在與業力及前世記憶相關的方面，潛意識則與靈魂印象一起運作，幫助我們解決業力。靈魂印象會呈現出你這一世應該去完成及面對的人事物，而潛意識則會帶出已經發生過的人事物。舉例來說，如果你與另一半之間有著尚待解決的業力，你的心輪將會背負著另一半在這一世的印象，而環繞著這個印象的能量，顯示的是你們之間理應會產生什麼樣的關係；另一方面，你的潛意識所呈現的印象，則是你與對方在前世的關係，也是讓你們再次轉世聚在一起的業力糾葛。

大部分時候，你並不會覺察到潛意識的運作或暗示，但你會感受到它的影響，因爲它會促使你對眼前的情境或人物產生一種幾近直覺的反應。如果你有好的業力，那麼從潛意識中浮現的就會是美好的經驗，即使你對那些前世的事件並沒有任何屬於意識層面的記憶，你還是會下意識地對對方產生一種好感。同樣的，如果你面對的是艱難的業力，即使沒有任何明顯的原因，潛意識的暗示也會讓你對對方感到不自在或反感。

在潛意識模式的情況下，你得非常小心那樣的記憶（即使那是無意識的）不會引發同樣的情境再度重演。這樣的情況可說是屢見不鮮。你可能會在無意間重蹈那些舊的潛意識模式之覆轍，然後發現你自己正在重複過去的錯誤，如此一來反而會加重你的業力，而非去解決它。因此，再次提醒你，運用你的自由意志；只要你選擇堅持你的意志力、將能量導向更爲正面的作爲，就不會成爲前世的犧牲品。

回溯前世的注意事項

當涉及輪迴這個主題時，潛意識心智已成爲一項主要的關注焦點。證明輪迴確有其事，最強有力的例證之一，就是來自那些經歷過所謂回溯前世的人們所提供之見證。

回溯前世可以各種不同的形式呈現，重點在於找出接通潛意識心智的方法，以回溯前世的種種資訊。最常用的方法是透過催眠的方式來達成這樣的目的。在催眠的暗示下，人們可以回想起前世的經驗，往往伴隨著驚人的細節。最常被問到的問題，就是對於前世的回溯記憶到底是眞實的，還是出於被催眠者的想像。那麼，倘若這是眞實的，這樣的方式是否可產生有益的療效。

任何類型的催眠都有其顯而易見的潛在危險性。但倘若是在正確的情況下進行，回溯前世是否眞的有幫助？同時，從氣場的觀點來說，這到底是怎麼一回事呢？我不是催眠治療師，也沒被催眠過，因此我能與你分享的，是來自我以靈視能力對催眠過程的觀察，以及諮詢那些接受過催眠的人們，還有至高無上者對我的教導。

當某人接受催眠時，催眠治療師會暫時地繞過意識心智，而以深入潛意識心智爲主。但是在這裡，我們又面臨到一個兩難的抉擇，因爲催眠這項過程，挑戰的是一個貫穿全書、一直被持續探討的基本前提——自由意志。

意識的心智讓你得以表達自己的自由意志。你本應隨時隨地都能夠完全掌控自己的想法，這也是讓你成長並發展出開悟心智的方式。不管對或錯，你所做的每一個有意識的選擇，都會讓你學到一些東西。因此如果你讓別人幫你思考，即使這個人立意良善、並且也徵得了你的同意，你等於是放棄了你的自由意志、並且把它讓給別人去掌控。而在催眠的暗示下，你等同是被催眠治療師的意志所左右。

回溯前世還有一項風險：違反了不得干預他人業力的靈性原則。如果你爲了了解自己的前世而求助於靈媒或是神祕主義者，你仍然能掌控去接受或拒絕他們所提供的資訊。但是在催眠過程中，催眠師事實上已跨越了那條界線，參與了你所經歷的解決業力過程。對你或是催眠師來說，這都不是好事。即便這個過程帶來有助益的影響，這樣的方式與其說對解決業力有幫助，事實上可能會製造出更多的業力。你必須自己去面對業力，猶如你注定得去發現自己的天命，沒有人可以幫得了你。

話雖如此，有些時候若是前世的創傷太深，以至於妨礙到這一世生活的正常運作，這樣的情況的確需要特別的協助。舉例來說，某個在前世慘死的人，這一世因而變得極度恐懼，病態到使他或她無法正常生活，這時，回溯前世就能夠派上用場。這種情況無關乎涉入別人的業力，因爲催眠試圖要達成的目的，是去打破這種令人動彈不得、阻礙其成長的恐懼，所以不會產生有害的業力。在此，回溯前世的目的不是要去解決業力的課題，而是要幫助減輕痛苦心靈的創傷，讓人們能夠重拾他們的生活。

關於回溯前世，另一件要記住的事是：並非所有在催眠療程中浮現出來的經驗都是眞實的。潛意識的心智是一個主觀的記憶寶庫，記錄的是透過我們自己的人格所體驗的經驗，並非如同我們在生命之書中所見到的客觀紀錄。所以，並非在我們潛意識心智中的每件事，都是正確無誤或是有確實根據的，只能說是我們存放在那裡的紀錄。這樣的情況，也使得回溯前世在研究上變成了一種不可信賴的工具，因爲我們往往無從得知在某個催眠療程中所揭露出來的訊息，到底是否準確無誤。

總而言之，回溯前世好比腦部手術。當每件事都無效時，那是你萬不得已採行的最後辦法，而且只能在你能找到受過最佳訓練的合格治療師監督下進行。

✲　✲　✲

彩頁的圖3，描繪出前世的記憶如何顯現於氣場中。

在身體周圍，你有所謂的精神模板。這個精神模板看起來就像是一個白色的蛋殼，圍繞著你的身體，扮演著接受並傳送思維的導管角色。如同因果模板，我們這部分的靈性剖析要說的可多了；但是這張圖的重點，是在於它在氣場的業力能量中所扮演的角色。

精神模板最引人入勝之處在於，其作用就像是某種類型的螢幕，讓潛意識記憶顯現其上；並非眞正的潛意識本身，而是潛意識領域的精神活動。我們從這張圖可以看到，精神模板中充滿了來自前世的印象。事實上，與其說它們是印象，反倒較像是前世經驗的電影。總而言之，這些印象處於靜止、不活躍的狀態，直到被某件事啓動，或是促使它們開始活動。如同靈魂印象般，這些精神印象也呈現圓球形狀，但是要大得多。在這外殼上半部的印象，顯示的是較爲顯著的正面經驗；而在下半部的印象，顯示的則是正在解決的業力或是已被解決的艱難經驗。正面的經驗會有美麗的氣場光芒環繞，而令人煩擾的經驗則會有陰暗之光圍繞著，直到它們被解決爲止；而當它們被解決之後，那些精神印象將會持續保持中性的色調。

當你轉世時，有些精神印象/電影就會突顯出來、往前移動，即爲某些特定的前世經驗，也是你這一世必須面對並解決的經驗。它們會成爲你重要而顯著的一部分，直到你解決了與這些經驗相關的業力，才能夠把它們永遠地拋諸腦後。

在這個例子中，有十個業力的印象在這個人的生命中發揮強烈的影響力（請注意：爲了清晰度及細節之呈現起見，這裡所顯示的潛意識印象比實際上要大得多。事實上，這些印象的直徑大約是十五公分）。最上方的印象圖1，顯示這個人身爲一位藝術家的一次好的轉世，給予這一世的她相當的勇氣。印象圖2顯示她從前世帶來的一個美好戀愛經驗，也會給予這一世的她相當大的幫助。印象圖3顯示她在某一個前世曾經被謀殺，而在這一世她將要解決這個經驗。印象圖4顯示她在某一個前世曾經被殘忍地攻擊並毆打，也是她在這一世要解決的。印象圖5顯示來自於某個前世的好業力，當時她是一位宗教領袖，幫助了許多人，因此在這一世，她會將這項力量運用於人道主義的工作上，這也是她這一世注定要去成就的工作。印象圖6顯示她在某個前世曾經是一個慣性的說謊者，她在這一世也必須去克服這項性格上的缺失。

從印象圖7開始，我們所面對的是較爲久遠的、終將被完全解決的能量。印象圖7顯示她在某一個前世曾經被父親虐待，她已經把這個經驗相關的業力解決得差不多了，只剩下少許業力尚待解決。印象圖8顯示某一世的貧窮經驗，至今仍然在某種程度上困擾著她。印象圖9顯示某個較爲久遠的轉世，當時她曾經身在王室，以欺騙的手段掌控權力，這項業力已幾乎被解決了。印象圖10則顯示她在某一個前世曾被性騷擾所殘存的痕跡，而她也正要解決完所有與其相關的業力能量。

檢視潛意識的種種錯綜複雜之處，不難理解爲什麼當我們在處理潛意識心智時，必須要步步爲營、如履薄冰。

彩頁的圖4，顯示靈魂印象及前世記憶如何一起運作以面對並解決我們的業力。這個年輕女子才剛要展開自己的人生，在她的靈魂印象（印象A）中是一幅鮮明的圖像，顯示她成爲一位成功的建築師；這是她在這一世要完成的天命，也是她經由好業力的累積而掙得的。這個印象非常明亮，還有燦爛奪目的金色光芒圍繞著，代表她注定要作出極具影響力的卓越貢獻。除此之外，她還帶來極好的業力靈魂能量，將會給予她所需的力量去完成她的任務。在她的頭頂上方也有一個明亮的靈性區域，顯示靈性力量將會在生活的各個層面中給予她相當的幫助，包括她的職業生涯。

要達成這個目的，她將會運用到四個前世的成功經驗。印象圖1顯示的是她在法國的一個前世，她在那一世是男性，也是一位非常成功的律師，她以自己所知最好的方式運用訴訟技巧，而非剝削或占人便宜。圍繞著這個前世記憶的綠色發光能量，代表那一世帶來的是和諧、平衡的力量，也是她在這一世會不知不覺運用到的力量。

印象圖2顯示她在義大利的一個前世。她在那一世也是男性，但這次，她是一位極具創造力的藝術家。雖然這一世的藝術家生涯不像她身為律師的那一世那麼成功，卻激發出她的藝術天份，而那是她成為建築師必須運用到的技巧。圍繞著這個印象/電影的粉紅色氣場，顯示出她在那一世所從事的工作中，注入了大量的愛與熱情。同樣的，這樣的愛與熱情也會在這一世展露無遺。

印象圖3顯示她在比利時的一個前世。她在那一世是一位出色的數學家，圍繞著這個印象/電影的藍色氣場，顯示出她極富發明及創造的才能，有許多原創性的點子。而在這一世，她將會需要這樣的發明才能解決各式建築工程中的種種難題，也需要在她的想法中表達出這樣的原創性。

最後，印象圖4顯示她在西班牙的一個前世，她在那一世是女性，也是一位時裝設計師，結合了她的創造力及商業技巧。銀色的氣場顯示出她的思維敏捷、明快而果決，與合作夥伴及同事共事時也極有效率。

當然，這是她在這一世可能實現的成就。雖然所有的天賦以及能力等都已存在於她的氣場中，她並未意識到這些來自前世的恩賜及成就。相反的，她將會出於直覺地召喚她所有的天賦才能，幫自己編織出美好的天命。同時，她跟我們所有人一樣，也會面對屬於自己的試煉與挑戰；如果她通過了這些考驗——她面對考驗所需要的能力，早已被賦予在她的力量中——那麼，她在生命中所能實現的成就必將無可限量。

16

氣場的業力冥想

關於靈性能量的運作能夠緩解某些極爲沉重的業力，一個極戲劇化的例子是我數年前遇到的一個眞實案例。這案例是一個名叫莎莉的女人，她殺了自己的丈夫而且並未受到法律制裁。幸運的是，這並不是我們大多數人會遇到的狀況，但它的確讓我們看到，那股能量之光能夠發揮多麼深入的療癒作用，同時也讓我們知道，沒有什麼罪愆是無法得到救贖的。

當我初遇莎莉時，並不知道她做過些什麼，但是從她的氣場我看得出來，她碰上了非常嚴重的問題：在她的氣場中有黑色之光的斑點出現，顯示怨恨與謀殺的暴怒情感。顯然這個女人殺害了某人，結果她自己也相當不好過。當時，她沒有接受過任何宇宙哲學的思想，甚至不知道自己是否相信上帝，但是她已經絕望到願意去做任何的嘗試。她直截了當地問我：「你既然看得到氣場，那你看得出來我有什麼不尋常的地方嗎？」我回答她：「沒錯，我看得出來。」

沒過多久，莎莉就向我坦承了一切。她是四個孩子的母親，她的丈夫每晚都醉醺醺的回家，痛扁她和孩子們。她給我看了以前被丈夫毆打到骨頭等處的種種傷疤。雪上加霜的是，雖然她丈夫自己做生意也賺了些錢，卻一毛錢也不給她和孩子們，硬是要讓他們餓死。因此，莎莉必須幫人打掃房子、賺取足夠買食物的錢來餵養孩子們。

這樣的情況一再重演，有一天莎莉終於受夠了，她決定把丈夫毒死。於是她一點一滴地開始進行這件事，確保沒有人會注意到，因此，人們都以爲她的丈夫是因酗酒而生病，完全沒有人懷疑過她；相反的，大家都很同情她。但是，這整件事的回憶每晚都糾纏著她，嚴重到使她幾乎無法成眠。

我跟她說的第一件事是，她不用擔心告訴我這些，我也不打算向警察告發她的作爲。因爲木已成舟，而且當時她也並不是危險人物，對任何人都不造成威脅。這是她與上帝、以及她丈夫的靈魂之間的事。她跟我說的這一切，屬於我們之間的祕密，宛如治療者與患者間的保密協議般，雖然我所扮演的角色是靈性諮詢師。

我們剛開始進行時，莎莉仍然不斷地爲自己的作爲辯護，說自己是因爲別無選擇才會這麼做。我試著告訴她，她其實是有選擇的，她可以尋求別人的幫助，或者帶著孩子們離開他。她再次爲自己辯護，說她沒有錢，她和孩子們也沒有地方可以去。然而，在她謀殺了丈夫之後，除了自己絕望的心理狀態外，她還得面對幾近破產的狀況——在物質上及靈性上同時破產。當天晚上我們一起非常虔誠地爲她的靈魂祈禱。她同意在我的幫助下一起努力。

莎莉開始非常認眞地進行某些禱告與冥想，祈求上帝及她丈夫的靈魂寬恕自己的罪行。剛開始時，她無法理解自己所犯下的是一項嚴重的罪行，而她必須爲此贖罪。她不斷地試圖合理化自己的行爲，但是在此同時，她也被內在的混亂徹底擊潰。每晚她躺在床上無法成眠，不斷想起丈夫對她所做的種種，然後在腦海中重演她如何殺死他的每個細節。毫無疑問地，他是一個殘忍且虐待成性的男人，她必須離開他；但是，除了這最後的選擇外，她還是有其他的選擇。

莎莉的孩子們成了她的救贖。她知道自己該做些努力，因爲她和孩子們（他們的年紀都還很小）幾乎一貧如洗，而當時她的心理狀態還無法外出工作。因此，她開始進行祈求寬恕的禱告與冥想之後、尙未觸及相關的業力之前，下一步就是要先使她的心智脫離自己的所作所爲，以免這樣的回憶把她的心智消耗殆盡。於是莎莉與神聖之光一起冥想和祈禱，解除她對丈夫的怨恨，以及她對自己及孩子們的生活所感到的焦慮。她非常努力的祈求救贖，設法將自己的心轉向上帝。她花了許多工夫，才讓心境平靜下來，放掉這整個經驗帶給她的震憾——這樣的情緒曾經淹沒了她。漸漸地，她開始能夠掌控自己，冷靜了下來，也能夠更清楚地去看事情。

就在這時，我談到了業力及輪迴的主題。出乎意料，她似乎頗能接受並理解這樣的觀念，於是我慢慢地告訴她，我從靈視中得知，她與丈夫在前世即已認識，但當時的角色是顚倒過來的，在那一世，她是丈夫，他則是妻子。身爲丈夫的她，不但對身爲妻子的他拳腳相向、殘忍對待，最後還讓他身無分文地被遺棄，所以這妻子（也就是莎莉在這一世的丈夫）直到嚥下最後一口氣時，都還滿懷著對丈夫的怨恨。

正因如此，這一世，莎莉必須回來償還她所欠下的業債。她本應對丈夫展現關愛與支持，他也本應展現更多的寬恕與包容；遺憾的是，在解決我們的業力時，有時候就是會發生這樣的情況：他走了另一條路，下意識地釋放出自己在前世所有被壓抑的怒氣。這種作爲當然會在他沒有意識到的情況下，給自己製造出新的業力。

在這不幸的情況下，因爲他的殘暴已經威脅到孩子們的安全，莎莉唯一的選擇就是離開他，即使這代表著她將會留下尚未解決的業債。不論是什麼業力造成的情況，都沒有人有權利去虐待他人。如果她有勇氣把自己的挫折與憤怒放到一邊、帶著孩子們離開他，她就能分散這個局面的對立情勢，她和丈夫也就會在來世重聚，他們之間的業力最後還是會得到解決；即便這意味著她短期內會過得很辛苦，但如果只是離開他的話，她的處境還是會比現在好得多。

遺憾的是，莎莉沒有選擇這麼做。她殺害了丈夫，使得她不但沒有解決舊有的業力，還製造出新的業力，而她又得在來世償還這項業力，因此，她不但沒有減輕自己的業力，反而加重了它。在她的氣場中，我可以看到她丈夫的靈魂印象，以及因她的作爲而更爲增強的黑暗能量；我也看到某些靈魂能量的光線變弱了，即將成爲新的煩惱之源。試想一個人處於這樣靈性耗弱的狀態下，極易受到新的誘惑及錯誤行爲的影響，新的、無關聯的業力就會因此而輕易產生，使得日子更不好過。

幸運的是，神聖之光可以在這個領域產生極大的助益。建立她的氣場以及業力靈魂能量的努力，並不會自動抹去她曾做過的事，但會給予她繼續走下去的力量，使她得以奠定更堅實的基礎去面對她的業力——在它終於到來的時候。

經過兩年持續不斷的努力，莎莉的氣場看起來好多了。她已經眞正悔悟了，而她的氣場也顯示出這項改變，黑暗的斑點及擔憂、絕望的陰影已消散，取而代之的是若干金色與銀色的能量，表示她的心境已經變得清澈多了。她已經明白自己的作爲是錯的，決定在她的生命中開始良善的作爲。而對於未來的人生道路，她變得較爲樂觀，停止了她曾經強加於自己身上的自我懲罰，逐步建立起自己的業力靈魂能量；甚至連她丈夫的靈魂印象也變得較爲明亮了，這意味著當她與丈夫解決業力的時機終於來臨時，事情將會變得較容易處理。

從現在開始要怎麼做，才是眞正的問題。如前所述，莎莉終需在來世爲這一世的作爲受到應得的懲罰，光是冥想亦無法改變這個事實。冥想可以大幅地減輕她的負擔，但是她仍舊必須去經歷自己製造出來的烈燄考驗。然而，這並不表示她在這一世就必須淒慘度日，至少，她還是有機會完成她在這一世的若干目標。現在，就看她是否願意加倍努力學習生命的課題了。

就這樣，莎莉開始努力重建自己的人生。她持續規律地冥想，認眞看待自己的人生。她找到了一個門房的工作，待遇相當不錯，讓她能夠好好地照顧孩子們——他們已經成爲她生命的重心。他們不但搬到了一個生活條件較佳的居所，她甚至開始懷抱希望，希望自己可以找到生命中的另一個男人，或許能夠再婚。最棒的是，她找到了上帝，從此過著更好的靈性生活。

這個故事說明了冥想及祈禱的力量，能如何幫助你解決你的業力。藉由改變氣場中的能量，你亦改變了自己投射至生命中的能量，如此正面的改變，必然會對你所面對的情況和處境產生顯著的影響。靈性能量會在你面對、解決任何考驗或挑戰時，給予你所需要的力量；它是一切力量背後的動力，任何作爲展現背後的奧祕。致力於你的氣場及靈性能量，也是你現在能夠馬上開始進行的事，因爲你可以完全地掌控這個過程。然而，一個要注意的問題是：誠然，冥想在清除業力能量上極爲重要，它並無法讓你略過自己在解決業力時所需扮演的角色。你仍然必須挺身而出面對自己的業力；冥想與靈性的技巧會提供你掌控人生的工具，但你仍然必須走出去，在混亂的人生中運用這些工具。沒有人能夠幫你解決業力，你只能靠自己的努力。

十二種轉化冥想法

在你對靈性開悟的追尋中，冥想及祈禱是兩種最重要的工具。冥想是一種接受——接收來自神聖造物主的訊息；祈禱則是對祂的請求，是一種傳送。在運作你的氣場時，你會結合冥想及祈禱，這被稱爲「冥想的祈禱」。經由這樣的祈禱，你向神聖造物主請求給予自己所需的協助類型，然後再經由冥想，你接受到這樣的幫助以及靈性的滋養。

若你能夠使冥想成爲每日的慣例，你將會對自己的生命以及靈性發展作出一項影響最爲深遠的貢獻。誠然，與神聖能量的運作並不會使業力就此消失，但是它會給你注入力量驚人的強心針，讓你得以面對並解決你的業力。

冥想有很多種方式，一種簡單的方式即爲「反思冥想」（reflective meditation）。在這類型的冥想中，你專注於特定的意象上，就會產生確實的效果，召喚來與該意象聯繫在一起的靈性力量。要開始這樣的冥想時，先找個舒適安靜、不受打擾的地方，然後在椅子上坐直，雙腿不要交叉。（關於氣場冥想更詳細的描述，請見本書附錄。）

開始進行冥想時，先觀想有一個金色的透明圓形保護罩，罩住了你周遭的事物並加以保護。這過程讓你感到非常安全且受到了支持，明白上天愛你並且正在幫助你。閉上雙眼，觀想你的頭頂上方大約六十公分處有一個金色太陽，放射出一道美麗的金色白光，這是你自己與神聖境界產生直接聯繫的「高層自我」。當你關注於這部分的你時，放掉所有的擔憂與掛念，只要去體會神聖之愛，以及這個意識的神聖層級所帶來的聖潔感受。

一旦你建立起頭頂上方的金色太陽，你就準備好開始運作你的靈性能量了。接下來的十二個練習，是與神聖之光一起運作、幫助你減輕業力狀況的建議。你可以根據自己的狀況，自由選擇要採用哪一種冥想方式。花些時間做這些練習，但不建議你在任何一次的練習中做太多種的冥想，而且你可能必須重複數次這些練習，才會感受到效果。業力的情況不會是一夜之間突然形成的，你必須有耐心、堅持不懈的努力，才能扭轉原來的局面。

當你結束靈性能量的運作時，靜默片刻，緩緩地感受自己正重回地表，意識也重新回到身體中。然後，為你所接受的事物，感謝神聖造物主的賜予。

以橘紅色火光清除業力

釋放業力的能量，第一步就是要先開始靈性的淨化。這樣的淨化可以是一般性的，也可以是特別針對你正在經歷的某項特定業力或情況而進行。

觀想一道光芒四射的橘紅色火光，從你頭頂上方的金色太陽照射下來。意識到這股能量圍繞著你，釋放所有負面的、令人煩擾不安的能量。感受這股負面能量從你身上被釋放出來，被帶往礦物界，在光中被分解並驅散。你感受到自由，從原本沉重地施加於你身上的事物中得到解脫。

接下來，觀想這道橘紅色的火光，緩緩地從你頭頂進入頭部中央的靈性中心，潔淨了你所有的思維，釋放出所有令人煩擾不安、執迷不悟、以及對身心有害的想法，釋放出你所產生的、或旁人投射在你身上的不聖潔想法。觀想這股負面能量被帶往礦物界，在光中被分解並驅散。

接下來，請求這道光被帶往潛意識心智中，釋放出有害的、或在你生命中造成干擾的記憶及模式。感受這道光輕柔地清除了這些區域，讓你得到解脫。

接下來，觀想這股淨化的能量輕觸你咽喉的靈性中心，釋放出你說過的、非屬神聖之光的言語，或是旁人對你所說、而你接受了或加以回應的非屬神聖之光的言語。觀想這股負面能量被帶往礦物界，在光中被分解並驅散。

接下來，觀想這道橘紅色的火光輕觸你的心輪——重要的赫爾密斯中心。允許這股能量深入中心，釋放出壓力的重擔；讓這道光向外放射，照進你在塵世間所有俗務的每條道路，淨化一切的人物、地點、事物、狀況及處境，以及造成這處境的各種狀況。感覺生命中一切的阻礙及障礙物，都已隨之遠去。

接著，請求淨化的神聖之光輕觸圍繞著赫爾密斯中心的靈魂印象，釋放出圍繞著它們的所有沉重業力能量。靜默片刻，讓這道光自行運作。請求所有的負面能量被帶往礦物界，在光中被分解並驅散。

然後，觀想這道橘紅色的火光往下照射，照進你的腹部/太陽神經叢區域以及靠近肚臍中央的靈性中心。請求這道淨化之光釋放出負面的情緒能量，淨化困惑、煩擾、挫折、焦慮、恐懼、憤怒以及憎惡的情緒，並幫助我們擺脫一切與他人的情感糾葛。請求這些負面能量被帶往礦物界，在光中被分解並驅散。

最後，請求這道橘紅色的火光向外放射，貫穿你的肉體，釋放出你可能感受到的所有壓力、疾病、勞累、以及疼痛。請求這道光繼續向外放射至精神模板，淨化駐留於精神模板中令人煩擾不安的精神能量。請求所有的負面能量被帶往礦物界，在光中被分解並驅散。

請求這股能量繼續向外放射，貫穿你的因果模板，分解任何與靈魂層面有關的負面能量。觀想所有的負面能量都被帶往礦物界，在光中被分解並驅散。

以藍白色火光補充你的氣場

進行任何形態的靈性淨化之後，補充你的氣場極爲重要。要達成這個目的，最強有力的靈性能量之一，就是稱爲藍白色之火的能量。它看起來就像是火爐上的青藍色火燄，頂端游移著明亮的白色閃光。在反思冥想中，你將會請求這能量之光以新的生命力爲你的氣場充電、再充電，並且療癒任何問題叢生的區域。

觀想一道強有力的藍白色火光，從你頭頂上方的金色太陽照射下來。這股能量有種讓人立刻振奮及轉化的特性，在充滿活力的力量中，你會感受到變得強大並且煥然一新。觀想這股能量環繞著你的氣場，以順時鐘方向爲你的氣場充電、再充電。之前爲橘紅色火光所釋放的任何部分，現在都被藍白色火光補足了。

接下來，觀想這道藍白色火光，緩緩地進入你的頭頂，進入頭部中央那美麗的靈性中心，請求這道賦予生命之光爲你所有的思維充電、再充電。你感受並意識到這道藍白色火光補足了精神自我的每一個角落，帶來嶄新的、新鮮的點子及靈感，以及對生命全新的看法。這神聖之光會爲任何疲累的或緊張有壓力的區域，帶來驚人的提振效果。感受這道光滋養了每個反應心智念頭與動力的腦細胞。

接下來，輕柔地請求這道光被引導至你的潛意識心智中，以順時針方向爲它充電、再充電。感受一股新的靈性力量匯聚，充滿整個潛意識心智；感受你的潛意識心智與意識心智間的美好默契。請求這道藍白色火光培養出沃土，使新的神聖想法得以在此扎根成長。

接下來，請求這道藍白色火光輕觸任何正面的、令人振奮的、且與你這一世有關的前世記憶。請求這樣的潛意識模式在這道光中能被加快並重振，使其有益的特性能在這一世中更被突顯出來，有助於你實現這一世的神聖目的。靜默片刻，讓這道光自行運作。

接下來，請求這道藍白色火光往下照射，照進你的咽喉區以及在咽喉中強大的靈性中心。請求這道光爲你所說的每個字充電、再充電，讓你得以靈性的語調說話。

接著，請求這道光來到你胸膛中央的赫爾密斯中心。讓這股能量爲你在塵世間所有俗務的每條道路充電、再充電，賦予你所做的一切新的生命與活力。觀想這道藍白色火光釋放出所有的悲傷與憂鬱，現在，你感到樂觀而且滿懷希望。

接著，以最深沉的謙卑和敬畏之心，觀想這道光輕觸你的靈魂層面，增強並照亮你的業力靈魂能量，乃至你所需的最大程度。靜默片刻，讓這道光自行運作。

接著，觀想這道藍白色火光輕觸圍繞著赫爾密斯中心的靈魂印象，賦予你更多的力量與你人生織錦上的所有事物保持步調一致、並且更完善地去達成它們，同時也賦予你更多的力量以及對事物的洞察力，讓你得以圓滿地解決這一世該當償還的所有業力。

接著，觀想這道藍白色火光圍繞住太陽神經叢靠近肚臍之處的美好中心。讓這道光爲你所有的情感本質充電、再充電，補充所有疲累的區域，並療癒任何情感上的困擾與苦惱。感受你的情感返回時，更爲強大、平靜而集中，並且與你意識的所有其他層面都能夠保持協調一致。

然後，觀想這道光往下照射至你的肉體，穿透每一個細胞，以順時針方向爲這肉體充電、再充電。觀想這道光療癒任何有病痛的或是令人憂煩不安的區域，帶來完美的健康與幸福。

最後，觀想這道光繼續地向外放射至你的精神模板，爲所有進行中的精神活動充電、再充電，突顯所有正面的、開悟的思維模式。觀想這道光向外放射至因果模板，以上天的聖潔氣息重新提振、恢復靈魂的能量。

以純白之光救贖靈魂的業力

純白之光發揮著多種靈性上的功能，帶來上天的純潔與神聖。這股能量對於修復、彌補從前世帶來的靈魂業力之性格瑕疵，能發揮極大的助益。當你知道自己做錯事並設法更正時，這股能量也會發揮極大的作用。

觀想一道上天純白之光的明亮光束，從你頭頂上方的金色太陽照射下來。當它環繞住你的氣場時，你會立即感覺精神爲之一振，感受到它的純潔以及救贖力量，覺得被這道光強化了，與神聖造物主的步調更爲協調一致，並且感受到與上帝同在，沒有什麼是不可能的。

接下來，觀想這道光緩緩地從你的頭頂進入，輕觸頭部中央的靈性中心。在這裡，白色之光會提振你所有的思維，以上天的心智照亮你，輕觸心智中一切的黑暗角落，使你得到救贖，把那部分的你帶回光明之中，也把一切不健康的、無益的習慣或性格特質都釋放到光明之中。感受你自己把一切的壞習慣都交到了上天慈愛的手中。

接下來，觀想這道光照亮你的潛意識心智，也照亮了一切黑暗的角落，釋放出任何對你造成不利影響的潛意識模式。感受所有的這一切，都被釋放到光明之中。

接下來，感受這道光輕觸你咽喉的靈性中心，彌補你說過的任何傷人言語，不論那是有意或無意的。

接下來，觀想這股淨化的能量輕觸你咽喉的靈性中心，釋放出你說過的、非屬神聖之光的言語，或是旁人對你所說、而你接受了或加以回應的非屬神聖之光的言語。觀想這股負面能量被帶往礦物界，在光中被分解並驅散。請求這道白色之光進入你的言語模式，釋放出尖銳刺耳的音調，帶來令人振奮、響亮的靈性語調。請求這道光幫助你運用有建設性、充滿神聖之光的言辭。

接著，觀想這道純白之光輕觸你的赫爾密斯中心，在上天的神聖之光中，均衡、集中、調和你各方面的個人事務及作爲。請求這道光讓你所採取的每一個步驟，都與你的神聖目的同步。觀想這道白光進入你的靈魂層次，增強靈魂印象及業力的靈魂能量，以上帝的純淨提振一切，並修復一切黑暗角落，把它們帶進光明之中。

現在，做幾個深呼吸，靜默片刻，讓這道光自行運作。

接著，請求這道光輕觸靈魂中一切的弱點，使你能夠即早注意到它們的存在，努力去克服，並且在神聖的光中帶進更多的靈魂力量去加以修復。

如果你知道自己犯了某些錯，請求這股白色之光驅散你製造出來的任何負面業力能量，給你更多的靈性力量去救贖自己，並採取必須的行動撥亂反正。請求這道白色之光投射至會產生共鳴、感應的以太物質上，破壞任何你所引發的負面能量，將一切帶回平衡的狀態。請求這道光爲你闡明正確的做法。靜默片刻，讓這道光自行運作。

然後，觀想這股能量進入太陽神經叢靠近肚臍之處的靈性中心，請求它提振你所有的情感本質，釋放所有遺憾、悔恨、內疚或挫折的情緒。同時，請求這道光釋放出因它觸及這些情緒而產生的所有抗拒。感受你的情感回歸和諧本質，了解到沒有什麼罪愆是無法得到救贖的眞理，你總是會被給予第二次機會把事情做對。感受到你情感力量的增強，以及一份想去追求生命目標的強烈渴望。

最後，觀想這道光向外放射至你的肉體，運作於每一個細胞之中，純化物質的構造。然後，觀想這股能量向外放射至精神模板及因果模板，使它們在光中得到提升。

以靈性之愛的深粉紅色之光療癒業力的人際關係

深粉紅色之光是最強有力的靈性力量之一，也正是神聖之愛的具體化表現。在任何人際關係中，這股能量都是不可或缺的，在你處理與他人的業力糾葛時又更加重要。在請求寬恕的運作上，這股能量能發揮極大的作用。這部分將涵蓋於第十七章的內容中。

觀想一道明亮的深粉紅色之光，從你頭頂上方的金色太陽照射下來。當它環繞住你的氣場時，你會感受到它的親切及溫暖，把你環抱於它的光輝之中，讓你覺得自己已與上天合而爲一。你意識到這道光告訴你，你並不孤單，上天永遠與你同在。

接下來，觀想這道光緩緩地照射下來，照進你的頭頂、圍繞頭部中央的精神中心。你感到被這道光的療癒功效撫慰。這道深粉紅色之光爲你的思緒注入了愛，釋放出任何你針對別人而產生的不友善念頭、或是別人針對你而產生的不友善念頭。

接下來，觀想這道光輕觸你的潛意識心智，釋放並療癒所有過去的（不論是在前世或是這一世）與任何人物或情境相關的舊有傷害和創傷。你感受到自己將所有的新仇舊恨都釋放到這道慈愛的光中。

接下來，觀想這道神聖之光輕觸你咽喉中央的靈性中心，療癒任何你與他人不厚道的言語交流，不論那是由你或是別人所起的頭。讓這道深粉紅色之光以愛來充盈你所說出的每一句話。

接著，觀想這道深粉紅色之光往下照射，照進你胸膛中央的赫爾密斯中心，感受你的心在這道光中變得溫暖又柔軟。如果你曾經因故抑制住你的愛之流，感受那些原因已逐漸遠離、不復存在。讓你自己與他人的交流源自於一個愛的泉源——上天無條件的愛。放棄你所有出於審判或譴責考量的理智感，讓你的心隨著靈性之愛獨一無二的心一起跳動。靜默片刻，讓這道光自行運作。

接著，請求這道深粉紅色之光去到任何你欠下業債之人或是欠你業債之人身上，彌補你的作爲，並將一切帶進這道光和上天的愛之中，讓業力能夠以對所有人都好的方式被解決。在任何一段你感到難以承受的業力關係中，請求這道光給予你力量、指引及勇氣。再次靜默片刻，讓這道光自行運作。

然後，觀想這道愛之光往下照射，照進太陽神經叢靠近肚臍之處的靈性中心。請求每一種情感都能沐浴在這道愛之光中，療癒一切情感的創傷或怨念。請求這道光能讓你脫離所有虛假的同情以及不實的能量連結，讓你能夠成爲自身情感中心的主宰。讓你的情感能夠感受到這股愛的歡愉，接受它的滋養，並且感受自己已與上天合而爲一。

最後，觀想這道光向外放射至你的肉體，讓身體每個方面都能夠吸收到這道光中滿溢的愛。觀想這道能量向外放射至精神模板，爲其注入靈性之愛；並觀想這道能量向外放射至因果模板，使其在愛之光中得到提升。

以豐足的藍綠色之光增強好的金錢業力

藍綠色之光是繁榮富裕的靈性能量，這項力量會將你帶進財富的意識，讓你從受限的思考中解放出來，從不受限的面向上去思考。身爲上天的子女，你本來就是神之國度的一份子，注定要分享屬於神之國度的無限豐足。在金錢業力的運作上，這股能量能發揮極大的作用，也會幫助你去學習金錢所呈現予你的靈性課題。

觀想一道明亮的藍綠色之光從你頭頂上方的金色太陽照射下來，當它環繞住你的氣場及意識時，你會立即感覺精神爲之一振。不論你可能遭遇什麼樣的財務困境，似乎都消失於這道光中。這道靈性的能量，以財富及幸福的幸運光環圍繞住你。

接下來，觀想這道光緩緩地進入你的頭頂，使你頭部中央的靈性中心變得更加活躍。你感受到這道藍綠色之光，以財富及繁榮的思維注入、塡滿你的心智。貧窮或匱乏的思維不再，你感受到與上天無盡的供給合而爲一。

你感受到這道光正給予你正確的全貌，教導你如何運用金錢去達成上天的神聖意旨。倘若你覺得自己曾經濫用金錢，請求這道光救贖你，並教導你如何正確地運用豐盛的資源。倘若你享有好的金錢業力，要求這道光拓展你的財富意識，並且讓你知道，你的財富應該經由什麼樣的管道去展現才是正確的。

接下來，感受這股能量輕觸你的潛意識心智，以財富及繁榮的思維注入、塡滿它。這股能量觸及你的前世記憶（你曾經極爲富裕、並且運用如斯財富爲人類謀求更大福祉的前世，以及你不當運用金錢或一貧如洗的前世），並釋放與這些經驗相關的負面能量。靜默片刻，讓這道光自行運作。

接下來，觀想這股能量往下照射，照進你咽喉中央的靈性中心。觀想這道光使你所說出的每一句話，在繁榮富裕的神聖之光中得到活化，釋放出匱乏或受限的一切言語，並且淨化所有與金錢事務有關的擔憂、恐懼、懷疑及欺騙的言語模式。請求這道光，讓你的言語成爲表達繁榮富裕的靈性語調。

接著，觀想這股能量往下照射，照進你胸膛中央的靈性中心——你的赫爾密斯中心。觀想這個中心充滿了豐足、不虞匱乏的藍綠色之光，讓它向外放射至你人生的每一條道路：爲眼前的道路更添豐足，爲未來的道路更增繁裕。請求這道光，讓你成爲上帝巨大財富的眞實見證。

接著，感受這股能量療癒了你生命中蒙受財務損失的所有區域，並請求這股能量解放那些區域——那些因爲你的恐懼、憂慮、貪念及占有慾而受阻的繁裕之流。當這股能量使你心中的靈性中心變得更加活躍時，讓你的仁慈與慷慨也能暢流不息；以寬厚大方及樂善好施的心態來對待他人，如同上天亦以寬厚之心對待你一樣。

感受這股能量深入你的靈魂層面以及業力的靈魂能量，償還你可能曾經製造出來的金錢業力，並發展出好的金錢業力、達到更高的境地。要求這道光活化與豐足有關的靈魂業力，在神聖之光中變得更爲明亮。感受你的富饒與豐足廣無邊際，你的福祉更因上天巨大的財富而滿溢。靜默片刻，讓這道光自行運作。

然後，觀想這股能量往下照射，照進太陽神經叢靠近肚臍之處的靈性中心。讓這道光深入你的情感本質，使你在情感上能與這股神聖力量協調一致。感受富裕與豐足，宛如自己是個強大的一國之君。讓這道光驅散與金錢事務有關的挫折、恐懼及焦慮。如果你知道自己在金錢方面犯了錯，請求上天寬恕你；如果你爲了金錢利益而欺騙、偷竊或撒謊，請求上天寬恕你；如果你在金錢上吝於給予、小氣又自私，請求上天寬恕你；如果你曾經魯莽輕率、輕忽大意或是不當地管理金錢，請求上天寬恕你。經由這道光，你感受到上天給了你一個新的機會，讓你得以創造並自由地展現這項神聖的財富。靜默片刻，讓這道光自行運作。

最後，觀想這道光向外放射至你的肉體，讓你感受到身心靈豐饒的富足與健康。觀想這股能量向外放射至你的精神模板及因果模板，以藍綠色之光使其滿溢。

以翡翠色之光調和身體的業力

身體的業力微妙而複雜。疾病及疼痛可能是肇因於生理問題、錯誤的想法和感受，也可能是身體業力的結果。不論你身體上的痛苦是什麼原因造成，強烈建議你運用身邊可得的所有療法：醫學方面的、整體醫學療法，以及靈性方面的治療方法。橘紅色火光、藍白色火光以及純白之光的運作，對於身體的療癒有極大助益。此外，還有一種有助於身體業力的強大能量，就是平衡與和諧的翡翠色之光。

觀想一道明亮的翡翠色之光從你頭頂上方的金色太陽照射下來，當它環繞住你的氣場時，你會立即感受到你意識的所有部位都達到了平衡——一種身心靈的和諧，覺得自己正調整至與上天神聖的節律同步。

接下來，觀想這股能量緩緩地經由你的頭頂進入頭部中央的靈性中心，以平衡及和諧的思維注入、塡滿你的心智。請求這道光驅散不協調的思維，特別是關於健康令人煩擾的念頭。感受你的心智與上帝的心智和諧一致，爲你描繪出完美健康的藍圖。

接下來，讓這道光進入你的潛意識心智，協調所有的潛意識模式。請求這道光釋放出有關你或他人肉體受虐的前世記憶，並擺脫有關疾病或痛苦的記憶。請求這道翡翠色之光調和來自前世成果的好身體業力，給予你這一世的力量。靜默片刻，讓這道光自行運作。

接下來，觀想這道翡翠色之光輕觸你咽喉中央的靈性中心，調和你所說出的每一句話，使你說出的話皆爲健康與幸福之言語。請求這道光釋放出他人對你說過的任何加深你健康欠佳之假象的不協調、或令你感到困擾不安的言語。

接著，請求這道平衡與和諧的神聖之光往下照射，照進你胸膛中央的赫爾密斯中心，以翡翠色之光注入、塡滿它。讓這道光向外放射至你人生的每一條道路，使你的個人活動與神聖的節律一致，並讓你得以實現上天對你所做的計畫。如果你的生活正爲某些身體不適所影響，感受這道光平衡了這些狀況。

接著，觀想這股能量輕觸你的靈魂層面，幫助你在與身體健康有關的業力靈魂能量上，建立起更多的靈性力量。如果你知道自己曾經濫用自己的身體或是虐待他人的身體，請求上天寬恕你。藉由這道光，請求上天給予你力量，讓你能夠把自己的身體照顧得更好，運用它去實現其意欲達成之目的——作爲你的靈魂得以實體展現的工具。如果你正享有好的身體業力，請求這道光使你的肉體形態更爲精純，使其能夠更淋漓盡致地傳達出靈魂的內涵。靜默片刻，讓這道光自行運作。

接著，觀想這股能量往下照射，照進太陽神經叢靠近肚臍之處的中心。感受這道翡翠色之光平衡你的情感本質。如果你曾經因長期的負面情感而助長了疾病產生，感受這道光使這些負面情感脫離你的生活軌道，重新爲你的情感本質定向，讓這些情感能夠以健康的共鳴與感應，強化並滋養你的身體。

然後，觀想這道翡翠色之光向外放射，貫穿你的肉體，療癒並修復這物質形態的各方面，直至完美和諧之境。請求這道光輕觸這肉體爲身體業力所影響的所有區域，感受這道光釋放出黑暗區域的負面能量，為受苦的區域帶進更多的靈性力量。請求這道翡翠色之光強而有力地進入你的脊椎，釋放出壓力及撞擊，啓動靈性之流，在脊椎部位上下流動。靜默片刻，讓這道光自行運作。

最後，請求這道翡翠色之光向外放射至你的精神模板、因果模板，以及所謂的靈體，為意識的所有層面帶來完美平衡。

以翡翠色之光平衡大自然的業力

翡翠色之光對於平衡大自然的業力情況有極佳的助益。大自然業力之運作，與其他類型的業力有些不同（詳見第九章），但是當你濫用大自然資源時，絕對還是會製造出大自然的業力。這種冥想法是特別用來幫助你彌補因濫用大自然資源而產生的負面業力。

觀想一道翡翠色之光從你頭頂上方的金色太陽照射下來。觀想這道能量環繞住你，提升了你所有層級的意識。請求這股充滿活力的能量平衡你與大自然以及所有自然界的關係，感受你是大自然至高無上榮耀的一份子。

當這道翡翠色之光緩緩地經由你的頭頂進入，啓動頭部中央的靈性中心，以光芒四射的能量注入、填滿你的思緒時，你會感受到與大自然合而為一，與流經所有自然界的神聖脈動協調一致，而所有你與大自然間的錯誤理解與想法都被釋放了出來。

接下來，觀想這道翡翠色之光流進你咽喉中央的靈性中心，以平衡及和諧活化你的言語模式，釋放出所有關於大自然不和諧或誹謗的言語。

接著，觀想這股能量進入你胸膛中央的赫爾密斯中心，讓它以這股神聖的力量注入、填滿你個人事務的所有區域。如果你曾經引發過任何對大自然有害的活動，請求這道翡翠色之光協調這股不和諧的能量，將你與大自然的關係帶回平衡狀態。然後，觀想這道光輕觸你的靈魂層次，建立業力的靈魂能量，並且加深你對大自然的感謝之情。靜默片刻，讓這道光自行運作。

最後，觀想這道翡翠色之光往下照射，照進太陽神經叢靠近肚臍之處的中心，使你的情感達到和諧之境。請求這股能量讓你彌補對於大自然的輕忽大意或是麻木不仁。感受你與大自然間那股無條件的愛。

以智慧的金色之光建立好的職業生涯業力

當我們談到職業生涯時，要考慮許多的動力變化。其中，最重要的一項是要認知到，經由你所選擇的職業，你得以對神聖計畫有所貢獻，並且實現你的生命目的。爲幫助你克服障礙、發展出欣欣向榮的職業生涯，變化動力是不可或缺的。同樣的，如果你在職業生涯的追尋上曾經極爲冷酷無情，那麼，在你繼續邁出對自己最好的下一步之際，去彌補、調和你具侵略性的態度也是極爲必要的。

智慧的金色之光是最強有力的靈性動力。藉由這股能量的運作，你能夠增強並鞏固自己的氣場及意識。這股力量與神聖心智間有種強烈的關聯性：當這股能量在氣場中顯現出來時，表示這個人已經經由其經驗及運用，掙得了那樣的智慧。

觀想這道生氣勃勃的金色光芒從你頭頂上方的金色太陽照射下來，將你包圍在它的動力之中。在這道神聖之光中，所有令人惱怒及恐懼的事物都被融化殆盡，你感到自己勇氣十足、強而有力。

接下來，觀想這股力量經由你的頭頂進入，賜福予你頭部中央的靈性中心。感受你的思維爲智慧及領悟所照亮，感覺自己果決又有自信，並且充滿對上天的信心。所有的困惑、混淆不清都已消失殆盡，你感受到這道金色之光帶來了澄澈的心智與敏銳的洞察力。如果在職業生涯的道路上，你曾經表現得漫不經心或是冷酷無情，讓這道光在更富同情心與建設性的路線上爲你的想法重新定位。

接下來，讓這道金色之光流進你的潛意識心智，加強你曾經在職業生涯上表現傑出的前世記憶。請求這道光的力量重新激發其中若干的知識及力量，幫助你完成這一世的任務。觀想這股能量輕觸某個前世的記憶——是你曾經創造好的職業生涯業力並釋放出負面業力能量的前世。

接著，觀想這道金色之光往下照射，照進你咽喉中央的靈性中心。請求這道光增強你的靈性語調，讓你得以靈性的聲音說出任何言語；而經由你所說出的言語，你得以強調並突顯自己的職業潛能以及靈性目的。

接著，觀想這道金色之光進入你胸膛中央的赫爾密斯中心，以這股動力注入、塡滿這個靈性中心。感覺你在自己的職業生涯上充滿自信及自我肯定。如果你的人生目的尚未明朗化，感受你內在的認知——神聖計畫中必然有你得扮演的角色。如果你的目的已相當明確，請求這道金色之光給予你更多的力量，讓你得以全盤地、完整地完成這一世的任務。

然後，觀想這股能量進入你的靈魂層面，彌補你業力靈魂能量中較弱的區域，並建立好的職業生涯業力，達到更高的境地。請求這道光輕觸你的靈魂印象，增強你職業天命的印象，並使所有尚待解決的艱難職業生涯業力都變得明亮。靜默片刻，讓這道光自行運作。

最後，觀想這道金色之光進入太陽神經叢靠近肚臍之處的中心。感受你的情感在光中被增強了，亦被賦予實現你的職業潛能所需的一切意志力。如果你覺得沮喪氣餒或是幻想破滅，這股力量會為你帶來希望及鼓舞。如果你覺得迷失或是被誤導，這股力量也會給你目標及信念。請求這股充滿活力的能量給予你力量，能夠拒絕來自他人的負面情感能量，亦即那些針對你而來令人沮喪的感受。

以平靜的紫色之光使意識平靜下來

藉著紫色之光，你想帶來的是平靜，能夠使你的靈魂及意識平靜下來。當你身處某項業力的試煉中時，你的意識必然充滿嘈雜不堪的雜訊，你的頭腦也必然會充斥著各種念頭，思考著這到底是怎麼一回事，而其中有許多想法都是錯的。將你的心智及心靈平靜下來，你才能夠聽見上天想對你說的話。當你經歷一段費盡心力的艱難時期，你不一定會知道這情況是否是業力造成的，你只會知道這是段苦日子。因此，你可以這麼禱告：「上天啊，不論那是什麼，我已在這裡準備好要去傾聽。我需要平靜，強而有力的平靜。」

觀想這道平靜的深紫色之光從你頭頂上方的金色太陽照射下來。當它照射下來時，感受它的包覆，就像一條平靜與安寧的毛毯。感受你自己釋放出所有的擔憂及掛念，在如止水般的平靜中全然地放鬆。你將自己的生命交至上帝關愛的手中，這是唯一的平靜——靈性的平靜。做幾個深呼吸，吸入平靜。

接下來，觀想這道平靜的紫色之光經由你的頭頂進入頭部中央的靈性中心，注入、塡滿你的心智。你放開所有的擔憂，讓上天來引導你的生命，讓你的心智在如止水般的平靜中得到休息，讓這道平靜之光使你精神上不間斷的煩擾、緊張並令人困擾不安的想法，都得以平靜下來。把理智關掉，讓你的心智成爲上天所思所想的美好接收站，明白在靜默當中，靈魂是最願意去傾聽的；讓你的心智平靜下來。

請求這道紫色之光輕觸你的潛意識心智，使所有令人困擾不安、造成痛苦的記憶（不論是來自這一世或是前世）都平靜下來。讓你的潛意識心智與意識心智協調一致，兩者皆得與更高的心智和諧共處。

接著，讓這道光照射下來，照進你咽喉中央的靈性中心，將平靜帶入你所說的每一句話以及他人對你所說的每一句話中。釋放出曾經不論是對你或是對他人造成痛苦或傷害的所有言語。

接著，觀想這道平靜之光進入你胸膛中央的赫爾密斯中心，讓它往四面八方照射出去，遍及你的個人事務——你的工作、人際關係、財務狀況，並帶來平靜、平靜、與平靜。讓你的作爲變得平靜而沉著。然後，讓這道光輕觸你的靈魂層面，平靜你的靈魂，釋放焦慮與不安；讓你的靈魂在如止水般的平靜中得到休息，更能夠調整至與神聖的存在同步。讓這道紫色之光爲你的靈魂帶來平靜。願你感受到與自己的生命以及與上天和平共處的平靜感。靜默片刻，讓這道光自行運作。

接著，觀想這股能量往下照射，照進太陽神經叢靠近肚臍之處的靈性中心。允許這道紫色之光深入你的情感，帶給你「平靜的無聲以及無聲的平靜」。感受過度亢進的活動已然遠離，你的情感在如止水般的平靜中得到了休息。

然後，觀想這道光向外放射，貫穿你的肉體，把你從肉體的壓力及緊張的處境中（特別是那些與你所面對的業力有關的情況）解放出來。讓這道光賜福予你的神經系統，使它在這神聖之光中得以放鬆。

最後，讓這道光向外放射至你的精神模板及因果模板，為你意識的所有層面建立起神聖的平靜，使你更容易接受神聖造物主對你所說的話。

照亮業力處境的練習

當你身處某項業力的試煉中時，你當然無法看見這件正在發生的事情之全貌。白色之光對於這類情況有極大的助益，因為它會帶來高度的靈性教化及啓示。這道光的運作會幫你得到更多的自覺，使你不會陷入個性缺失的泥淖中，以至於在解決業力時又把情況變得更加複雜。

有時候，業力就像是一面鏡子。你在別人身上所看到的事，其實就是在你自己身上所發生的事。如果你注意到自己正在這麼做，那麼，你所面對的極有可能是業力；如果你看到的一直都是別人的特性而不是你自己的，那麼，你可說是完全看不見你自己。你會注意它在那裡，是因為它是為你而反映的。所以，停止向外尋找，開始往你自己的內心尋找吧。

請求這道美好的純白之光從你頭頂上方的金色太陽（你的高層自我）照射下來。當這道光賜福予你的高層自我時，感受上天眞正的本質——神聖的純淨。

把你所祈禱的情況交由上天來決定。把這情況從你手中交出，完全地放在上天手中。請求這道白色之光解除無論是受阻或是無法通過的任何情況，讓你得以看出自己放在上天聖壇上的這個情況，其眞實本質爲何。你可以這麼祈禱：「我認爲自己正面對一項業力的考驗，請求光明及開悟的天使幫助我，爲我揭示是否我正面對一項業力的考驗，以及我沒看到的情況爲何。無論那是什麼，對我展現我所必須知道的一切。」

然後，關注於你的高層自我上，盡力維持開放及樂於接受的心態。如果你被某些像是很恰當且具建設性的事物所激發，按照這些靈感去行事，即便它們一開始看起來像是很簡單。神聖造物主通常不會同時揭示每一件事，而是會給你下一步，然後引導你再往下下一步走，以此類推。切記，請求神聖造物主的幫助，並非在自然的靈性成長過程中抄捷徑，因爲這不是請求神聖造物主爲你去做你該做的事，而是請求那股力量幫助你。如果在冥想的過程中，你尚未得到任何揭示，那麼就致上你的謝意，抱持住你靈性的認知，相信你的答案即將到來。

傳送神聖之光予他人

有時候，因爲你可能曾經對別人做過某些事，或是別人曾經對你做過某些事，你會想要傳送這些光給他們，幫忙療癒這樣的業力情況。我們會在第十七章中包含寬恕的主題，但你也可以請求我們在這一章中所提及的各種靈性能量，去給予他人幫助。

請求這股你所要求的能量從你頭頂上方的金色太陽（你的高層自我）傳送出來，直接傳送給那個需要這股能量的人的高層自我。請求對方的高層自我允許你這麼做，並且要這麼說：「爲了所有相關人好，而依循的神聖律法及愛。」

做了這個請求之後，等待幾分鐘。不要試圖去引導這道光前往對方的高層自我，因爲神聖造物主會將它送達到該去的地方。當你感受到這股連結已經被建立起來時，你的冥想就完成了。一次不要傳送超過一到兩種能量。當你完成時，向神聖造物主致上謝意，感謝祂傳送了這項賜福。

以下是我們在這本書中所用到的靈性能量列表：

- 橘紅色火光：淨化
- 藍白色火光：新的生命力、療癒的力量
- 純白之光：純淨、救贖、提升
- 翡翠色之光：平衡與和諧
- 深粉紅色之光：愛與同情
- 紫色之光：平靜、安寧
- 藍綠色之光：繁榮、豐足
- 金色之光：智慧、信心、動力

傳送白色之光至人生織錦

在這項練習中，你請求這道光修復你可能曾經投射至人生織錦上的負面能量。切記，當你引發一項行爲時，這項行爲的回響會反射至那極富創造力的人生織錦上，這股能量遲早會回到你身上：你如何釋放它，就會如何收回它。遺憾的是，對於來自前世已經在運作中的人生織錦之能量，你能做的改變極爲有限。但是，你仍然可以補救自己在這一世所引發的負面能量。在做這項練習時，要眞心地悔悟你所犯下的罪行，跟著這道光進行後續的救贖行爲。

請求這道純白色之光的能量從你頭頂上方的金色太陽（你的高層自我）向外放射，直接照進人生織錦，使其分離，然後修復任何你曾經投射進這道會產生感應、共鳴的以太物質之負面業力能量。爲你曾經做錯的一切事物請求寬恕，並請求這道光指引你把事情做對。等待片刻，讓這道光自行運作。

在另一道能量之流，請求這道純白色之光的能量，再一次從你頭頂上方的高層自我向外放射，照進人生織錦，修復任何來自他人對你所爲的負面能量，釋放掉你可能會從那些有害的作爲中感受到的一切不良影響。

靜默片刻，讓這道光自行運作。然後向神聖造物主致上謝意，緩緩地感受自己正重回地表，意識也重新回到身體中。

17

寬恕、慈悲與恩典的療癒力量

寬恕的力量

我曾經與好友唐娜一起出席一場招魂活動。唐娜從事公關領域的工作，她同時也是一位出色的靈媒。當我第一次見到她時，她靈視到我已往生數年的父親，並栩栩如生地描述我父親的許多細節。我們馬上成爲好朋友。她也辨識出我所擁有的靈性天賦，並成爲我工作上的一大支柱。唐娜後來成了南加州靈魂研究協會會長。

在那場活動現場，有一位靈媒會回答觀眾的問題。對於參與這類集會活動，我都極爲謹慎，因爲有時候帶領這個團體的靈媒或通靈者，並不總是他們自己所宣稱的模樣。我研究了這位通靈者的氣場，看出他的眞誠以及使人印象深刻的手法。

在這位通靈者回答問題及提供訊息的過程中，他轉向一位坐在前排的女士，告訴她，她的丈夫從彼岸傳來訊息，懇求她的寬恕。這位女士突然漲紅了臉，尖聲叫著：「不可能！我永遠不會原諒他！」

這位通靈者仍然不放棄，說這位丈夫不斷地懇求妻子原諒他。顯然，這位丈夫對他的妻子並不好，而且瞞著她跟別的女人在一起，深深地傷害了妻子的心。在他們還沒有弭平這些恩怨時，丈夫就因病身故了。現在，做丈夫的去到彼岸之後，看待事情的角度已截然不同，也了解到自己曾經多麼殘忍地對待他的妻子，因此想盡其所能地彌補這一切。遺憾的是，做妻子的堅決不肯原諒他。

這個故事再清楚不過地讓我們知道，即便人們已經走完了這一世，但是要去寬恕對方、解決私人恩怨，還是那麼地困難。你可能會想說，一旦這位女士的丈夫死了，她就會在內心找到那股寬恕的力量，放開這一切；沒想到，她的怒氣不但與日俱增，還極有可能帶著這股怨念進墳墓。

寬恕的力量是不容否認的。不論一項罪行多麼嚴重，如果我們選擇執行寬恕的力量，我們就永遠有力量原諒他人。有許多的例子都說明了，即便在最糟的情況下，寬恕的力量依然存在。

寬恕是愛的偉大醫者。經由寬恕的行爲，你將自己從錯事或罪行對你造成的毀滅性影響中，解放了出來。當某人傷害了你，你自然會對那樣的經驗有所反應：你可能會生氣、滿懷仇恨、憤憤不平，諸如此類。這些情緒會在你的氣場中製造負面能量，只要你緊抓著那樣的負面經驗不放，負面能量就會一直停留在你的氣場中。藉由眞正的寬恕作爲，你才能淨化意識中的負面能量，而其療癒效果，能將你從之前的錯事或罪行對你所造成的揮之不去影響中解放出來，讓你得到眞正的自由。

緊抱著怨恨和憤怒不放，對你的人生會產生破壞性的不良影響，好似有一部分的你停止了成長。我知道罪行愈嚴重，就愈難原諒對方；但是，當你終於能放手時，那股自由感也會愈發強烈。

許多人會認爲，當我們被冤枉或受委曲時，生氣是理所當然的。在一個層面上來看，這麼說極爲合理；但是，我從多年來在氣場的經驗中學習到，不論如何，負面能量就是負面能量，憤怒就是憤怒，不管原因爲何，如果我們允許它繼續逗留，它就會對我們造成破壞性的影響。當然，當我們被傷害時，一開始會有反應是很自然的；但我說的是，過了數週、數月、甚至數年之後，相同的反應仍然徘徊不去。

說到業力時，寬恕是你最重要的工具之一。寬恕有著平衡業力紀錄表的驚人力量。當你得不到寬恕時，就是你必須回來與他人一起解決業力的明確徵兆。

一般來說，如果有人與另一個人製造出業力，那麼這兩個人就必須一起輪迴至某個來世，以解決兩人之間的業力。這意味著，被冤枉或受委曲的那個人，必須要與冤枉或委曲他（或她）的那個人重逢，才能解決他們之間的業力。但要協調輪迴的時間，使兩個人能夠同時輪迴到同一個來世，並不總是那麼容易；而且有時候當他們好不容易重新聚首時，不但沒能解決之前的業力或消弭舊有的衝突，反而還更加重、惡化了。

這就是爲什麼盡你所能趁現在把你跟他人之間的問題解決，是那麼重要。因爲要等到來世再來解決，就會更加地複雜。如果你被他人不當地對待、也不原諒那個人，你等於把自己跟那個人以及對方所犯的過錯都綁在一起，這樣只會阻礙你前進，拖慢你的靈性進展過程。唯有你眞的原諒了那個不當對待你的人，才能夠把自己從與對方的負面情感連結中解放出來，而且也不必在某個來世中再度面對彼此，只爲了解決這樣的業力糾葛。

寬恕的重要性，講得再多都嫌不夠。寬恕曾經傷害過你的人，你就免除了自己必須在另一個來世去面對同樣問題的義務。但是你得眞心地原諒對方，而不止是嘴巴說說而已。如果你口頭上說原諒，但事實上那經驗仍然令你耿耿於懷，你就沒有眞正地做到寬恕。

有些人會這麼想：「我並不想原諒那個人。那個人做了那麼糟糕的事，我不想讓那個人輕易地逃過懲罰。」寬恕並不代表那個人能夠就此擺脫該償還的業債，這個犯下罪行的人並未因此而脫身。寬恕只是意味著你們雙方可以擺脫彼此的恩怨糾葛，然而，做錯事的那個人還是有業力的課題要面對，只是已經與你無關了。這就是爲什麼你所原諒的那個人是否有要求你的原諒、或者是否有眞心地悔悟，其實都無關緊要；寬恕是把你從那項罪行所製造出來的業力束縛中，解放出來。

這是一個來自彼岸的故事。一個女人死在納粹集中營裡，死時還懷著對其中一名獄卒的強烈恨意，因爲他特別喜歡施虐於她。在這個女人死後不久，這名獄卒也死了。你認爲當這兩人發現他們都在彼岸時，會發生什麼事呢？

這名獄卒因令人髮指的罪行，發現自己身處冥界，也就是所謂的陰曹地府。會去到這個地方的都是沉淪至底層的靈魂，要直到他們能努力擺脫這個悲慘之地，才能開始進入輪迴、償還他們的業債。我見過這些冥界，它們並非如傳統神學所描述的有火和硫磺等各種地獄裡的磨難，而是黑暗、悲慘的所在，在那裡的靈魂，都爲自己的罪行感到極端痛苦。

你認爲，這個女人會發現自己身在何處呢？她是一個好人，但是她對那名獄卒的極端恨意卻把她自己跟他綁在一起，因此她發現自己居然跟他一起，身處陰曹地府！否則，還能怎樣呢？她所有的心思及情感能量都集中在他身上、以及他對她所做的事，所以她發現自己就在那裡，跟他在一起。當然，神聖造物主能夠提升她、讓她脫離那個地方，但亦需花上一番努力，因爲她對他的恨意是那麼地深沉而強烈。

如果你不願寬恕，結果帶著未解的問題去到彼岸，會怎麼樣呢？那時還來得及寬恕他人嗎？答案是，可以的。如果你過渡到彼岸時尚未原諒他人，你可以在彼岸原諒那些曾經傷害過你的人。

然而，這聽起來可能很奇怪，許多人帶著他們的憤怒及怨恨過渡到彼岸，而即便已經身在彼岸，他們仍然拒絕原諒他人！即便在那些壯麗宏偉的天神形體面前，他們仍然拒絕原諒他人！你可能會以爲，一旦你身處於靈界那樣令人歡欣、振奮的環境中，就會把以前的仇恨都拋到九霄雲外。然而，情況往往並非如此。這樣的現象只是再次地讓我們知道，過渡到彼岸這件事，並不會讓我們變得比現在的我們更好。這就是爲什麼現在就該致力於彌補自己的過失、而且不要到死都還懷恨在心，是那麼重要。不論曾經發生過什麼事，原諒那些曾經傷害過你的人吧，愈快原諒他們愈好！

那麼，前世的錯誤又該如何是好呢？你能夠原諒前世傷害過你的人，以讓自己從這一世的錯誤中解脫出來的同樣方式，讓自己從前世的錯誤中解脫出來嗎？答案是，可以的。你可以原諒前世傷害過你的人。在解決業力的過程中，不論在什麼時間點上，寬恕都是十分必要的。如果你與某人正處於一段充滿挑戰性的關係中，而你已辨識出這是業力造成的情況，你還是可以原諒對方在前世所犯下的過錯，同時，你也會藉由那樣的寬恕，經歷到靈性上相同的解脫與自由。沒有什麼罪行是無法得到寬恕的，寬恕他人永不嫌晚。

那麼，如果你是犯下罪行的這一方呢？寬恕的律法同樣適用。如果你虐待了某人，而對方眞心地原諒了你，你就被赦免了。你仍然必須去彌補自己所犯下的錯誤或罪行，但是不必跟同一個人去解決這項業力。但如果他們不原諒你，你就沒有選擇，非得跟同一個人去解決這項業力不可。不管怎麼做，業力紀錄表還是得被平衡，但是經由寬恕的運作，這項工作將會簡單得多。你看出寬恕的力量是多麼不可思議了嗎？

看到氣場中所出現的寬恕能量，是相當令人著迷的：它會以一道粉紅色的光之形態，出現於一個人的頭頂上方。寬恕還有釋放負面能量、以及使氣場變得明亮的作用，並且能夠提升靈魂，使靈魂得到開悟。眞正的寬恕，會爲心輪帶來一種特別令人振奮的提振效果。

祈求寬恕祈禱文

這是一段對解決與他人的業力極爲有效的祈禱文。在念這段祈禱文時，觀想你身處於一個靈性之愛的深粉紅色之光所形成的透明圓形保護罩中，同時，觀想另一個人亦身處於一個深粉紅色之光所形成的透明圓形保護罩中。感受上天與你同在，與你一起努力。你需要的時候就可以念這段祈禱文，多麼頻繁都沒關係，去感受你已眞正做到了寬恕。

祈求寬恕祈禱文

我原諒你在這一世或任何他世世對我所做的一切，不論是有意或無意地以言語、念頭、動作或行爲對我造成的傷害。

我請求你原諒我在這一世或任何他世世對你所做的一切，不論是有意或無意地以言語、念頭、動作或行爲對你造成的傷害。

願你行走於愛之光中，也願我行走於愛之光中。

慈悲是行動的召喚

這是一個關於慈悲的精采故事。這故事要歸功於無著尊者（Arya Asanga），即佛教研究中被稱爲瑜伽行唯識學派的創辦人。

無著尊者是一位研究冥想的佛教僧侶，經過數年的研究之後，他的所知已經跟他的老師不相上下了。接著，無著尊者便接受了一項正式的儀式，並且退隱到一座山洞中，尋求與一位被稱爲彌勒菩薩的天神交流。彌勒菩薩，即爲「慈愛」之意，被認爲是一位菩薩，也就是未來佛。據說祂住在兜率天，未來將會在佛教衰微的末法時期，轉世人間、振興佛法。

但是，無著尊者在山洞中修行了十二年，都沒能與這位天神有所交流或接觸。他好幾次想放棄，但是每次他快要放棄時，就會發生一些事情，驅策他繼續努力。有一次，無著尊者看到一幅幻象：一顆大石因爲一棵小樹根的推擠，緩緩地裂了開來，於是他把這解釋爲是要他堅持下去的一個徵兆，他便回到洞穴中繼續修行。另一次，當無著尊者決定要放棄時，他又看到一幅幻象：鳥兒的翅膀，逐漸地將環繞在鳥巢周圍的岩石磨損殆盡，於是他又把這解釋爲是要他不放棄與彌勒菩薩交流的一個徵兆。無著尊者還得到好幾次更爲振奮人心的徵兆，但是經過十二年堅持不懈的努力之後，他還是沒能聽聞到彌勒菩薩的任何影蹤，他終於決定放棄，離開了這處閉關修行的山洞。

無著尊者帶著沉重的心情，開始慢慢地走上回到城市的道路。在路旁，他看到一條垂死的狗，身上長滿了蛆，正痛苦地嗚咽著。無著尊者生出一股強烈的慈悲之心，他知道這條狗已經即將死於蛆患，但是佛教徒的誓願禁止他殺生，他也不能除去那些蛆；因此，無著尊者決定把自己身上的肉切給那些蛆吃。他剛完成這項肉體上的犧牲，那條狗立刻消失了，而原來狗所在的地方，站著神聖的彌勒菩薩！無著尊者不禁喜極而泣。但是，他隨即又感到十分納悶，爲什麼彌勒菩薩不能早點來，而要等到這麼多年、在他經歷過這麼多痛苦之後才出現？

彌勒菩薩讀出他的心思，說道：「雖然雨水與陽光足備了，但無力量的種子永遠不會發芽；同樣的，諸佛不論出現在那裡，戴著業力面紗的人們永遠看不見祂們。你的業力障礙已經因爲你的祈願而被大幅地清除了，但是一直要到現在，最重要的因素——大慈悲，才完全地在你心中生成。」

在這次的經驗之後，據說無著尊者即開始領受彌勒菩薩的教誨，被授予並寫下《慈氏五論》（The Five Books of Maitreya），且廣爲弘揚，重振了印度的佛教思想及其實踐。

在這個故事中，我們很清楚地看見了慈悲的力量。慈悲是業力中極爲基本的一項要素。就像做錯事會產生業力一樣，當我們受到召喚應去做某事而未做時，也會產生業力；疏忽失職與違法罪行同罪。如果我們看到一個人快要淹死了，我們明明有能力去救這個人卻沒這麼做，那麼，我們就會製造出負面的業力，因爲當生命召喚我們採取行動時，我們並沒有去行動。這個事件是命中注定還是業力使然，並不是重點；只要它出現在我們的生命中，就成了我們的天命及業力責任。

慈悲不是一種空想或是善意的願望而已，而是一種召喚，召喚我們採取行動。慈悲是對於愛的神聖印象之堅持，也是一種能力，能辨識出存在於你自己以及周遭人們心中的神聖火花。藉著慈悲，你學會視人如親，看待他人宛如你所關愛的靈性上的兄弟姐妹。當自己的兄弟姐妹受傷時，誰會不伸出援手呢？

幫助他人也是你部分的天命。身爲神聖的個體，你注定要去找到那些需要你幫助的人——眞正的去幫助他人。當需要幫助的人們剛好來到你的道路上時，他們就成了你生命的一部分，伸出援手也成了你的責任；你是否被要求、需要幫助的需求是否展現在你面前，這些都不重要。就像無著尊者故事中那條悲鳴的狗，在那一刻，爲那條狗做點什麼，這種服務就成了你的業力；而在這樣的情勢下，你若吝於伸出援手，就會使自己產生負面的業力。

如果你發現自己在社會上處於優勢地位，那麼，找出你得以眞正去服務人群的方式，就是你的責任。我們都看過那些擁有巨大財富的人，藉由不同的慈善機構，把他們大部分財富都拿來服務人群；沒錯，他們理當如此運用這些財富。人道主義的作爲不但能夠提供服務予他人，也能幫助我們免除若干與其無關的、我們可能在生命其他部分產生的業力責任。當我們學習到把給予當成是生命的一部分時，我們所接受到的賜福將會是倍增的。

對於那些全盤接受輪迴及業力信條的人們來說，最大的錯誤之一就是認爲，某些人因爲自己所造的業，理應過著艱苦的日子。在印度，賤民階級往往就是因爲這種錯誤的信念而不被理會，認爲他們應該認命地待在這種悲慘的處境中，才能夠償還他們的業債。這種想法，可說與事實相去十萬八千里。業力可能置他們於這種處境下沒錯（但這種情況也並不總是業力使然），然而任何業力的情況都是一個起點，而非終點。那些較幸運的人，本就注定該去幫助那些較爲不幸的人。

別妄加評斷。那些人有現在這樣的處境，原因是什麼，你可能只知其一、不知其二。你也無法預料到人們下一步會做出什麼事，可能會使你大感驚奇。即使有些人確實做過很糟糕的事，如果他們的需要並無虛假，你還是有責任伸出援手。如果你無法做到這一點，請求上天幫你去愛他們，直到你學會如何慈悲地愛這些人。

幫助他人往往被視爲是一種負擔。但事實上，有能力幫助他人是一種榮耀的恩典。透過你慈悲的作爲，你將會與生命充滿創意的過程產生更緊密的聯繫，以各種被需要的方式提供你的幫助，不論是在情感、心理、身體、經濟、還是靈性等方面。人們往往會無微不至地照顧好自己所需，卻不願伸出援手給眼前需要幫助的人。而或許最重要的是，當你提供幫助時，要確定你有用你的心去做這件事。

上天的恩典在每項業力的試煉中都與你同在

業力最讓人感到安慰的一點，就是我們總會被給予力量，成功地面對並解決我們的業力。這是藉由我們與生俱來的力量之湧現，以及我們通常所稱的「上天的恩典」而達成的。

恩典（grace）這個字，是從希臘語的「charis」翻譯而來，意思是一種不配得到的仁慈行爲。然而，把上天的恩典視爲是不配得到的，這樣的說法並不完全準確。身爲上天的兒女，我們全都理應得到上天的愛和支持。這裡眞正的意思是說，我們得到的支持，往往是來自神聖造物主慈悲的恩典，而非我們藉由自己的作爲而掙得的。

你一直都被賜予上天的恩典。別以爲你可以靠自己爬上那道靈性之梯，若無上天始終如一的支持，那是不可能的；走在這條靈性的道路上時，要知道你並不孤單。誠然，你必須自己成長、表達自己的自由意志，但是使你待在這條道路上並成長的，是來自神聖造物主的支持；倘若沒有祂的支持，你必然會完全迷失方向。如同《腓立比書》（Philippians）中所言：「我們人生的成功，完全關乎上帝賜予我們的恩典之多寡。」

不論我們的作爲如何，上天的恩典始終像暖陽般照耀著我們。這樣的恩典就像是雨水，落在地球上滋養植物、花、樹等萬物；而這棵樹或是這株植物，並沒有做什麼可以「掙得」雨水的事，不過就是做一棵樹，完成它在神聖計畫中所扮演的角色。同樣的，我們也沒有過過一天未受神聖造物主賜福的日子——即便我們是最壞的人，仍然蒙受著上天的恩典。上天的恩典，是滋養我們的靈性泉源。

在解決業力時，上天的恩典是不可或缺的。倘若沒有上天的幫助，我們便無法從自己的靈性糞堆泥淖中爬出來。當我們出生時，神聖造物主即送了大禮給我們，賜予我們額外的靈性力量，以便成功地達成我們的人生目標；這股力量會跟著我們，幫助我們面對業力的試煉及挑戰。有時候，我們感覺不到這股力量的幫助，是因爲我們並沒有去解決業力，反而加重了它、把事情複雜化了。然而即便如此，上天的恩典仍然在這一路上耐心地陪伴著我們。

神聖造物主也會幫我們解決共業。舉例來說，祂會讓具療癒功效的靈性之雨落下，爲地球上的我們，清除我們自己所產生的若干業力負擔。

最偉大的一項神聖恩典，就是耶穌的使命。我們說耶穌來到人間是爲了要帶走世人的罪，那麼，我們說的到底是什麼罪呢？這裡所說的罪，指的是世人所產生的「共業」。

正如我們所看到的，種族的、國家的、全球的業力，都是集體經驗的一部分。我們從之前的世代承繼了這樣的共業，包括它的優缺點。而耶穌使命中的一部分，就是要減輕若干的全球共業，因爲它已經可說是債台高築，如果沒有來自上天的幫助，人類將會徹底地迷失。以此類推的話，所有偉大的聖賢及世界導師，也可說是這救贖過程的一部分。

有必要的話，上天的愛及恩典可以介入、仲裁人類的事務。在一般情況下，神聖造物主會讓我們自行經歷正常自由意志的表達以及業力紀錄表的平衡等過程，讓我們得以學會我們的靈性課題。但是有的時候，當人類的作爲已偏離正軌太遠時，神聖造物主也會直接介入、仲裁人類的事務。據我所知，在冷戰時期，神聖造物主就曾經介入過三次，以阻止蘇聯及美國之間核戰的爆發。這就是上天恩典的運作。

有些人認爲，我們的進化成長靠的全是上天的恩典。這樣的說法也不盡然是對的。沒錯，倘若沒有上天的恩典，我們無法進化成長，但是我們自己的努力也有功勞。恩典雖然幫助我們成長，但我們還是要付出努力，掙得攀上靈性之梯的權利。我們可以爲一株植物澆水、給它滋潤、讓它成長，但是到頭來，這株植物還是得自己成長才行。

恩典是神聖之愛的表現。不論何時何地、不論什麼樣的業力情況，神聖造物主都可以贈予這樣的恩典。如同我們藉著業力法則的研究所學習到的，上天會允許壞事發生，以作爲我們部分的學習經驗。然而，倘若這項課題不是你要去學習的，或是你已經學習過了，那麼，上天會阻隔某些特定的經驗，不讓它們發生在你的生命中，因爲對你的靈性發展來說，這些經驗並無必要。

18

前方的道路

你今天是什麼樣的人，是經過一段漫長的、極爲美好的旅程而產生的結果。然而，你生命的故事只說了一半，我們眼前的旅程，是你還沒有走過的道路。你昨天所做的選擇，把你帶到今天所處的境遇；而你今天所做的選擇，也會爲你設下未來將面對的境況。

你如何表達自由意志（你的智慧之幣），決定了你未來道路的路況。如果你曾經建立好的業力，這一路上，你必然會獲得那些獎勵；如果你濫用自由意志這項禮物，這一路上，你也必然會體驗到它們所帶來的影響。

最終，不管現況如何，我們都注定要成就偉大、輝煌而榮耀的天命，這項爲我們每一個人而規劃的全盤計畫，甚至在我們開始這趟塵世的朝聖之旅前、或在我們第一次以物質形體轉世之前，即已被啓動了。

你尚未轉世的那些來世，亦尚未被記錄於生命之書中。它們就像是一個繼續發展下去的故事以及一項總體規劃的藍圖，只存在於上天的心智以及想像之中。在準備要轉世回塵世之時，你會約略瞥見這項總體規劃的藍圖；它在鼓勵你往正確的方向前進時，會對你產生莫大的幫助。

未來不是一成不變的，而是必須由你來塑造。未來不會變成眞的，要直到它變成了當下才算數，正如生命只存在於當下是一樣的道理。祝福你的過去，因爲它把你帶到了現在；爲未來預作規劃，因爲那是你的天命；然而，要活在當下，因爲你的生命就在這裡。

舞台雖然是上天搭建起來的，但你還是必須藉由你的自由意志，確實地去編織出你的人生織錦。生命無比珍貴，你也是如此。你可能無法完全看出生命的偉大計畫，雖則如此，你仍然是這計畫的一部分。不論你周遭的人如何表現，堅持實踐你最高的理想、以及你最高的道德正義及良善。不論前方的路可能會有什麼樣的挑戰，讓希望活在你的心中。艱難的時刻會來臨，但也會過去，你的眞正天命終將會閃亮登場，顯現在你面前。

要有耐心，因爲生命會遵照上天的時程，逐漸地在你面前展開。你無法改變它，所以，何不跟隨著上天的生命之流，享受你已經展開旅程的這條道路。同時，也要堅持不懈，因爲你的每一分努力都是有價值的，一點一滴、一磚一瓦，你終將建立起自己的榮耀之屋。

你的智慧之幣可爲你自由取用。藉著你的自由選擇及意志力，你決定了自己是否可完成這一世該當實現的任務。你已擁有所有足以達成傑出成就的特質及工具。待在這條道路上，你的生命將成爲一項眞正的祝福，不論是對你自己或是對你身邊的人。

願上天祝福你。

【附錄】

氣場的業力冥想

高層自我的位置

高層自我的位置，是在身體的頭部上方約六十公分處。這個位置扮演著神聖造物主的特使角色，是所有來自神聖源頭的光與靈感流入我們身體之處。這個位置可被視爲是我們的第八個靈性中心，看起來像是一個金色太陽。所有的靈性能量都會先經過這個高層自我，再傳送到我們身上。

四個關鍵的靈性中心

剖析我們整體的靈性構造，其中有七個靈性中心，或稱脈輪。然而在靈性能量的運作上，有四個在身體中的靈性中心，是你在進行靈性之光的運作時常常會運用到的，它們看起來就像金色的光球，放射出美麗的光芒。

1. **精神中心**：位在前額中央，是你的意識思維自我核心。
2. **咽喉中心**：位於咽喉中央，是你的創意音調核心。
3. **赫爾密斯中心**：位於胸膛中央，是你的個人事務核心。
4. **情感中心**：位於太陽神經叢區，也就是肚臍所在的位置，是你的情感本質能量核心。

與神聖之光一起冥想

本書所提供的冥想方式，是被稱爲「高層自我冥想」練習的一部分。高層自我冥想是獲取靈性之光的最佳工具之一。

關於冥想過程的完整描述，請參考我的書《改變你的氣場，就改變了你的人生》。這裡提供的是高層自我冥想的六個步驟。

六個使神聖之光照射下來的步驟如下：

1. **放鬆**：不要在過於緊張激動或焦慮不安的狀態下開始你的冥想。盡你所能，放開所有的煩惱與擔憂。
2. **建立保護**：在開始冥想前，先觀想有一個金色透明圓形保護罩，把你的周遭罩住並加以保護。
3. **檢查你的靈性中心**：確定你的靈性中心都以順時鐘方向移動，宛如你就是一個時鐘。
4. **連結你的高層自我**：將你的注意力放在頭頂上方的金色太陽，感覺你自己正與神聖造物主產生連結。
5. **使神聖之光照射下來**。
6. **重整自我**：接受神聖之光後，致上你的謝意，讓這道光均衡地遍佈你的身體及意識，然後結束冥想。

謝辭

我們要感謝許多人的貢獻，促成本書誕生。這項工作是多年經驗與實行的結果，遵循著一項悠久而豐富的靈性傳統。在上天之下工作的神聖者們，一直都是指引這本書的力量，我們希望能將祂們的教誨與想法完整呈現於這些篇章之中。

我們要感謝靈學機構（Spiritual Arts Institute）的學生及支持者幫忙創造出這個學習的環境，讓這項工作得以在其中成長。特別要感謝喬治和克里斯汀·莫瑞提斯（George and Christine Moraitis）、梅琳達·諾布爾（Melinda Noble）、A·J·李謝伊（A. J. Le Shay）、約翰·哈里森（John Harrison）、茱莉安娜·納哈斯（Juliana Nahas）、吉姆·戴朵和特莉·昆林（Jim Dydo and Terri Quinlin）、達里爾·哈里斯（Daryl Harris）、歐瑞莎·努爾（Oresa Nour）、凱西·道戴爾（Cathy Dowdell）、凱里戴德·阿科斯塔（Caridad Acosta）、喬爾·莫里斯（Joel Morris）、李坦尼斯（Tanis Lee）、馬克·霍夫曼（Mark Hafeman）、安妮·斯萊特（Anne Slater）、菲爾和安瑪麗·莫瑞提斯（Phil and Ann Marie Moraitis）、派翠西亞·史森巴利和艾倫·布朗（Patricia Schembari and Allan Brown），以及派翠西亞·鮑曼（Patricia Bowman）。

還要感謝賽門·華威史密斯（Simon Warwick-Smith）的才幹及勤奮盡職，讓這本書找到了最合適的出版商。感謝企鵝/塔徹爾出版社（Penguin/Tarcher）的喬爾·富提諾斯（Joel Fotinos），接受這個案子的挑戰，相信其所傳達的訊息之重要性。感謝麥可・索拉納（Michael Solana）傑出的編輯工作，並且幫忙守護這本書的出版。感謝所有企鵝出版集團負責行銷製作的工作人員。也要感謝妮塔・伊巴拉（Nita Ybarra）出色的封面設計，以及麥可・加蘭（Michael Garland）精彩的插畫。

橡樹林文化 ❖❖ 衆生系列 ❖❖ 書目

JP0108	用「自主學習」來翻轉教育！ 沒有課表、沒有分數的瑟谷學校	丹尼爾．格林伯格◎著	300元
JP0109	Soppy愛賴在一起	菲莉帕．賴斯◎著	300元
JP0110	我嫁到不丹的幸福生活：一段愛與冒險的故事	琳達．黎明◎著	350元
JP0111	TTouch® 神奇的毛小孩按摩術——狗狗篇	琳達．泰林頓瓊斯博士◎著	320元
JP0112	戀瑜伽．愛素食：覺醒，從愛與不傷害開始	莎朗．嘉儂◎著	320元
JP0113	TTouch® 神奇的毛小孩按摩術——貓貓篇	琳達．泰林頓瓊斯博士◎著	320元
JP0114	給禪修者與久坐者的痠痛舒緩瑜伽	琴恩．厄爾邦◎著	380元
JP0115	純植物．全食物：超過百道零壓力蔬食食譜， 找回美好食物真滋味，心情、氣色閃亮亮	安潔拉．立頓◎著	680元
JP0116	一碗粥的修行： 從禪宗的飲食精神，體悟生命智慧的豐盛美好	吉村昇洋◎著	300元
JP0117	綻放如花——巴哈花精靈性成長的教導	史岱方．波爾◎著	380元
JP0118	貓星人的華麗狂想	馬喬．莎娜◎著	350元
JP0119	直面生死的告白—— 一位曹洞宗禪師的出家緣由與說法	南直哉◎著	350元
JP0120	OPEN MIND！房樹人繪畫心理學	一沙◎著	300元
JP0121	不安的智慧	艾倫．W．沃茨◎著	280元
JP0122	寫給媽媽的佛法書： 不煩不憂照顧好自己與孩子	莎拉．娜塔莉◎著	320元
JP0123	當和尚遇到鑽石5：修行者的祕密花園	麥可．羅區格西◎著	320元
JP0124	貓熊好療癒：這些年我們一起追的圓仔~~ 頭號「圓粉」私密日記大公開！	周咪咪◎著	340元
JP0125	用血清素與眼淚消解壓力	有田秀穗◎著	300元
JP0126	當勵志不再有效	金木水◎著	320元
JP0127	特殊兒童瑜伽	索妮亞．蘇瑪◎著	380元
JP0128	108大拜式	JOYCE（翁憶珍）◎著	380元
JP0129	修道士與商人的傳奇故事： 經商中的每件事都是神聖之事	特里．費爾伯◎著	320元
JP0130	靈氣實用手位法—— 西式靈氣系統創始者林忠次郎的療癒技術	林忠次郎、山口忠夫、 法蘭克．阿加伐．彼得◎著	450元
JP0131	你所不知道的養生迷思——治其病要先明其因，破解那些你還在信以為真的健康偏見！	曾培傑、陳創濤◎著	450元

JP0132	貓僧人：有什麼好煩惱的喵～	御誕生寺（ごたんじょうじ）◎著	320元
JP0133	昆達里尼瑜伽——永恆的力量之流	莎克蒂．帕瓦．考爾．卡爾薩◎著	599元
JP0134	尋找第二佛陀．良美大師—— 探訪西藏象雄文化之旅	寧艷娟◎著	450元
JP0135	聲音的治療力量： 修復身心健康的咒語、唱誦與種子音	詹姆斯．唐傑婁◎著	300元
JP0136	一大事因緣：韓國頂峰無無禪師的不二慈悲與智慧開示（特別收錄禪師台灣行腳對談）	頂峰無無禪師、 天真法師、玄玄法師◎著	380元
JP0137	運勢決定人生——執業50年、見識上萬客戶資深律師告訴你翻轉命運的智慧心法	西中　務◎著	350元
JP0138	心靈花園：祝福、療癒、能量—— 七十二幅滋養靈性的神聖藝術	費絲．諾頓◎著	450元
JP0139	我還記得前世	凱西．伯德◎著	360元
JP0140	我走過一趟地獄	山姆．博秋茲◎著 貝瑪．南卓．泰耶◎繪	699元
JP0141	寇斯的修行故事	莉迪．布格◎著	300元
JP0142	全然接受這樣的我： 18個放下憂慮的禪修練習	塔拉．布萊克◎著	360元
JP0143	如果用心去愛，必然經歷悲傷	喬安．凱恰托蕊◎著	380元
JP0144	媽媽的公主病： 活在母親陰影中的女兒，如何走出自我？	凱莉爾．麥克布萊德博士◎著	380元
JP0145	創作，是心靈療癒的旅程	茱莉亞．卡麥隆◎著	380元
JP0146	一行禪師　與孩子一起做的正念練習： 灌溉生命的智慧種子	一行禪師◎著	450元
JP0147	達賴喇嘛的御醫，告訴你治病在心的 藏醫學智慧	益西．東登◎著	380元
JP0148	39本戶口名簿：從「命運」到「運命」． 用生命彩筆畫出不凡人生	謝秀英◎著	320元
JP0149	禪心禪意	釋果峻◎著	300元
JP0150	當孩子長大卻不「成人」……接受孩子不如期望的事實、放下身為父母的自責與內疚，重拾自己的中老後人生！	珍．亞當斯博士◎著	380元
JP0151	不只小確幸，還要小確「善」！每天做一點點好事，溫暖別人，更為自己帶來365天全年無休的好運！	奧莉．瓦巴◎著	460元

JP0154	祖先療癒：連結先人的愛與智慧，解決個人、家庭的生命困境，活出無數世代的美好富足！	丹尼爾．佛爾◎著	550元
JP0155	母愛的傷也有痊癒力量：說出台灣女兒們的心裡話，讓母女關係可以有解！	南琦◎著	350元
JP0156	24節氣　供花禮佛	齊云◎著	550元
JP0157	用瑜伽療癒創傷：以身體的動靜，拯救無聲哭泣的心	大衛．艾默森 伊麗莎白．賀伯◎著	380元
JP0158	命案現場清潔師：跨越生與死的斷捨離．清掃死亡最前線的真實記錄	盧拉拉◎著	330元
JP0159	我很瞎，我是小米酒：台灣第一隻全盲狗醫生的勵志犬生	杜韻如◎著	350元
JP0160	日本神諭占卜卡：來自衆神、精靈、生命與大地的訊息	大野百合子◎著	799元
JP0161	宇宙靈訊之神展開	王育惠、張景雯◎著繪	380元
JP0162	哈佛醫學專家的老年慢療八階段：用三十年照顧老大人的經驗告訴你，如何以個人化的照護與支持，陪伴父母長者的晚年旅程。	丹尼斯．麥卡洛◎著	450元
JP0163	入流亡所：聽一聽•悟、修、證《楞嚴經》	頂峰無無禪師◎著	350元
JP0165	海奧華預言：第九級星球的九日旅程．奇幻不思議的真實見聞	米歇．戴斯馬克特◎著	400元
JP0166	希塔療癒：世界最強的能量療法	維安娜．斯蒂博◎著	620元

橡樹林文化 ❖❖ 成就者傳記系列 ❖❖ 書目

JS0001	惹瓊巴傳	堪千創古仁波切◎著	260元
JS0002	曼達拉娃佛母傳	喇嘛卻南、桑傑．康卓◎英譯	350元
JS0003	伊喜．措嘉佛母傳	嘉華．蔣秋、南開．寧波◎伏藏書錄	400元
JS0004	無畏金剛智光：怙主敦珠仁波切的生平與傳奇	堪布才旺．董嘉仁波切◎著	400元
JS0005	珍稀寶庫——薩迦總巴創派宗師 貢嘎南嘉傳	嘉敦．強秋旺嘉◎著	350元
JS0006	帝洛巴傳	堪千創古仁波切◎著	260元

眾生系列　JP0087X

什麼樣的業力輪迴，造就現在的你：
解開金錢、健康、人際關係、工作、共業的迷津

作　　者／芭芭拉・馬丁（Barbara Y. Martin）& 狄米崔・莫瑞提斯（Dimitri Moraitis）
譯　　者／林資香
編　　輯／陳怡安
業　　務／顏宏紋

總 編 輯／張嘉芳
出　　版／橡樹林文化
　　　　　城邦文化事業股份有限公司
　　　　　台北市民生東路二段141號5樓
　　　　　電話：(02)25007696　傳眞：(02)25001951
發　　行／英屬蓋曼群島家庭傳媒股份有限公司城邦分公司
　　　　　台北市民生東路二段141號2樓
　　　　　客服服務專線：(02)25007718；(02)25001991
　　　　　24小時傳眞專線：(02)25001990；(02)25001991
　　　　　服務時間：週一至週五上午09:30～12:00；下午1:30～17:00
　　　　　劃撥帳號：19863813；戶名：書虫股份有限公司
　　　　　讀者服務信箱：service@readingclub.com.tw
　　　　　城邦讀書花園網址：www.cite.com.tw
香港發行所／城邦（香港）出版集團有限公司
　　　　　香港灣仔駱克道193號東超商業中心1樓
　　　　　電話：(852)25086231　傳眞：(852)25789337
　　　　　E-mail：hkcite@biznetvigator.com
馬新發行所／城邦（馬新）出版集團
　　　　　【Cité (M) Sdn.Bhd. (458372 U)】
　　　　　41, Jalan Radin Anum, Bandar Baru Sri Petaling,
　　　　　57000 Kuala Lumpur, Malaysia.
　　　　　Tel: (603) 90578822
　　　　　Fax:(603) 90576622
　　　　　email:cite@cite.com.my

版面構成／歐陽碧智
封面設計／周家瑤
印　　刷／韋懋實業有限公司

初版一刷／2014年 4月
二版三刷／2022年 6月
ISBN／978-986-6409-48-6
定價／420元
城邦讀書花園
www.cite.com.tw

國家圖書館出版品預行編目（CIP）資料

什麼樣的業力輪迴，造就現在的你：解開金錢、健康、人際關係、工作、共業的迷津／芭芭拉．馬丁（Barbara Y. Martin），狄米崔．莫瑞提斯（Dimitri Moraitis）著；林資香譯. -- 初版. -- 臺北市：橡樹林文化，城邦文化出版：家庭傳媒城邦分公司發行，2020.04
面；　公分. --（眾生系列；JP0087X）
譯自：Karma and reincarnation : Unlocking your 800 lives to enlightenment
ISBN 978-986-6409-48-6（平裝）

1.輪迴　2.因果

216.9　　101024142

廣　告　回　函
北區郵政管理局登記證
北台字第 10158 號

郵資已付　免貼郵票

104 台北市中山區民生東路二段 141 號 5 樓

城邦文化事業股份有限公司

橡樹林出版事業部　收

請沿虛線剪下對折裝訂寄回，謝謝！

|橡|樹|林|

書名：什麼樣的業力輪迴，造就現在的你：解開金錢、健康、人際關係、工作、共業的迷津

書號：JP0087X

橡樹林文化

讀者回函卡

感謝您對橡樹林出版社之支持，請將您的建議提供給我們參考與改進；請別忘了給我們一些鼓勵，我們會更加努力，出版好書與您結緣。

姓名：________________ □女 □男 生日：西元__________年

Email：________________________________

● 您從何處知道此書？

□書店 □書訊 □書評 □報紙 □廣播 □網路 □廣告 DM □親友介紹

□橡樹林電子報 □其他__________

● 您以何種方式購買本書？

□誠品書店 □誠品網路書店 □金石堂書店 □金石堂網路書店

□博客來網路書店 □其他__________

● 您希望我們未來出版哪一種主題的書？（可複選）

□佛法生活應用 □教理 □實修法門介紹 □大師開示 □大師傳記

□佛教圖解百科 □其他__________

● 您對本書的建議：

____

____

____

____

____

非常感謝您提供基本資料，基於行銷及客戶管理或其他合於營業登記項目或章程所定業務需要之目的，家庭傳媒集團（即英屬蓋曼群商家庭傳媒股份有限公司城邦分公司、城邦文化事業股份有限公司、書虫股份有限公司、墨刻出版股份有限公司、城邦原創股份有限公司）於本集團之營運期間及地區內，將不定期以MAIL訊息發送方式，利用您的個人資料於提供讀者產品相關之消費與活動訊息，如您有依照個資法第三條或其他需服務之務，得致電本公司客服。

我已經完全瞭解左述內容，並同意本人資料依上述範圍內使用。

________________（簽名）

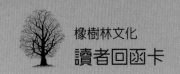